hänssler

Praxisbuch

Frauenarbeit

Konflikte bewältigen * Umgang mit Ängsten * Vergebung und Versöhnung * Eifersucht * Wille Gottes * Leid * Erziehung u. a.

Cornelia Mack (Hrsg.)

Cornelia Mack, Studium der Sozialpädagogik in Tübingen, 1977 Heirat, 1980 Studienabschluß mit Diplom, vier Kinder. Tätig in der Frauenarbeit, bei Frauenfrühstück und in der Seelsorge.

Die Deutsche Bibliothek – CIP-Einheitsaufnahme

Praxisbuch Frauenarbeit : Konflikte bewältigen, Umgang mit Ängsten, Vergebung und Versöhnung, Eifersucht, Wille Gottes, Leid, Erziehung u. a. / Cornelia Mack (Hrsg.). – Neuhausen/Stuttgart : Hänssler, 1995
(Edition C : W. Wege zum Dienst ; 70 : Werkbuch)
ISBN 3-7751-2389-X
NE: Mack, Cornelia [Hrsg.]: Frauenarbeit; Edition C / W

EDITION C-Praxisbuch
Bestell-Nr. 55.570

Umschlaggestaltung: Daniel Dolmetsch
Titelfoto: Beate Binder, Daniel Dolmetsch, Hilla und Max Jacoby
Satz: AbSatz, Ewert-Mohr Klein Nordende
Printed in Germany

INHALT

VORWORT

Frauen, die verantwortlich in der Frauenarbeit tätig sind, stehen immer wieder vor der Aufgabe, kreative und ansprechende Gruppen oder Veranstaltungen zu bestimmten Themen zu gestalten.
Dieses Buch möchte dazu Anregungen und Hilfen bieten. 16 verschiedene Themen wurden aufbereitet; das Material soll den Verantwortlichen helfen, Themen auszuarbeiten und auch dazu anzuleiten.

- Zu jedem Thema gibt es zunächst eine ausführliche Information.
- Daran schließen sich Hinweise zur Durchführung an.
- Alle Vorschläge, in denen ein Impuls in die Gruppe gegeben werden könnte, sind mit einem Pfeil ➧ am Rand gekennzeichnet.
- Jedes Thema enthält Fragen für Gruppengespräche oder für das persönliche Einarbeiten.
- Außerdem enthält jeder Themenkomplex weitere Bausteine wie Gebete, Meditationen, teilweise Karikaturen und vertiefende Kurzgeschichten.
- Literaturhinweise sind gedacht für Frauen, die sich an einzelnen Stellen noch weiter informieren möchten.
- Am Ende jedes Themenkreises findet sich noch eine Vorbereitungs-Liste der nötigen Materialien zum Abhaken und zur persönlichen Erinnerung.

Dieses Praxisbuch soll all die erfreuen, die Jahr für Jahr in irgendeiner Form in der Frauen- oder Gemeindearbeit tätig sind. Es soll Hilfen an die Hand geben, Visionen und Perspektiven geben und Mut machen, sich miteinander und mit bestimmten Themen unseres Lebens auseinanderzusetzen und sich zu öffnen für Gottes Eingreifen und Helfen in unserem Leben.

Cornelia Mack

Hanna – Ehe allein genügt nicht – 1. Samuel 1 und 2

Irmgard Mack

1 Ziel für diese Einheit

Sich auf seine eigenen Lebenswünsche besinnen und mit ihnen umgehen lernen.

2 Informationen zum Text

Nach meinen bisherigen Erfahrungen sind es drei Fragenkreise, die sich bei Bibelarbeiten zu diesem Text immer wieder als zentral herausstellen. Es geht dabei weniger um das rein intellektuelle Verstehen, sondern mehr um die Schwierigkeit, das in den ersten beiden Kapiteln des 1. Buchs Samuel Erzählte innerlich nachzuvollziehen.

2.1 Die Stellung der Frau im Alten Testament

Für manche/n ist es in unserem Zeitalter der Empfängnisverhütung schwer nachvollziehbar, daß Hannas sehnlichster Wunsch ein Kind ist, zudem ausgerechnet ein Sohn.
Im Alten Testament waren Frauen der Rechtsgewalt des Ehemanns, oder, bei Unverheirateten, der des Vaters unterstellt. Sie durften jedoch am Gottesdienst teilnehmen und hatten Zugang zum Heiligtum bzw. zum Tempel. Erst im Frühjudentum und zur Zeit Jesu kam es zur Abwertung der Frauen.
Gesellschaftliche Anerkennung bekam eine Frau durch ihre Kinder, besonders durch Söhne, weil sie damit den Fortbestand der Gesell-

schaft sicherte und zur Erhaltung des Volkes beitrug. Wenn eine Frau keine Kinder bekommen konnte, war das nicht nur ihr persönlicher Schmerz, sondern schwerstes Unglück, verbunden mit dem Vorurteil und dem Gefühl, gesellschaftlich nutzlos und erfolglos zu sein. In Ländern der sogenannten »Dritten Welt« ist es ja zum Teil heute noch ähnlich.
Weil das Ansehen und die Zukunft der Familie von der Zahl der Kinder abhing, war es ganz im Bereich des Üblichen, daß ein Mann wie Elkana eine zweite Frau nahm, um mit ihr Kinder zu bekommen.

2.2 Die Wallfahrt zum Tempel

Bei Gruppenarbeiten zum Bibeltext fiel mir auf, daß die Bedeutung des Heiligtums, der Wallfahrt und des Opferfleisches oft nicht klar sind und Fremdheit und Distanz gegenüber dem Text bewirken.
Der Tempel ist für den Juden nicht nur Versammlungsort oder das Haus für den Gottesdienst. Er hat eine viel tiefere Bedeutung. Der Tempel ist der Ort, wo man mit Gott ins Gespräch kommt, wo man Gott begegnen kann. Hier wird geopfert, Vergebung und Trost erlebt, Asyl vor Verfolgern gefunden und Lebenserneuerung geschenkt.
Wie eng die lebendige Beziehung zu Gott mit dem Tempel zusammenhängt, wird z. B. in Psalm 84, 3 ff deutlich, wo es heißt: »Meine Seele verlangt und sehnt sich nach den Vorhöfen des Herrn; mein Leib und Seele freuen sich in dem lebendigen Gott.«
Der Tempel ist regelrecht das Lebenszentrum Israels.
Zur Zeit, als Samuel geboren wurde, also etwa im Jahre 1050 vor Christus, war der Tempel in Jerusalem noch nicht erbaut, dies geschah erst etwa 100 Jahre später (962 v. Chr.) durch Salomo. Ziel der in 1. Samuel 1 geschilderten jährlichen Familienwallfahrt ist deshalb der Tempel in Silo, das bedeutendste Heiligtum neben Mizpa und Bethel. In Silo werden die Gesetzestafeln der Zehn Gebote in der Lade, einem Kasten aus Akazienholz, aufbewahrt. Das Opferessen dort ist ein Höhepunkt im Jahr; ich stelle es mir vergleichbar unsrem Weihnachtsfest als emotional sehr berührend vor: Gerade da werden Erwartungen und Enttäuschungen besonders stark erlebt.

Der Höhepunkt der Wallfahrt ist das fröhliche Essen des Opferfleisches, wobei alles nach alten Regeln abläuft, so daß die Kinderreiche mehr bekommen muß als die Kinderlose.

2.3 Hanna – die Rabenmutter?

Besonders in Frauengruppen stößt es öfter auf Unverständnis, daß Hanna ihr kleines Kind gleich von sich weggibt zur Erziehung im Tempel.

Darf man über einen Menschen, auch einen noch Ungeborenen, so verfügen, wie Hanna es tut, wenn sie Samuel noch vor seiner Geburt, ohne ihn je zu fragen, dem Tempel weiht?

Auch wenn man im Auge behält, daß die Hauptaussage der Geschichte nicht die Mutter-Kind-Beziehung von Hanna und Samuel, sondern die Größe von Gottes Wirken ist, ist es wichtig, daß in der Gruppe diese Verständnisprobleme zur Sprache gebracht werden. Sie können wohl nicht vollständig beantwortet werden, auch nicht damit, daß die »Entdeckung des Kindes« noch kein Jahrhundert alt ist. Dennoch können folgende Informationen hilfreich sein:

Möglicherweise ist die Ablösung des kleinen Samuel von seiner Mutter viel sanfter und allmählicher erfolgt, als es auf den ersten Blick erscheint.

Hanna ließ ihr Kind keineswegs gleich nach der Geburt im Tempel erziehen, vielmehr war es vermutlich bereits drei Jahre alt, als es von seinen Eltern weggegeben wurde.

Denn im Orient werden die Kinder länger als bei uns gestillt, bis zum dritten Lebensjahr. Deshalb zieht Hanna bei der nächsten Wallfahrt nicht mit nach Silo (V. 23).

Danach läßt sie ihn tatsächlich im Tempel, aber, wenn wir 1. Samuel 2,11 genau lesen (»Und Elkana ging heim nach Rama in sein Haus, der Knabe aber war des Herrn Diener … «), fällt auf, daß offen bleibt, ob Hanna mit Elkana nach Hause nach Rama ging. Es ist gut denkbar (und würde der damaligen Sitte entsprechen), daß sie, wie andere Mütter auch, im Tempelbezirk eine Hütte bezog und bei ihrem Sohn blieb.

Vermutlich hatte Samuel im Tempel auch weit größere Chancen als zu Hause, gezielt gefördert und ausgebildet zu werden.

Trotzdem ist klar: sie läßt ihr so sehr ersehntes Kind von Anfang an los, sie nimmt es nicht als Besitz, sondern weiß, es gehört nicht ihr, sondern Gott.

Weitere Informationen zum Text sind in erzählerischer Form enthalten in meiner Kurzgeschichte: »Hanna – Lebenswünsche und erfülltes Leben« (4.3).

2.4 Hanna – wie man mit Sehnsüchten umgehen kann

Die Geschichte der Hanna zeigt uns: Wir können mit Sehnsüchten (und Eifersucht) verschieden umgehen:

Ich kann mir gut vorstellen, wie Hanna sich gefühlt hat: Im Innersten gekränkt, im innersten Kern ihrer Persönlichkeit von dem unverschämten, taktlosen Verhalten der Peninna »sehr gereizt« (V. 6). Hanna ist eifersüchtig!

Viele Untersuchungen aus Seelsorge und Eheberatung haben sich mit diesem Thema beschäftigt. Als Ergebnis läßt sich festhalten, daß gerade das Phänomen der Eifersucht sehr oft mit unsren geheimsten Sehnsüchten zu tun hat. Es liegt die Vermutung nahe, daß diese Sehnsucht unbewußt zurückreicht bis in die früheste Kindheit als Ursehnsucht des Säuglings nach völliger Einheit mit der Mutter.

Im Grunde stehen hinter der Eifersucht immer Wünsche, die mir unbewußt sind oder die ich auch vor mir selbst nicht zugeben kann und die mir deshalb Angst machen.

»Eifersucht ist ein »Hilfeschrei nach Nähe, Wärme, nach Wichtigersein als alle andern ... « schreibt eine Eheberaterin.* Aber auch der Wunsch, den eigenen Freiraum zu erweitern, kann damit zusammenhängen.

Zurück zu Hanna: Sie ist wahrscheinlich nicht in erster Linie eifersüchtig, weil Elkana eine andere Frau hat. Das war »normal« damals, und vor allem: Sie hat wohl schon gespürt, daß sie die erste Stelle in seinem Herzen einnahm.

* Hildegard Baumgart, Eifersucht. Erfahrungen und Lösungsversuche im Beziehungsdreieck, 1. Auflage 1985, Rowohlt Verlag, Seite 41

Hanna ist eifersüchtig auf Peninna, weil diese das hat, was Hanna nicht hat und wonach sie sich doch so sehr sehnt: Kinder.

2.5 Sechs Schritte, mit »Lebenswünschen« umgehen zu lernen

Die Geschichte der Hanna zeigt uns nicht nur, wie eng die Eifersucht eines Menschen mit seinen innersten Sehnsüchten und Wünschen zusammenhängt. Sie zeigt vor allem auch, wie man damit umgehen kann:

1) *Nichtstun*

Zunächst tut Hanna gar nichts. Sie läßt die Kränkungen Peninnas jahrelang über sich ergehen, sie weint und ißt nichts (V. 7). Das ist eine Möglichkeit im Umgang mit großen Lebenswünschen und auch Eifersucht: Verschweigen, Nichtstun, Erleiden, vielleicht sogar daran krank werden.

2) *Gefühle zugeben*

Hanna bleibt dabei nicht stehen:
Sie lernt es, ihre eigenen Gefühle und Wünsche wahrzunehmen und »rauszulassen«.
Hanna weiß selber genau, warum sie eifersüchtig ist: Nicht, weil ihr Mann noch eine andere Frau »anschaut«, sondern weil ihr selbst etwas fehlt, das ihr Leben auch über ihre Partnerschaft hinaus zu einem erfüllten Leben macht.
In der Bewegung unserer Geschichte kommt Hanna so weit, diese Gefühle der Sehnsucht nicht mehr zu unterdrücken, sondern sie vor sich selbst und vor Elkana (siehe V. 8) zuzugeben.

3) *Aktiv werden, etwas dagegen unternehmen*

Aber das genügt nicht. Hanna wird aktiv, sie schafft sich Freiraum; geht – allein, ohne Mann! – in den Tempel.
Schließlich handelt Hanna ganz selbständig! Vermutlich war es auffällig und ungewöhnlich, wenn eine Frau allein in den Tempel ging. Aber Hanna hat den Mut, nicht passiv zu bleiben. Sie wartet nicht darauf, daß Elkana für sie seine wohlformulierten Gebete im Tempel spricht. Sie geht selber hin, ganz allein!

Die bereits erwähnte Eheberaterin erzählt, daß nach einer geglückten Beratungseinheit die Eifersucht den Patientinnen geholfen hat, »sich erst mal zu finden« (Baumgart, S. 310) und selbständiger zu werden. »Fast alle Eifersüchtigen haben ihren eigenen Freiraum erweitert, nachdem sie gesehen hatten, daß sie gerade daran gescheitert waren, daß sie dem Partner den seinen so schlecht zugestehen konnten.« (Baumgart, S. 353).

Das bedeutete nun gerade nicht, daß sie sich neue Partner suchten, sondern, z. B. sich selbst eigene Berufstätigkeit, eigene Hobbys zugestanden.

Im Tempel schüttet Hanna ihr Herz aus, ganz auf ihre eigene Art: emotional, leidenschaftlich, echt. So echt, so unkontrolliert läßt sie alle ihre Sehnsucht, ihre Enttäuschung, ihre Eifersucht aus sich heraus, daß Eli, der Priester, sogar meint, sie sei betrunken.

4) *Beten*

Das Wichtigste ist, daß sie nicht nur vor sich selber ehrlich und echt ist. Sie führt kein Selbstgespräch! Sie führt ein Gespräch mit Gott. Hanna betet, mit aller Leidenschaftlichkeit und Inbrunst, die in ihr ist.

»Wenn Du, Gott, meinen Wunsch erfüllst, dann soll das Kind Dir gehören!« Dieses Gelübde, das in einigen meiner Bibelarbeiten zu diesem Thema auf manche Teilnehmerin wie eine Erpressung gewirkt hat, zeigt auch, wie man beten darf: So wie's aus dem Herzen kommt, ohne daß ich meine Gedanken vorher kontrollieren muß. Gott kennt mich besser, als ich mich selbst kenne, wie in Psalm 139 steht: »Herr, du erforschest mich und kennst mich, . . . , Du verstehst meine Gedanken von ferne, . . . , es ist kein Wort auf meiner Zunge, das Du, Herr, nicht schon wüßtest . . . « (V. 1-4).

5) *Loslassen*

Im Gebet, wo Hanna ihren unerfüllten großen Lebenswunsch, ihr ganzes Herz vor Gott ausschüttet, geschieht etwas mit diesem Wunsch:

Das Gebet verändert, es verändert Hanna, und es verändert ihren Wunsch.

Hanna kann ihren Wunsch ein wenig loslassen: Sie schwört, den Sohn »dem Herrn zu geben«, ihn loszulassen auf Gott hin. Sie wünscht ihn sich noch, und wie! Aber er soll nicht ihr, der Hanna, gehören, sondern Gott! Sie überläßt den Sohn, ihren größten Lebenswunsch Gott.
Das geschieht im Gebet: Ich verlasse mich, mein eigenes Ich, und öffne mich Gott, ich öffne mich seinem Willen.
»Der Sieg Gottes im Beter ist nicht ein Sieg des Beters, sondern auch ein Sieg über den Beter.« (Hans-Martin Müller)
Durch das Gebet ist Hanna ein Stück frei geworden, so daß sie freigeben kann und loslassen.
Ich lese dies als Hinweis für mich, wie auch ich mit meinen unerfüllbaren und mit meinen erfüllbaren Wünschen, mit meiner geheimsten Sehnsucht umgehen kann.
Ich kann sie im Gebet vor Gott bringen, sie vor Gott aussprechen und mich von ihm verändern lassen.

6) *Annehmen und sich selbst in Gott finden; Freiwerden in Gott*
»Der Herr tötet und macht lebendig«: Hanna betet ihren berühmten Psalm und besingt darin die Größe, Stärke und Barmherzigkeit Gottes, der die Niedrige erhöht, ein Gebet ganz ähnlich wie es im Neuen Testament Maria, die Mutter Jesu, beten kann (Lk 1, 46-55). Hanna betet diesen Psalm nicht, als Samuel geboren ist, sondern als sie ihn zu Eli in den Tempel bringt, um ihr Gelübde wahrzumachen! »Mein Herz ist fröhlich in dem Herrn«, so beginnt sie. »In dem Herrn«, denn sie hat sich selbst in Gott gefunden.
Das Thema ihres Psalms ist nicht sie, nicht einmal ihr Kind oder ihre erfüllte Lebenssehnsucht. Gott selbst ist das eigentliche Thema ihres Psalms, und damit wohl auch ihres Lebens geworden.
Gott ist es, der die Schicksale bestimmt, der konkret in Menschenleben eingreifen kann, so wie er in das ihre eingegriffen hat. Gott hat sie aus der Bedeutungslosigkeit herausgeholt und ein unscheinbares Menschenleben groß gemacht.
Ihr privater Wunsch hat sich erfüllt, aber Hanna bleibt nicht in ihrem privaten Erleben stehen, sondern gewinnt daraus Vertrauen in Gottes barmherzigen und guten Willen für ihre eigene Zukunft – Hoffnung

für die Zukunft der ganzen Welt! So sehr hat sich im Gebet ihr Horizont geöffnet und erweitert! Was sie selbst erlebt hat, gibt ihr Vertrauen für die Zukunft, ja Hoffnung für die ganze Welt.

3 Vorschläge zur Durchführung

Allgemeine Hinweise

Die Geschichte der Hanna ist eine lebendige Geschichte, eine Geschichte aus dem Leben fürs Leben. Sie spricht deshalb auch die verschiedensten Themenkreise an.
Bereits bei der Vorbereitung der Gruppenstunde sollte die Entscheidung gefällt werden, unter welchem Thema die biblische Geschichte schwerpunktmäßig dargeboten werden soll.

A: In Jugendgruppen hat sich das Thema: »Wünsche, Sehnsucht« bewährt.
B: Für reine Frauengruppen könnte man schwerpunktmäßig das Thema »Eifersucht« ansprechen;
C: Für andere Gruppen könnte es gut sein, sich aufs Thema »Gebet« zu konzentrieren.

Einstieg in die Bibelarbeit – Möglichkeit A

A.1. Zur Einstimmung auf das Thema Wünsche können wir die
➡ **Kurzgeschichte:** »Die Sache mit dem Krug« vorlesen oder erzählen.

Die Sache mit dem Krug
Im Iran wird folgende Geschichte erzählt:
Ein Mullah (ein Prediger) wollte für seine Frau Nüsse holen. Sie hatte versprochen, ein Festgericht aus Nüssen zu kochen. In der Vorfreude auf seine Lieblingsspeise griff der Mullah tief in den Nußkrug und faßte so viele Nüsse, wie er mit der Hand erreichen konnte. Als er versuchte, die Hand wieder herauszuziehen, gelang es ihm nicht. So sehr er auch zog

und zerrte, der Krug gab seine Hand nicht frei. Er jammerte, stöhnte und fluchte, wie ein Mullah es eigentlich nicht tun sollte. Aber nichts half. Die Hand blieb fest im Hals des Kruges stecken. Nach vielen vergeblichen Versuchen riefen sie den Nachbarn, der ein tüchtiger Mann war, um Hilfe. Der sah sich die Sache an und sagte: Ich kann dir helfen, wenn du genau tust, was ich dir sage. Der Mullah versprach es. Leider ist der Schluß dieser Geschichte nicht mehr vorhanden. Wie könnte die Sache ausgegangen sein?

Aus: Kalmbach, Wolfgang und Hartenstein, Markus [Hgg.]: Baupläne Religion 9, Stuttgart 1991, S. 167.

Übrigens: Die Lösungsmöglichkeiten sind recht verschieden.
- Der Mullah könnte den Krug kaputtmachen
- er könnte im Krug seine Hand öffnen und die Nüsse loslassen und nachher den Krug umdrehen, und die Nüsse herausschütten

A.2. Eine andere Einstiegsgeschichte wäre:

»Der Wunsch zu fliegen«

Zu einem alten weisen Mann kam eines Tages ein Kind und erkundigte sich, ob es fliegen lernen könne. »Jeder, den ich gefragt habe, hat mich ausgelacht und gesagt, fliegen könnten nur Vögel, die Flügel haben, oder allenfalls die Engel im Himmel«, sagte das Kind enttäuscht. Der alte weise Mann lächelte und erwiderte, auch der Mensch könne fliegen, wenn er nur die Vorschriften beachte. Das Kind sah ihn ungläubig an ... Der Weise lächelte: »Sag mir, welche Dinge dir gehören und dir viel bedeuten.« Das Kind begann aufzuzählen: »Mein Fahrrad, mein Fernsehapparat, meine Möbel, meine Bücher, meine Kleider, meine Schallplatten, meine Kassetten, mein Aquarium, meine Briefmarken, meine ...«

»Es ist genug«, unterbrach der Weise das Kind. »Hast du auch Wünsche für morgen, wenn du erwachsen bist?« »Viele!« rief das Kind. »Zum Beispiel wünsche ich mir ein Auto, wenn ich größer bin, ein gemütliches Haus, einen Garten voller Blumen, ein ... « »Es genügt«, sagte der weise Mann. »Wärst du bereit, deine Wünsche zu vergessen – nur den einen nicht, nämlich zu fliegen?«

Das Kind schwieg einen Augenblick, es legte die Stirn in Falten und dachte nach. »Nein«, sagte es dann zögernd und leise, »ich glaube nicht, daß ich auf meine Wünsche verzichten möchte. Sie gehören doch zum Leben, und alle haben sie.«
»Ja«, nickte der alte weise Mann, »alle haben sie, und keiner kann auf den Luxus dieser Welt verzichten. Deshalb, mein Kind, deshalb kann deine Seele auch nicht fliegen lernen ... !«

Aus: Besinnung am Morgen. Handreichungen zum Unterrichtsbeginn, VUD Freudenstadt.

➡ Es könnte sich ein **Gespräch** anschließen unter der Fragestellung: »Auf welche Wünsche könnte ich nicht verzichten?« und dann auf 1. Samuel 1 und 2 übergeleitet werden, etwa: »Heute wollen wir uns mit einer biblischen Frauengestalt befassen, die nicht so schnell bereit war, auf einen einzigen, einen sehr großen Wunsch zu verzichten ... «

➡ A.3.: Wir können eine **Collage** anfertigen in Kleingruppen oder im Plenum. Auf ein oder mehrere Plakate können aus Zeitschriften ausgeschnittene Bilder, die zur Illustration von Lebenswünschen geeignet sind, aufgeklebt werden. (z. B. Geld, Schönheit, Kinder, Beruf ...)
Impulsfrage:
Welche davon sind meine Lebenswünsche, welche nicht? In Jugendgruppen, wo sich die Teilnehmer noch nicht so gut kennen, ist es besser, die Frage unpersönlich zu stellen, z. B. provokativ: »Was muß jemand erreichen, damit sein Leben erfüllt ist?«
Dann: In der Bibel wird uns von einer Frau erzählt, die einen großen Lebenswunsch hatte ... Lesen des Bibeltextes.

Einstieg ins Thema – Möglichkeit B

B.1.: Zum Thema Umgang mit Sehnsüchten ebenso wie zum Thema
➡ Eifersucht paßt als Einstieg die **Bildfolge**: Lieben heißt loslassen können (Anlage).
Die Bildfolge zunächst einfach betrachten, eventuell mit Musikbegleitung (Gitarre), dann kurzer Gesprächsaustausch. Möglicher

Gesprächsbeginn: »Lieben heißt loslassen«, sagt der Junge zu seinem Vogel und läßt ihn fliegen. Ob er das zu seinem Mädchen wohl auch gesagt hätte?
In Frauengruppen könnte das Gespräch weitergehen:
»Wo habe ich das schon erlebt, daß zum Lieben auch Loslassen gehört? Was hat mir dabei geholfen?« Dann: »Wir wollen dazu die Erfahrung einer biblischen Frau anschauen: Lesen von 1. Samuel 1.«

B.2.: **Information über künstliche Befruchtung:** Es gibt auch heute Paare, die (fast) alles dafür tun, um ein eigenes Kind zu bekommen. Ein Kind, das ist sozusagen ihr großer gemeinsamer Lebenswunsch.

Freitag, 19. August 1994 Winnender Zeitung

Jedes zehnte Paar ist ungewollt kinderlos – Oft stellen sich schon nach Routineeingriffen Babys ein

Medizinische Kniffe können zum Nachwuchs verhelfen. Viele Methoden zur Förderung der Fruchtbarkeit – Nur Eizellenspende und Leihmutterschaft sind in der Bundesrepublik verboten.
Von unserem Mitarbeiter Till Mundzeck.

HAMBURG – Etwa jedes zehnte Paar auf der Welt ist ungewollt kinderlos. Das berichtet der Bevölkerungsfonds der Vereinten Nationen anläßlich der Weltbevölkerungskonferenz im September 94 in Kairo. Stellt sich kein Nachwuchs ein, kann dies eine Beziehung stark belasten.
Fest steht: Es liegt nicht immer an der Frau, wenn der Kindersegen ausbleibt. »Um den Vorwurf der Unfruchtbarkeit haben sich die Männer lange gedrückt«, weiß Freimut Leidenberger vom Institut für Hormon- und Fortpflanzungsforschung an der Universität Hamburg. »Heute wissen wir, daß die Ursachen der Kinderlosigkeit zu etwa gleichen Teilen bei Mann und Frau liegen.« Dennoch haben viele Männer Probleme damit, sich auf ihre Zeugungsfähigkeit hin untersuchen zu lassen.
Von Unfruchtbarkeit spricht die Weltgesundheitsorganisation (WHO), wenn Frauen, die keine Empfängnisverhütung betreiben, nach zwei Jahren regelmäßigen Geschlechtsverkehrs nicht schwanger sind. Fortpflanzungsmediziner können heute zwar vielen Paaren helfen, doch bleibt ungefähr die Hälfte der Betroffenen für immer ohne Nachwuchs – oft auf eigenen Entschluß. Denn die Behandlung der Unfruchtbarkeit kann lange dauern und körperlich wie seelisch sehr belastend sein.

Impulsfrage:
»Welche großen Lebenswünsche haben mein Leben geprägt?«
Gruppenarbeit zu dieser Frage

Einstieg ins Thema – Möglichkeit C

Wählt man für die Bibelarbeit über Hanna als Schwerpunkt das Thema »Gebet«, kann man mit folgender **Meditation** beginnen: ◀

Schalen-Meditation:
(Vgl. Griesbeck, Josef: Durchatmen. Meditationen, Frühschichten, Wortgottesdienste. Freiburg 1993, S. 115.)
Dazu sitzen alle am besten im Kreis auf Stühlen oder auf dem Boden.
»Ich möchte euch zu einer Schalen-Meditation einladen. Doch haben wir dazu keine übliche Schale aus Ton oder Holz. Wir nehmen dazu unsere Hände. Darf ich euch bitten, die Hände mit den Innenflächen nach oben auf die Oberschenkel zu legen.
Zunächst schauen wir einmal unsere Handinnenflächen an: Sie sind nicht glatt, sie sind vom Leben gezeichnet. Manche sagen, diese Furchen seien Lebenslinien. Ich sehe auch, daß meine Hände nicht ganz eben sind. Nur wenn ich sie bewußt ausstrecke, stellen sie ungefähr eine Ebene dar. Aber eigentlich gleichen sie eher einer Schale...
Was fällt uns sonst noch alles dazu ein, wenn wir unsre Handinnenflächen so anschauen? Wer mag, kann Beobachtungen einbringen.«
(Z. B.: Satellitenschalen; Wasserschöpfen aus einer Quelle; Schale ist offen zum Nehmen und Geben...)

Übergang zum Bibeltext/Thema:
»Beten hat mit Empfangen zu tun, mit Offenwerden, Gelöstwerden, Loslassen und Geben.
Heute möchte ich mit Ihnen zusammen eine Geschichte aus der Bibel zu uns sprechen lassen, in deren Mittelpunkt das Gebet steht. Es ist die Geschichte eines inständigen Gebets und die Geschichte einer großen Veränderung.
Wir wollen sie gemeinsam lesen und schauen, was mit Hanna durch das Gebet geschieht, was sich alles bei ihr ändert.«

Einstieg ins Thema – Möglichkeit D

Bevor in der Gruppe der Bibeltext gelesen wird, ist es möglich, ➧ mit der **Erzählung** »Hanna« (siehe 4.3, S. 27-30) zu beginnen, da sich dann manche Informationsfragen zum Bibeltext erübrigen werden.

Vertiefung des Themas

Wenn wir den Bibeltext gelesen haben (je nach Gruppe: vorgelesen, jeder leise für sich gelesen, der Reihe nach Satz für Satz von verschiedenen Gruppenmitgliedern laut gelesen), können wir je nach ➧ Gruppengröße uns in **Kleingruppen** einteilen oder im Plenum bleiben.

I. Mögliche **Impulsfragen** sind:

Was regt mich in diesem Bibeltext auf oder stört mich?
Wo finde ich mich in Hanna wieder?
Wie geht Hanna mit ihrem Lebenswunsch nach einem Sohn um? (vgl. S. 5 f)
Hannas Lebenswunsch wird erfüllt. Trotzdem geht es in ihrer Geschichte auch ums Loslassen. Wo?
Wann betet sie ihren Psalm, den großen Lobgesang?
Wie verhält er sich zu ihrem Wunsch? (vgl. S. 7 f)
Wo habe ich schon Vergleichbares erlebt wie Hanna?

➧ **II.** Wir können diesen Bibeltext mit Hilfe der **»Stufentechnik«** erarbeiten.
(Vgl. Barth, Hermann und Schramm, Tim: Selbsterfahrung mit der Bibel. Ein Schlüssel zum Lesen und Verstehen; 2. Auflage Göttingen 1983; S. 67 ff.)
Der Verstehensprozeß wird sozusagen in Zeitlupe in vier Schritte/Stufen aufgegliedert:

1) Wir tragen zusammen, was wir im Text wahrnehmen: (z. B. Hanna wird gekränkt und gereizt; Elkana ist traurig; Hanna weint und bewegt nur ihre Lippen; man meint, sie sei betrunken ...).

2) Welche Gefühle löst der Text in mir aus? (z. B. Mir tut Hanna leid; mich stört an Hanna, daß sie ihr Kind, bevor es überhaupt geboren ist, schon weggeben will ...)
3) Jetzt wird alles gesammelt, was den einzelnen zum Text eingefallen ist. (Z. B. Ich erinnere mich, als mein Kind krank war, da hat es mir auch den Appetit verschlagen; ich sah mal eine Betrunkene, das war ein unwürdiger Anblick; das Modell des Jerusalemer Tempels in einem Hotel fällt mir ein.)
4) Am Schluß ist jede Teilnehmerin aufgefordert, sich ein Urteil zu bilden, Stellung zu nehmen zum Text: Was kann der Text mir persönlich sagen? (Z. B. Hanna schüttet ihr ganzes Herz vor Gott aus, im Gebet verändert sich ihr Wunsch, sie kann ihn ein Stück loslassen; diese verändernde Kraft des Gebets möchte ich auch für unser Beten ernst nehmen.)

III. Dialog mit Hanna:

Jede Teilnehmerin/jede Kleingruppe versucht sich vorzustellen, Hanna sei ihre Gesprächspartnerin. In **direkter Anrede** wird Hanna alles gesagt, was uns an ihr bewegt: z. B. »Du wirkst depressiv am Anfang, fröhlich in deinem Psalm, am Anfang wagst du nicht laut zu reden, im Psalm machst du deinen Mund weit auf« (1. Sam 2,1).
Auch Änderungswünsche können geäußert werden: »Ich käme besser mit dir zurecht, wenn du dir nicht gerade ausgerechnet einen Sohn wünschen würdest.«
Es kann auch in Gruppen ein **Brief an Hanna** verfaßt werden.

IV. Visualisieren des Hanna-Psalms:

Das Visualisieren eines Textes kann uns diesen neu und vertieft verstehen helfen, kann eigene Erfahrungen mit einem Text sichtbar machen. Oft entstehen nahezu Kunstwerke, die gerne mit nach Hause genommen werden.
Vorgehen: Jede Teilnehmerin oder jede Zweiergruppe hat ein Textblatt mit dem Psalm der Hanna (1. Samuel 2,1-10), einen Bogen Papier, mindestens DIN-A 3 groß und Stifte vor sich. Darauf wird der Psalm abgeschrieben, aber so, daß das Gefühl der Worte visualisiert wird, wie das z. B. in Comics der Fall ist, wo Buchstaben größer

und kleiner, zittrig, oder explosiv usw. gestaltet werden und so den Inhalt der Worte unterstreichen. Als Spielregel gilt: Nur Schrift darf verwendet werden, in verschiedenster Größe, Farbe, Bewegung, Anordnung oder Wiederholung.
In einer Visualisierung des Jona-Psalms (Jona 2) wurden z. B. die Buchstaben für das Wort »Schilf« wie Schilfgras angeordnet, die für »Wasser« als Wellen dargestellt; Worte wie »Tiefe« und »Angst« wurden in dunklen Farben am unteren Teil des Papierbogens, »Herr«, »Gebet«, »Tempel«, »Dank« ... am oberen Teil in lichten Farben gestaltet. Einzelne Worte können beliebig oft geschrieben werden, je nachdem wieviel Nachdruck ihnen verliehen werden soll.
Dabei dürfen wir die »Würdigung« nicht vergessen, eine Schlußrunde, in der jedes Werk betrachtet wird. Dabei soll derjenige, der es hergestellt hat, zunächst nichts sagen, sondern die andern Teilnehmerinnen erzählen, was ihnen daran gefällt, erst dann kann der »Künstler« erklären, was er sich im einzelnen gedacht hat. Da dies zeitintensiv sein kann, ist es ratsam, die »Würdigung« in kleineren Gruppen vorzunehmen.

V. Übersetzung

➧ Der Psalm der Hanna kann in unser heutiges Deutsch »übersetzt« werden, in eigene Worte (Gruppenarbeit), dann auf Plakate geschrieben und in der Gruppe ausgewertet werden (wie die Visualisierung s. o.).

VI. Hat man viel Zeit, z. B. mehrere Abende oder einen ganzen Tag
➧ zur Verfügung, wäre auch **Tonen** schön: eine Figur, ein Symbol gestalten für einen großen Wunsch unsres Lebens.
Nebenher sollte ruhige Musik gehört werden. Auch ohne Ofen werden die Tonfiguren hart, wenn man sie zwei Tage an der Luft trocknet. 5 kg Ton reicht für ca. 15 Personen und kostet cirka drei Mark, pro Person genügt eine Kugel Ton in Apfelgröße.

Abschluß A

– Zusammenfassung der Gedanken
– Gebet; Segen

Abschluß B

– Lesen von Hannas Psalm 1. Samuel 2, möglicherweise im Wechsel
– Segen

Abschluß C

Den Abschluß können wir liturgisch gestalten (vgl. Laucht, Lydia. Heute will ich zu dir kommen. Gottesdienste, die Kinder trösten und ermutigen; Stuttgart 1994).
Wir bitten und danken Gott mit Hanna.
Jede bekommt eine Träne aus Tonpapier. In der Mitte steht ein Krug, der »Krug mit Tränen von Hanna, von andern Menschen, von uns«. Auf die Träne schreibt jede, was sie traurig macht und bedrückt. Ein Teil der Bitten kann dann vorgelesen werden. Nach jeder gelesenen Bitte sprechen oder singen wir: »Kyrieleison«. Abschluß des Gebets: »Alle unsre Tränen sind aufgehoben bei Gott. Er wird unsre Traurigkeit in Freude verwandeln.«
Danach schreibt jede auf eine Blume aus Tonpapier, wofür sie heute Gott danken will. Nach jedem vorgetragenen Dank singen oder sprechen alle »Halleluja«.
Den Abschluß bildet ein Segen.

4 Weitere Bausteine zum Thema

4.1 Lieder

- Daß du mich einstimmen läßt in deinen Jubel, in: Hänssler, Ich will dir danken, Nr. 72
- Magnificat (diverse Versionen) in: Mein Kanonbuch für heut und morgen, (tvd-Verlag), S. 298-300, 303-305
- Tanzlied: »Magnificat«, siehe Anlage

4.2 Gebet

Herr, mein Gott,
du kennst mich und erforschst mich,
du weißt um meine innersten Bedürfnisse, um meine geheimsten Wünsche.
Du kennst mich besser, als ich mich selber kenne.
Du weißt, wonach ich mich sehne und was ich brauche, damit mein Leben erfüllt ist.
Du weißt es besser als ich selber.
Hier sind sie, meine Wünsche, meine Sehnsucht. Ich bringe sie vor dich, mein Gott.

Ich weiß, du hast viel mehr Möglichkeiten, als ich sehe. Du könntest sie erfüllen.
Du siehst weiter in mein Herz als ich und weißt, wo sie mir und andern guttun, und wo nicht.
Hier ist sie, meine Sehnsucht, du allein, mein Gott, kannst etwas Gutes daraus machen. Bitte, Gott, wandle sie in Segen, für mich und andere.
Amen

I. M.

4.3 Erzählung

Hanna – Lebenswünsche und erfülltes Leben

Ich möchte die Geschichte einer Frau erzählen, die sich mit ihrem Leben nicht einfach abgefunden hat. Diese Frau ist, wie viele Frauen, durch einen Mann berühmt geworden. Durch ihren Sohn. Es ist Hanna, die Mutter Samuels, des berühmten Samuels, der Saul und David zum König gesalbt hat und damit in der Geschichte des ganzen Volkes Israel entscheidend mitbestimmte.

Hanna war mit Elkana verheiratet. Er kam aus einer wohlhabenden, angesehenen Familie. Hanna hatte es nicht schlecht: Sie hatte alles, was man zum Leben braucht, sie war glücklich verheiratet. Und doch war sie nicht ganz glücklich und zufrieden. Nicht deshalb, weil ihr Mann zwei Frauen hatte. Sie, Hanna, und die andere, Peninna. Das war damals in Israel normal, war so üblich. Hanna spürte auch ganz genau: Sie, und nicht Peninna stand an erster Stelle im Leben ihres Mannes. Sie war ihm wichtig für sein Leben. Darüber war sie froh.

Aber trotzdem fehlte ihr noch etwas, es fehlte noch viel: Sie hatte keine Kinder.

Zu einem erfüllten Leben damals gehörten die eigenen Kinder. In ihrem Volk galt die Frau erst etwas, wenn sie Kinder hatte, Söhne! Söhne, die den Anspruch auf das Erbe hatten und die Familie fortsetzen und erhalten konnten. Hanna dachte selbst auch so. Ein ganzer Lebensbereich, ein ganz wesentlicher Bereich, fehlte in ihrem Leben. Das war ihr großer Kummer. Sie verschloß ihn tief in sich und redete kaum darüber. Sie war schon über dreißig, und Frauen, die zehn Jahre jünger waren als sie, hatten schon viele Kinder.

Besonders Peninna, die andere Frau Elkanas. Die war eine richtige Mutter, stark und kräftig, meistens schwanger und immer ein Kind an der Brust oder am Rockzipfel.

Jedes Mal tat es Hanna weh, wenn sie den Vaterstolz in den Augen ihres Mannes sah. Und Peninna ließ keine Gelegenheit aus, Hanna zu kränken und zu beleidigen. Immer waren ihre Sticheleien in Harmlosigkeiten verpackt, wie Pfeile, die mit Samt überzogen sind.

Am schlimmsten war's immer bei der Wallfahrt nach Silo.

Jede Familie ging einmal im Jahr auf diese Wallfahrt, und es war ein schönes Fest. Der Höhepunkt war ein großes Festessen, das »Fröhlichsein vor Jahwe«. Das war eine festliche Mahlzeit, bei der das Opferfleisch gegessen wurde. Nur die Fetteile des Tiers opferte man Jahwe, die Priester bekamen von dem Fleisch und für die Familien blieb noch genug übrig.
Hanna hatte jedes Mal schon Tage vorher Angst vor dieser Wallfahrt: Sie war die vorprogrammierte Kränkung für sie. Das Opferfleisch wurde nämlich so ausgeteilt, daß die kinderreiche Ehefrau viel mehr bekam, und Hanna, die Kinderlose, erhielt nur ein ganz winziges Stückchen. Das war so Tradition, das gehörte zum Ritual.
Ihrem Mann, der das Fleisch verteilte, sah man's deutlich an, wie traurig er darüber war. Trotzdem war es für Hanna wie eine öffentliche Demonstration ihrer Kinderlosigkeit. Es war ihr, als hätte sie ein Schild umhängen: »Ich bin weniger wert als Peninna!« Und Peninna, die genoß diese Situation! Demonstrativ langsam aß sie ihr Fleisch. Und es fehlte nie an boshaften Bemerkungen in Richtung Hanna.
Hanna versuchte immer, nicht darauf zu achten. Aber dieses Mal konnte sie es nicht überhören. Sie brachte keinen Bissen hinunter. Ihre Trauer schnürte ihr den Hals zu. Sie schluckte ihre Enttäuschung nicht herunter: Sie weinte, weinte, weinte.
Ihre Tränen waren nicht umsonst. Ihr Mann sah sie liebevoll und besorgt an. Ihre ganze Enttäuschung konnte sie ihm sagen.
»Bin ich dir nicht mehr wert als zehn Söhne?« fragte er. »Du hast doch mich! Bin ich dir nicht genug?«
Sie hörte die Liebe aus seinen Worten und dachte: »Ich müßte doch zufrieden sein! Ist es nicht das Beste im Leben, einen Mann zu haben, der treu und einfühlsam mit mir umgeht? Bei dem ich an höchster Stelle stehe? Warum nur genügt mir das nicht?«
Hanna spürte aber auch, Elkana, ihr Mann, war zufrieden. Ihm fehlte nichts. Er fühlte sich wohl, so wie es war. Er konnte ihre Sehnsucht nicht teilen.
Da wurde sie noch trauriger. Verzweifelt wurde sie!
Als sie so weit gekommen war, spürte sie, daß sie etwas tun mußte. So konnte es nicht bleiben.
Unbemerkt verließ sie die fröhliche Festgesellschaft und ging in den Tempel, ganz allein.

Sie mußte jetzt allein sein mit ihrem Gott.
Hanna merkte nicht, daß Eli, der Priester, an der Tür saß. Jetzt beherrschte sie sich nicht mehr. Sie ließ ihren ganzen Schmerz aus sich heraus, zu einem Gebet werden.
»Gott, ich weiß, ich sollte dir danken, daß ich alles habe, was ich brauche. Aber mein Leben ist unerfüllt. Eine gute Ehe ist nicht alles. Ich möchte auch noch für andere da sein, für ein Kind, meinen Sohn. Ich will das Kind ja nicht nur für mich. Natürlich will ich es auch für mich. Ich habe große Sehnsucht danach. Aber das ist es nicht nur. Ich möchte sinnvoll leben, etwas für die Zukunft tun, für die Zukunft meiner Ehe, meines Volkes.«
Da tat Hanna etwas für ihre Zeit sehr Ungewöhnliches. Sie legte ein Gelübde ab, ohne ihren Mann zu fragen. Nach israelischem Gesetz mußte eine verheiratete Frau ihren Mann um die Einwilligung gefragt haben, wenn sie ein Gelübde ablegte.
Aber Hanna stand auf, kerzengerade, stellte sich feierlich vor den Altar, erhob ihren Kopf und betete:
»Herr, mein Gott! Ich gelobe dir, wenn du mir einen Sohn schenkst, soll er sein Leben lang dir gehören. Ich will ihn nicht für mich. Ich will ihn nicht festhalten. Er soll im Tempel erzogen werden und ein Priester werden. Er soll zu einem Menschen erzogen werden, der auf dich hört, der sein Leben lang für dich lebt.
Wenn du mir einen Sohn schenkst, Gott, dann gebe ich ihn frei für dich! Du kannst etwas Großes und Gutes aus ihm machen. Für unser ganzes Volk!
Amen!«
Nur das Amen rief Hanna laut. Alles andere hatte sie leise gesprochen und nur ihre Lippen bewegt.
Eli, der Priester, kam auf sie zu und rief empört: »Jetzt reicht's aber, Weib! Schäme dich! Geh hinaus aus Gottes Haus! Du bist ja betrunken!«
Hanna erwiderte ruhig: »Nein, ich bin nicht betrunken! Ich bin nur traurig, sehr traurig. Ich habe meine Trauer vor Gott ausgeschüttet.«
Der Priester verstand sofort: Das war ein Gespräch mit Gott. Hier durfte er nicht urteilen. Er sagte: »Geh hin in Frieden! Unser Gott wird deine Bitte erfüllen.«

Hanna hatte ihr Herz ausgeschüttet. Sie fühlte sich gestärkt und getröstet. Jetzt konnte sie wieder essen. Dieses Mal kam sie nicht so bedrückt wie im vorigen Jahr von der Wallfahrt nach Hause. Sie hatte wieder Hoffnung und Zuversicht.
Und ihre Hoffnung erfüllte sich. Sie wurde schwanger und bekam einen Sohn und nannte ihn Samuel, d. h. übersetzt: »Ich habe ihn von Gott erbeten«.
Nach drei Jahren brachte sie ihn in den Tempel nach Silo, damit ihn der Priester dort erziehen und unterrichten konnte. Das Kind, das Hanna sich so sehr ersehnt und erbeten hatte, gab sie wieder frei.
Aber sie selbst war nicht die Gleiche geblieben. Sie hatte Erfüllung erlebt. Sie hatte Gottes Gnade in ihrem eigenen Leben erfahren.
Sie dankte Gott mit einem großen Lied, das ein berühmter Psalm geworden ist. Sie wußte: »Von meinem Gott habe ich Wunderbares erlebt. Er hat mich für seine Zukunft brauchen können. Ich war unbedeutend, Er hat mich angesehen. Was schwach ist, macht Er stark. Was arm ist, macht Er reich.
Auf Ihn kann ich mich verlassen. Von Ihm kann ich Erfüllung und Leben erwarten. Auch für die Zukunft. Für meine Zukunft, für die Zukunft meines Volkes, für die Zukunft unserer ganzen alten und ungerechten Welt.«
Hanna bekam noch drei Söhne und zwei Töchter. Ihr Sohn Samuel wurde ein Prophet, eine große Persönlichkeit, die die Geschichte des ganzen Volkes Israel mitbestimmt und geprägt hat.

4.4 Comic

Heinz Körner, »Eifersucht«, Ein Lesebuch für Erwachsene, Lucy Körner Verlag

4.5 Das Gloria (Lob/Dank)

Zu dieser Melodie kann auch der folgende Psalmtext (Psalm 34, 2) gesungen werden:
»Du, Gott, ich will dich loben«

Es gibt eine Tanzform, die in diesem Gebet Leib und Seele auf Gott ausrichten, ihn loben und ihn anbeten, und die uns mit Gott in Beziehung treten lassen:

Beginn: geschlossener Kreis, Hände in V-Haltung

Kanonteile:
1) nach rechts gehen RLRL
2) zur Mitte gehen RLRL,
   dabei die Hände in die Orante-Haltung heben
   (Gebetshaltung mit offenen, erhobenen Händen)
3) wiegen r-l-r-l
4) rückwärts mit 4 Schritten RLRL
   währenddessen die Hände senken
   und am Ende im Kreis fassen.

Dieser Tanzkanon kann auch in zwei Kreisen getanzt werden.

Deutung: Gott entgegengehen, den Alltag mitnehmen, die Seele zu Gott wenden. Offene, erhobene Hände sagen: Ich komme zu dir, Gott, um empfangen und geben zu können. Das Rückwärtsgehen entspricht dem Zurückgehen in den Alltag – voll Dank für das empfangene Erbarmen Gottes.

Tanzformen, Lydia Laucht; Lied, Christophorus-Verlag

5 Literaturhinweise

Gien Karssen, Frau, Mensch und Mutter in der Bibel, Hänssler, Neuhausen-Stuttgart 1976
Erich Hermann, Wenn die Wiege leer bleibt, Brockhaus, Wuppertal und Zürich 1994

6 Vorbereitungsliste

- ☐ für Collage: Plakate, Schere, Klebstoff, Zeitungen und Illustrierte
- ☐ Buntstifte für die Visualisierung des Psalms
- ☐ Ton

für jede Frau
- ☐ Comic
- ☐ Arbeitsblätter mit Impuls-Fragen

Maria – eine alleinstehende Frau

Ilse Roser

1 Ziel

Erkennen, daß alleinstehend nicht allein gehend bedeuten muß.

2 Information zum Thema, zum Lebensbild

2.1 Das Gefühl, allein zu sein, macht Not
Alleinstehende fühlen sich nicht selten zu kurz gekommen, benachteiligt in vielerlei Hinsicht. Die Erfahrung, zu Zeiten alleine zu stehen, bleibt niemandem erspart. Auch eine glücklich verheiratete Familienmutter weiß darum.

2.2 Das Lebensbild der Maria, der Mutter Jesu, zeigt auf eindrückliche Weise, wie das Alleinsein erfahren, aber auch bewältigt wird. Maria war eine alleinstehende Frau – und zugleich die Mutter Jesu.

2.3 Maria gehört ins Zentrum der Weihnachtsgeschichte
Künstler aller Generationen wurden zum Malen, Schnitzen, Dichten, Singen und Komponieren angeregt!

2.4 Die Gestalt der Maria wurde zum Zankapfel zwischen den Konfessionen
Maria erfuhr eine Unter- und eine Überbewertung!
Die kirchliche Tradition, in der wir jeweils aufgewachsen sind, hat uns geprägt. Welches ist die biblische Maria?

2.5 Maria war eine Frau, ein Mensch wie wir

Der entscheidende Punkt ihres Lebens war ihr Glaube.
Maria war nach den Berichten der Bibel keine Heilige im Sinne von Unfehlbarkeit und Sündlosigkeit. Sie hat auch kein unbeschwertes, frommes Leben geführt. Sie war vielmehr, nicht selten, eine angefochtene und auch versagende Frau. Oft war sie sehr allein! Sie mußte sich einsam und unverstanden fühlen.

Drei Themenkreise können uns dabei immer wieder beschäftigen:

– Maria war ganz Mensch.
– Maria war ein Mensch vor Gott.
– Maria wurde Glied der Gemeinde Jesu.

2.6 Maria war eine alleinstehende Frau

Es fällt auf, daß Maria, immer wieder eine alleinstehende Frau ist. Äußerlich allein, aber wohl noch viel mehr innerlich allein:
Z. B. stand sie allein vor dem Engel, vor Gott und vor seiner großen Herausforderung! – Sie sollte Mutter des Messias werden.
Sie war allein auf dem Weg zu ihrer Cousine Elisabeth – allein ging sie über das Gebirge.
Allein war sie auch auf dem Fest, auf der Hochzeit zu Kana. (Sie scheint zu diesem Zeitpunkt schon Witwe gewesen zu sein.)
Ja, und Maria war vor allem allein unter dem Kreuz! – Trotz der vielen Menschen fühlte niemand so, wie sie als Mutter fühlte. Dort ging ein Schwert durch ihre Seele. Schmerzvolle Stöße kamen immer wieder, aber das unter dem Kreuz war das Schlimmste.
Aus der Apostelgeschichte (Apg 1,14) erfahren wir, daß Maria als alleinstehende Frau in der Gemeinde lebte: »Diese alle waren stets beieinander, einmütig im Gebet samt den Frauen und Maria, der Mutter Jesu und seine Brüder.«

3 Informationen zu den einzelnen Texten

3.1 Maria allein vor dem Engel (Lk 1,26-38)

Wie reagiert Maria auf das plötzliche Erscheinen des Engels? Sie erschrickt über den seltsamen Gruß. »Sei gegrüßt, du Begnadigte, der Herr sei mit dir.« – Das ist ja zum Fürchten! – Daher spricht der Engel sein: »Fürchte dich nicht, Maria, du hast Gnade bei Gott gefunden. Siehe, du wirst schwanger werden und einen Sohn gebären, und sollst ihm den Namen Jesus geben! Der wird groß sein und Sohn des Höchsten genannt werden; und Gott der Herr wird ihm den Thron seines Vaters David geben, und er wird König sein über das Haus Jakob in Ewigkeit, und sein Reich wird kein Ende haben.«

Wir erkennen an ihrer Reaktion und ihrer Antwort, daß Maria wußte, wovon die Rede war. Sie kannte die Geschichte ihres Volkes. Sie wußte um den verheißenen Messias. Dennoch, Maria war ganz Mensch, und so spricht sie ihr Unverständnis und ihre Zweifel aus: »Wie soll das zugehen …?«

Die Antwort des Engels: »Der heilige Geist wird über dich kommen, und die Kraft des Höchsten wird dich überschatten, darum wird auch das Heilige, das von dir geboren wird, Sohn Gottes genannt werden.«

Danach gibt ihr der Engel noch einen besonderen Hinweis: »… Deine Verwandte, Elisabeth, ist auch schwanger in ihrem Alter und ist jetzt im sechsten Monat, von der man sagt, daß sie unfruchtbar sei. Denn bei Gott ist kein Ding unmöglich!« – Was ist dieser besondere Hinweis für Maria in dieser Situation? – Eine Glaubenshilfe erster Güte! – Und so kommt denn auch ihre Antwort klar und schlicht von ihren Lippen: »Siehe, ich bin des Herrn Magd, mir geschehe, wie du gesagt hast.«

Keine Diskussion, keine Bedenken, nichts als ein klares Ja.

Daraufhin würde man doch eigentlich meinen, daß nun alles großartig weitergehen müßte im Leben dieser Frau! Wenn Gott so außerordentlich in ein Leben eingreift und ein Mensch dazu noch Ja sagt und gehorcht, dann müßte dieses Leben ein Leben auf Höhen sein. Doch wir müssen bei Maria erkennen, daß gerade die Tiefenwege und Tiefenführungen nicht gefehlt haben! – Dennoch steht Maria hier als eine Glaubende vor uns, als ein Mensch des Gehorsams. – Sie spricht ein Ja zu Gottes Absicht mit ihrem Leben. Sie ist bereit, auch entstehende Komplikationen in Kauf zu nehmen. »Siehe, ich bin des Herrn Magd«, das ist ihre Antwort! Ihm, Gott allein steht sie zur Verfügung! Was an Maria geschieht, ist Gnade. So empfindet sie es auch, wenn sie in ihrem Lobgesang später bekennt: »Denn er hat die Niedrigkeit seiner Magd angesehen.« Denn wer ist sie schon? Es gab gewiß reichere, gebildetere, wahrscheinlich auch hübschere junge Mädchen in Israel, und dennoch hatte Gott sie erwählt. – Maria nimmt an, obwohl sie keine Qualifikation mitbringt.

Du hast Gnade vor Gott gefunden, so steht es über ihrem Leben. Nicht, du bist ohne Sünde, oder gar ohne Sünde empfangen. Darum gibt sie auch in ihrem Lobgesang Gott allein die Ehre! Sie preist Gott, daß er ihre Niedrigkeit angesehen hat. Und auch ihre Cousine Elisabeth preist sie nicht um ihretwillen. Sie preist sie, weil sie unter allen Frauen von Gott erwählt wurde. Sie preist die Frucht ihres Leibes, die ja der Einwirkung des göttlichen Geistes entspringt.

Noch einmal: Die Ehre gehört also Gott. Er ist auch der Grund ihrer Freude: »Und mein Geist freut sich Gottes, meines Heilandes.« Daß ihr das geschieht, das ist ihr Staunen.

Wir wollen nun versuchen, das Geschehen an Maria noch unter einem anderen Blickwinkel zu sehen: Wir sagten ja, Maria war immer wieder eine alleinstehende Frau. So wollen wir diese Begebenheit nochmals bedenken unter der Betonung: Maria steht allein vor dem Engel. Maria steht allein vor einer großen Glaubensherausforderung! – Kein Josef, keine Eltern, kein Priester, niemand steht ihr hier zur Seite.

Das ist eine Erfahrung, die auch wir kennen. Wenn es um den Glauben, unser persönliches Ja zu einer persönlichen Begebenheit geht, dann stehen wir da auch oft sehr allein vor unserem Gott. Wenn unser Glaube, unser Vertrauen, unser Gehorsam, unser Wille gefordert wird, dann kann da niemand für uns antworten; dann müssen wir das Ja zu Gott sprechen. Wir sind da allein, das Ja kann uns niemand abnehmen. Aber Gott wartet auf unsere Antwort! Und daß dieser Gott vor uns steht, das kann sehr plötzlich geschehen. In einer bestimmten Sache, einer bestimmten Stunde: *»Willst du mir vertrauen? Willst du, Menschenkind, mir dein Leben anvertrauen, deine Zweifel, deine Not, deine Enttäuschungen mir bringen? ... Willst du dich mit meiner Gnade füllen lassen? Auf nichts eigenes mehr setzen, sondern nur noch auf mich?«*

3.2 Maria allein auf dem Weg zu Elisabeth (Lk 1,39-45)

Auch hier kann man Parallelen zu unserem Leben ziehen: – Wie oft müssen Alleinstehende ihren Weg allein gehen: den Weg zum Arzt, auf ein Amt, zu einem Fest oder einem Besuch usw. – Hier sind Freunde wichtig, Selbsthilfegruppen, die Gemeinschaft in Kreisen, auch in der Kirchengemeinde!

Von Maria wird berichtet, daß sie in ihrer neuen Situation eilends zu Elisabeth geht. Dort ist ein Mensch, der sie sicher verstehen kann. Und sie wird durch diesen Besuch beschenkt. Ihr Glaube wird gestärkt. Der Engel hatte die Wahrheit gesprochen. Elisabeth bekam ein Kind. Welch ein Wunder! Da sind nun zwei vom Glück, oder besser, zwei von Gott überwältigte Frauen beisammen. Es waren für sie Tage und Stunden des Überwältigtseins, des Dankens und des Lobens!

Auch wir kennen solche besonderen Begegnungen. Begegnungen in der Freude, der Trauer, im Verstehen und Mitfühlen. *Wie wohl tut es, wenn man miteinander reden, miteinander weinen, miteinander beten, miteinander singen und sich miteinander freuen kann.*

3.3 Maria wird Mutter (Lk 2,5-7.16.19)

Nun, eine Geburt im Stall entspricht nicht unbedingt unseren Vorstellungen, wenn wir an eine Königsgeburt denken (keine Hebamme, keine Mutter, keine Nachbarin!). Was mag Maria in diesen ersten Stunden gedacht haben, als sie dieses ihr erstes Kind im Arm hielt? Als sie dieses kleine Menschlein vor sich in der Krippe liegen sah? Das ist nun also der Messias, der Retter und Heiland der Welt? Ein kleines Menschenkind, dem sie zu trinken gibt und das ganz auf ihre Fürsorge angewiesen ist. – Ihr Kind, Gottes Sohn!

Wie gut, daß da noch die Hirten kamen. Gewiß keine sehr vornehme Gesellschaft. Und doch, was sie zu erzählen hatten, das tat dem jungen Mutterherzen gut. »Maria aber behielt alle diese Worte und bewegte sie in ihrem Herzen«, so betont es der biblische Text. – Worte von dem großen Licht, den himmlischen Heerscharen, der großen Freude für alle Welt und das alles ausgerechnet hier in der Stadt Davids. Ja, die Stadt Davids, das war Bethlehem, das wußte Maria wohl! Und der Engelgesang: Ehre sei Gott in der Höhe! – Maria hörte das, was auch wir an jedem Weihnachtsfest zu hören bekommen.

3.4 Jesu Darstellung im Tempel (Lk 2,22-35)

Maria und Josef tun, was alle frommen Eltern in Israel tun. Sie lassen ihr Kind beschneiden und geben das vorgeschriebene Reinigungsopfer. Da geschieht wieder etwas überraschendes: Der Geist schickt den greisen Simeon in den Tempel. Er segnet Maria und spricht u. a. die schicksalsschweren Worte: »Es wird ein Schwert durch deine Seele dringen.« Das ist für Maria Bestätigung, Verheißung und klare Voraussage, daß sie sich auf schwere Zeiten einstellen muß.

3.5 Maria versteht ihr Kind nicht – Unter Schmerzen Mutter sein (Lk 2,41-51)

Hier wird eine Erfahrung beschrieben, die keiner Mutter fremd bleibt. Es macht Schmerzen, seine Kinder, große oder kleine, nicht verstehen zu können.

Drei Tage haben die Eltern Jesu ihren Sohn gesucht. Sie waren aufgeregt. Und als sie ihn dann im Tempel finden, entsetzen sie sich. Da sitzt er doch tatsächlich mitten unter den Lehrern, den Theologen und Gelehrten; hört ihnen zu und fragt sie! – »Warum habt ihr mich gesucht«, fragt er? »Wißt ihr nicht, daß ich sein muß in dem das meines Vaters ist?« – Und sie verstanden das Wort nicht, das er ihnen sagte. – Warum haben sie ihren Sohn nicht verstanden? Haben sie vergessen, wer er war? Man kann es sich gut vorstellen, daß unter dem oft sicher bedrängenden Alltag und seinen Forderungen vieles verblaßte. Zunächst, ja, da war alles noch stark und erfüllend, da war die Freude und die Hoffnung groß. Jetzt war nur noch eine schwache Erinnerung. Die glückliche Zeit des Glaubensanfangs wurde von den

Alltagsgeschäften überwuchert. – Vielleicht war da auch eine gewisse Enttäuschung. – Noch immer wohnte Maria in dem unfrommen Nazareth. Keine Davidskrone schmückte den Sohn. Keiner der maßgeblichen Herren aus Jerusalem war gekommen. Die Worte des greisen Simeon waren verhallt! Jesus, der Sohn Josefs, sonst nichts.
Vielleicht war doch alles ein Irrtum gewesen, vielleicht habe ich geträumt? – So ähnlich könnte es in dem Herzen der Maria gebohrt haben. Und kennen wir sie nicht auch, solche bohrenden Fragen? Wie glücklich und überzeugt hatten wir vielleicht einmal den Weg des Glaubens begonnen. Ja, wir hatten Jesus vertraut, wir wollten ihm nachfolgen, mit ihm gehen. Aber dann kam so vieles, das die Liebe Gottes und sein Gutmeinen mit uns verdunkelt hat. Diese besonderen Tage, an denen wir unseres Glaubens froh wurden: Tauftage, Hochzeitstage, Konfirmation, Entlassung aus der Klinik, Urlaubsfreuden usw.
Maria konnte Gott nicht mehr verstehen, darum verstand sie auch den Sohn nicht. Wie konnte er nur im Tempel zurückbleiben? Man kann es sich vorstellen, was Maria sagte: »Endlich finden wir dich. Drei Tage haben wir dich mit Schmerzen gesucht. Daß du uns so in Sorge bringst! Gehörst du nicht mehr zu uns? Im Tempel bist du geblieben.«
Maria reagiert wie jede aufgeregte Mutter – mit einem Vorwurf. Dennoch lesen wir in Vers 51: Maria behielt alle diese Worte und bewegte sie in ihrem Herzen. Sie hat hinterher in Ruhe nachgedacht. Auch das kennen wir, daß wir hinterher ins Fragen kommen: Warum hat dieser oder jener das gesagt, was meinte er damit?

3.6 Maria muß warten lernen (Joh 2,1-11)

Circa 18 Jahre später: Lassen wir sie einmal selbst erzählen: »Es war eine Hochzeit in Kana. Jesus war auch dabei mit seinen Jüngern. Da sah ich, daß der Wein am Ausgehen war, das war sehr peinlich. Da fiel es mir ein: War das nicht die große Stunde meines Sohnes? Lange schon war in mir wieder die Erinnerung da: Maria, du Begnadete, dein Sohn, der Erlöser Israels! – Endlich mußte es sich doch zeigen: Zu lange wartete ich schon auf das, was mir versprochen war.

Dann aber kam sein scharfer Verweis! »Weib, was habe ich mit dir zu schaffen?« Abgelehnt! Dem Wunder Gottes wollte ich nachhelfen, die Stunde Gottes wollte ich bestimmen! – Abgelehnt! – Ich konnte nicht warten, aber wer glaubt, soll das Warten lernen!
Wie gut kennen auch wir das Problem des Wartens.

3.7 Maria spielt eine sehr menschliche Rolle (Mk 3,20-21, 31-35)

Maria und Jesu Geschwister wollen diesen zurückholen. Er ist von Sinnen, das war ihr Eindruck. – Im Orient spielt die Familie eine sehr gewichtige Rolle! – Doch Jesus muß seine Mutter und seine Geschwister etwas anderes lehren: »Wer den Willen Gottes tut, der ist mir Mutter und Bruder und Schwester.«
Das war hart für Maria! So also sah sein messianisches Reich aus: Trennung! – Selbst Blutsbande haben keine bindenden Kräfte mehr. – Wer den Willen Gottes tut! – Hatte Maria nicht den Willen Gottes getan und sich seinem Willen ausgeliefert, als sie den Sohn gebar? Vermutlich war Maria innerlich sehr durcheinander. Vielleicht sagte sie da auch in ihrem Herzen: »Du ewiger Gott, der du mich erwählt hast, ich verstehe dich nicht mehr, bitte hilf mir.«
Doch wie sah sie nun aus, die Hilfe? Es kam noch schlimmer: Jesus wurde vor Gericht gestellt und als Gotteslästerer zum Tode verurteilt, zum Tode am Kreuz. – Das war der dunkelste Tag für Maria. Sie ging mit hinauf nach Golgatha. Ja, sie wollte ihm nahe sein, dem, den sie geboren hatte. – Da sieht Jesus sie unter dem Kreuz stehen. – Aber was sagt er? »Weib, siehe, das ist dein Sohn!« Und zu Johannes spricht er: »Siehe, das ist deine Mutter.« Ich habe dich doch geboren, dich, den verheißenen Messias. Warum mußt du so schmachvoll sterben? Wer bist du, mein Sohn? Bist du nicht der, von dem der Engel sprach? Ich fürchte, alles war Täuschung! Zu Ende die Hoffnung Israels. Vergeblich geboren; vergeblich geglaubt; vergeblich gelitten! – Das war das Schwert, das ihr die Seele durchbohrte. – Noch war ihr der Sieg des Kreuzes verborgen! Alles, alles war dunkel und sinnlos!
Auch wir Menschen kennen diese verzweifelten Dunkelheiten. Diese quälenden Warums und dieses bittere Vergeblich. Vergeblich um das Leben des geliebten Menschen gekämpft. Vergeblich gebetet

und gelitten. Die Beziehung konnte nicht gerettet werden. Vergeblich geglaubt! Gott hat nicht eingegriffen.
Was hat das Kreuz Jesu mit den Dunkelheiten unseres Lebens zu tun? – Sind wir nicht immer wieder in der Gefahr zu denken: Ja, dort und damals das Kreuz und hier und heute mein Leben, meine Enttäuschungen, meine Nöte und meine Dunkelheiten?
Wir heutigen Menschen können das Leiden und Sterben Jesu so wenig verstehen, wie es Maria verstehen konnte. Wenn nicht das große Wunder geschieht, und Gott uns das Herz und die Augen öffnet. Daß wir nämlich gerade in diesem Kreuz die abgrundtiefe, unvorstellbare Liebe Gottes erkennen können. (Wir wissen, wie das ist: zwei Menschen sind zerstritten, sie sind sich fremd geworden, sie können nicht mehr zusammenkommen; es sei denn, einer von beiden tut den ersten Schritt, lenkt ein und bittet um Vergebung.) – Auch von Gott her gab es keinen anderen Weg. Wir Menschen hatten Gottes Liebe mit Füßen getreten. Wir waren dem Willen Gottes ungehorsam. Die Kluft zwischen uns Menschen und dem lebendigen Gott konnte nur durch Versöhnung und Vergebung überwunden werden.
Jesus mußte auch für die Schuld der Maria sterben. – Von Natur aus sind wir Menschen blind gegenüber unserer wirklichen Situation vor Gott und auch blind für seine Liebe. Maria konnte zunächst nicht erkennen, daß Jesus auch für sie starb. Doch an Maria ist das Wunder geschehen. Gott hat ihr die Augen geöffnet und so konnte sie begreifen, daß auch sie Gottes Vergebung benötigte! Ihr Glaubensweg mit Gott war ein Auf und Ab. Er führte durch Krisen und Schuld. Doch am Ende gehörte auch Maria zu den an Jesus bewußt glaubenden Menschen. Warum? Maria war ihrem sterbenden Sohn gehorsam! Jesus hatte sie ja bewußt an Johannes, seinen ihm besonders vertrauten Jünger verwiesen. Jesus wollte auch seine Mutter bei den Menschen wissen, die ihm glaubten und ganz zu ihm gehörten. Maria sollte hineingehören in die an Jesus glaubende Gottesfamilie. – Nun durfte es auch ihr gelten, das große Versprechen Jesu: »Siehe, ich bin bei euch, bei dir, alle Tage bis an der Welt Ende. Auch Maria konnte diese Liebesverbindung mit Jesus eingehen.
Wir sagten zu Anfang: Maria war ganz Mensch. Sie war ein Mensch

vor Gott. Sie war gläubiges Glied ihres Volkes, und sie wurde glaubendes Glied der christlichen Gemeinde.
Maria lernte glauben. Sie war in der Tat ein von Gott begnadigter Mensch. – Würde Maria mit uns Weihnachten feiern, so würde sie mit frohem Herzen einstimmen in unsere schönen Weihnachtslieder: O du fröhliche ... Sie würde auch die frohen Osterlieder der christlichen Gemeinde mitsingen: Jesus lebt! Nun ist der Tod mir der Eingang in das Leben ...

4 Vorschläge zur Durchführung

Ursprünglich wurde dieses Thema für ein Adventswochenende mit Alleinstehenden erarbeitet. Dabei wurden alleinlebende, verwitwete und geschiedene Frauen angesprochen.
Das Lebensbild der Maria kann an einem oder mehreren Abenden als Bibelarbeit oder im Referatsstil behandelt werden.

Einstieg ins Lebensbild – Möglichkeit A

Einige **Marienbilder zur Ansicht und zur Auswahl** auslegen. (s. 5.3 oder in einer Buch- oder Kunsthandlung Bilder nach Ihrem Geschmack aussuchen): z. B. Verkündigung an Maria, Krippendarstellung, Besuch bei Elisabeth, Maria unter dem Kreuz, Maria mit dem toten Jesus (Pieta).
Jede Frau darf sich ein Bild aussuchen und soll dann im großen Kreis oder in kleinen Gruppen erzählen, was ihr an dem Bild gefällt und vielleicht auch, was ihr nicht gefällt.

Einstieg ins Lebensbild – Möglichkeit B

Es könnten auch zu Anfang sämtliche **Marientexte** verlesen werden, eventuell durch verschiedene Sprecherinnen, um dadurch einen Überblick über das Leben der Maria zu bekommen.

Einstieg ins Lebensbild – Möglichkeit C

➡ **Rundgespräch**
Wir tragen zusammen, was uns zu Maria einfällt.

Was wissen wir von Maria?
An welche Begebenheiten ihres Lebens erinnern wir uns?

Vertiefung des Themas

➡ Je nachdem, ob man eine Auswahl einzelner Texte behandelt oder alle miteinander in einem Gesamtentwurf, kann man nach den verschiedenen Ausführungen **Gesprächspausen** einlegen (in Gruppen oder im Plenum) unter der Fragestellung:

Wo ist mir Maria hier fremd?
Wo ist mir Maria ganz nahe?
Wo kann ich sie gut verstehen?
Wo kann ich ihr Verhalten und Denken überhaupt nicht nachvollziehen?
Wo fordert Maria mich heraus?

➡ Man könnte den Frauen nach einer eher zwanglosen Gesprächspause in **Zweier- oder Dreier-Gruppen** verschiedene Aufgaben stellen.

- Die 1. Gruppe soll ein Gebet formulieren mit etwa folgenden Satzanfängen:
  »Vater im Himmel, wir danken dir für Maria, weil sie uns ermahnt, daß ... / erinnert an ... / vorgelebt hat, wie ... / herausfordert zu ...«

- Die 2. Gruppe soll einige Sätze aufschreiben – nicht in Gebetsform – sondern eher in Form einer persönlichen Gegenüberstellung zu Maria:
  »Maria ist wie wir/wie ich, weil ...

Maria ist mir fremd, wo sie …
Von Maria kann ich lernen, …
Maria würde heute zu uns vielleicht folgendes sagen …«

- Eine weitere Gruppe könnte Eigenschaften und Gegensatzpaare sammeln, die an Marias Charakter besonders auffallen: z. B. Hingabebereitschaft und Kampfbereitschaft, Leidenschaft und Demut, Hörbereitschaft und Eintreten gegen Unterdrückung.

Abschluß A

Zusammenfassende Gedanken

Wir haben das Leben der Maria bedacht. Wir haben gesehen, wie sehr Maria unsere Schwester ist. Wir haben Maria kennengelernt u. a. als alleinstehende Frau – mitten unter vielen Menschen immer wieder alleinstehend.

1) Maria, eine Fragende:
»Wie soll das zugehen? – *Unsere Fragen:* Wie soll ich diesen Berg bewältigen, diese Arbeit schaffen? Wie dieses Problem lösen? Wie kann sich diese Sache je zum Guten wenden? – Bei Gott ist kein Ding unmöglich! Rechnen wir in den Unmöglichkeiten unseres Lebens mit Gottes Möglichkeiten?

2) Maria, eine Hörende und Nachdenkende:
Sie hörte auf den Engel, die Hirten, den greisen Simeon, und sie hörte auf ihren Sohn, auf Jesus. – Sie dachte nach und bewegte es in ihrem Herzen! – *Unser Hören und Nachdenken:* Was bewegen wir in unserem Herzen? – Sind es nur Menschenworte? Wie halten wir es mit den Worten unseres Gottes?

3) Maria, eine Enttäuschte:
Enttäuscht vom Sohn, enttäuscht von Gott, warum greift er nicht ein? – *Unser Enttäuschtsein:* Enttäuschungen bleiben niemandem

erspart! Wie gehen wir damit um? Halten wir aus, überwinden wir, lernen wir Geduld, Demut? Unserem Gott ist nichts zu unbedeutend und zu böse, wir können mit allem zu ihm kommen!

4) Maria, eine Begnadigte:
Wir sagten, sie war nicht eine sündlose, sondern eine von Gott begnadigte Frau. Beschenkt mit der Ehre, die Mutter Gottes zu werden. Maria ist und war wie alle Menschen eingebunden in die menschliche Geschichte, in der gilt, was in Hiob 4,17 zu lesen ist: »Wie kann ein Mensch gerecht sein vor Gott oder ein Mann rein sein vor dem, der ihn gemacht hat?« – Auch für Maria bleibt nur die Bitte: »Schaffe in mir, Gott, ein reines Herz, und gib mir einen neuen, gewissen Geist. Verwirf mich nicht von deinem Angesicht ...« (Ps 51,12-13).
Sehr oft begegnen wir einem gnadenlosen Leben! Wie ist das bei uns? Können wir uns zu den Begnadigten zählen?
Wir stehen ja als getaufte Christen praktisch von Anfang an unter der Gnade Gottes. Aber Gnade muß man annehmen, erst dann tritt die Begnadigung in Kraft. Begnadigung muß begehrt werden (Gnadengesuche). Gnade muß man wollen. Gott eingestehen, daß wir seine Gnade ganz konkret nötig haben – d. h. dann: Keiner muß unter der Last seiner Vergangenheit weiterleben. (Böses, Schuld kann nicht ungeschehen gemacht, aber vergeben werden.) Begnadigte Menschen empfangen die Kraft, ein gnädiges, barmherziges, gütiges Leben zu führen.
Aus der Gnade leben, bedeutet aus dem Glauben leben. Dies war das Entscheidende im Leben der Maria, daß sie eine Glaubende war und durch die Krisen ihres Lebens hindurch immer wieder neu eine Glaubende wurde.
Sie war nicht mehr nur Glied ihres Volkes, sie war auch Glied der Familie Gottes im Sinne Jesu: »Das ist meine Mutter, Bruder, Schwester – wer den Willen Gottes tut.« – Was ist der Wille Gottes? Daß wir an ihn, an Christus glauben. Dies geschieht in der Lebensübergabe an ihn.
Glauben heißt, mit Gott rechnen. Sich ihm anvertrauen. Mit ihm alles besprechen. Ihm alles zutrauen. (Da bin ich dann auf einmal

nicht mehr allein.) Wo dieses innere Vertrauen zwischen Gott und uns Menschen wächst, da wird aus diesem Miteinander Liebe! Und auf diese Weise wird Gott geehrt! – Wir denken an den Lobgesang der Maria, an ihr Überwältigtsein von Gottes Erwählung, von Gottes Liebe. So kann auch unser Leben zu einem Lobgesang für Gottes Güte werden, auch im Alleinsein.

Abschluß B

Zusammentragen der in den Kleingruppen erarbeiteten Texte, Gedanken und Gebete ◆

Abschluß C

Meditation eines Bildes anhand des vorgegebenen Textes oder eigener Gedanken ◆

Abschluß D

Lobgesang der Maria (eventuell in verteilten Rollen) lesen

5 Weitere Bausteine zum Thema

5.1 Lieder

- Es ist ein Ros entsprungen, EKG 23
- Gelobet seist du, Jesu Christ, EKG 15

5.2 Gebete und Meditationen

Lobgesang der Maria (Lk 1,46-55)

Gebet:

Vater im Himmel,
ich danke dir für Maria

und ihre Bereitschaft zur Hingabe, zum ganzen Ja im Gehorsam dir gegenüber.

Herr, mit meinem Gehorsam ist es manchmal nicht so gut bestellt, und ich möchte Dich bitten, daß ich lerne Ja zu sagen wie Maria – auch da, wo es mir nicht in meine Pläne paßt, was Du mir in den Weg stellst.

Vater im Himmel,
ich danke dir für Maria

und ihr Hinhören und Aufmerken auf die Hirten und auf den Simeon.
Laß mich auch lernen, wie Maria, hinter die Dinge zu hören und Dein Reden zu erkennen in den kleinen und großen Begegnungen und Situationen meines Alltags. Laß mich lernen, Deine Worte in meinem Herzen zu bewegen.

Vater im Himmel,
ich danke dir für Maria

und ihr Suchen und Drängen nach Wundern, nach Erfahrungen mit Deiner Kraft und Wirklichkeit – wie Maria es bei der Hochzeit zu Kana getan hat. Laß mich immer wieder auch suchend sein, daß ich nicht klein beigebe, sondern von dir immer mehr erwarte als nur das Alltägliche. Laß mich bei all dem dann auch das Warten und die Geduld lernen.

Vater im Himmel,
ich danke dir für Maria

und daß sie den Schmerz des Loslassens im Leben und im Sterben ihres Sohnes lernen konnte und uns darin auch Vorbild sein konnte. Hilf auch mir, Schmerz zuzulassen und auszuhalten und darin neue Erfahrungen mit deiner Liebe zu machen. Laß auch mich erfahren, daß bei Dir das Leid nicht das Letzte ist.

Vater im Himmel,
ich danke dir für Maria

und daß sie in der Gemeinde ihre Gaben eingesetzt hat, daß sie eine treue Zeugin für Dein Wirken wurde. Herr, hab Du Dank, daß Du auch mein Leben führst in Höhen und in Tiefen, und daß Deine Treue zu uns größer ist, als wir es je verdient hätten.

Danke für alles, was ich von Maria auch für mein Leben lernen kann. Amen.
(cm)

Ach, liebe Maria,

wie gern hab' ich, als ich ein Kind war,
dich angeschaut; an der Krippe gestanden und
dich bewundert mit deinem Königskind.

Doch jetzt wird's mir schwerer
von Jahr zu Jahr, dich zu verstehen.

Wenn ich die Worte höre, die du gesprochen hast:
»Siehe, ich bin des Herrn Magd«,
fang' ich schon an, mich zu ärgern.

Ich jedenfalls weigere mich, eine »Magd« sein zu wollen,
einem andern zu dienen,
wer immer er sei.

Mußten wir Frauen nicht seit Jahrhunderten anderen dienen?
Wurden wir nicht wie Menschen zweiter Klasse gehalten,

ausgebeutet, verachtet, erniedrigt?
Soll das so bleiben?

Aber dann les' ich im ersten Kapitel
des Lukas deinen Lobgesang und bin begeistert;
kann kaum begreifen, daß eine, die sich eine Magd nennt,
solche Worte findet für das, was geschehen muß in der Welt,
um Elend und Not zu beenden:

Gestürzt sollen sie werden, die Machthaber, die Gewalt üben,
Wehrlose unterdrücken und Fremde verfolgen.
Hier fühlst du wie ich!

Schwester, hör' ich dich sagen:
Sieh doch nur näher hin!
Wer ist es denn, der die Mächtigen stürzt
von einer Stunde zur andern?
Hast du's in diesen Jahren nicht selber erfahren?

Nicht wir, sondern der Herr aller Herren
führt die Erniedrigten in die Freiheit!
Ihm gilt mein Lobgesang.

Aber, Maria, frage ich:
Was bewirkt bei den Menschen die neu gewonnene Freiheit?
Leben nicht alle, Mann oder Frau,
aus Ost oder West, letztlich sich selber,
dienen dem Reichtum, der Ehre, dem Ruhm?

Höre, Schwester, sagt sie, wir können nicht wählen,
ob wir dienen wollen, sondern nur wem!
Auch ich hatte die Wahl.

Damals war ich ein Niemand, ein ungebildetes Mädchen.
Da sah Er mich an, der Herr über Himmel und Erde.

Das Wort seines Boten traf mich.
Und nach dem ersten Erschrecken sagte ich Ja,
nahm seinen Auftrag an.

Was hätte ich Größeres tun können mit meinem Leben,
als Raum zu geben in mir
dem Retter der Welt?

Ist es nicht das, was wir tun können, wir Frauen:
Raum schaffen dem Kind der ewigen Liebe
in uns?

Glaubst du, Maria auch ich – könnte…

Leise hör' ich die Antwort:
Er ist der einzige Weg, Liebe zu bringen
in unsere heillose Welt.

Irmela Hoffmann, OJC-Nachrichten 135

5.3 Bildmeditation

Auf den ersten Blick ist dieses Bild ein Kreuzigungsbild: der Gekreuzigte hängt an den Balken eines Stalles, auf den zweiten Blick ist es ein Weihnachtsbild: Maria sitzt mit dem Kind auf dem Arm im Stall, im Hintergrund sieht man die Balken des Stalles, Heu und Stroh, einen Esel, die Hörner und Teile des Kopfes und Körpers eines Rindes.

Brennpunkt Seelsorge 6/89 OjC

Vielerlei faszinierende und vielleicht auch neue und ungewohnte Gedanken gehen einem beim Betrachten dieses Bildes durch den Kopf:

1) Der Künstler könnte in diesem Bild ausdrücken, daß Maria wohl von Anfang an schon wie in einer Vision voraussieht, daß der Weg ihres Sohnes kein geradliniger Triumphzug durch die Geschichte sein wird, sondern daß es ein Weg durch Schmerz und Leid bis hin zum Tod sein wird. Simeon im Tempel sagt dies der Maria voraus: »Ein Schwert wird durch deine Seele dringen, du mußt dein geliebtes Kind wieder hergeben.«
2) Maria steht von Anfang an in ihrer Mutterschaft in der Spannung zwischen Freude und Schmerz, Hochgefühl und Angst, Geburt und Tod, Anfang und Ende.
   Sie hält ihr Kind stillend im rechten Arm und zugleich hält sie die linke Hand schützend oder vielleicht auch abwehrend gegen das Bild des Gekreuzigten, so als wollte sie sagen: »Nein, nur das nicht – das soll meinem Kind nicht geschehen.« Das Kind auf ihrem Arm wendet sie weg vom Gekreuzigten.
3) Maria zeigt nicht nur eine Abwehrbewegung, sondern auch eine Hinwendungsbewegung zu dem Gekreuzigten hin, man könnte auch eine Gebärde des Hilfesuchens in ihrer Körperhaltung sehen, so als wollte der Künstler ausdrücken, daß Maria von Anfang an in ihrer Mutterschaft den Gekreuzigten braucht. Sie braucht, um ihren Weg durchstehen zu können, die Kraft, die von dem gekreuzigten und auferstandenen Christus ausgeht. Ohne die Perspektive und die Hilfe dessen, der Leid und Tränen, Schmerz und Loslassen kennt, könnte sie ihren Weg nicht durchstehen. Darin ist Maria uns ganz nahe in unserer Eltern- oder Mutterschaft. Der Aufblick auf den Gekreuzigten, der Versöhnung und Neuanfang schenkt, ist unverzichtbar für alle, die erziehen. Wir werden schuldig als Eltern, als Begleiter unserer Kinder und brauchen Jesu Versöhnungstat jeden Tag neu.

5.4 Weitere Bilder zu Maria

Alter Weihnachtsspruch

Das Kindlein, das Maria hält,
ist Gottes Sohn, der Herr der Welt,
geborn so arm auf Erden.

Es kommt zu uns das heil'ge Kind,
die wir gar sehr verstöret sind
in Not und viel Beschwerden.

Der Heiland ist es und der Held,
der wider alle Feind' sich stellt
auf dieser dunklen Erden.

Und wer es mit dem Kinde wagt,
am Ende muß ganz unverzagt,
sehr stark und fröhlich werden.

Paul Sinkwitz

Paul Sinkwitz

Erika Böck, Die Verkündigung der Maria

6 Weiterführende Literatur

Gien Karssen, Frau, Mensch und Mutter in der Bibel, Neuhausen-Stuttgart 1976
M. Basilea Schlink – Maria, der Weg der Mutter des Herrn, Evangelische Marienschwesternschaft, Darmstadt 1989
Arbeit und Stille 1986, Nr. 6, MBK-Verlag, Bad Salzuflen

7 Vorbereitungsliste

für jede Frau
☐ verschiedene Karten mit Mariendarstellungen besorgen
☐ Arbeitsblatt mit Fragen vorbereiten

Die Ehebrecherin – ins Licht kommen – Johannes 8,12

Charlotte Hosch

1 Ziele für diese Einheit

Die Furcht vor Jesus, dem Richter, darf dem Vertrauen zu Jesus, dem Retter, weichen.
Jesu heilendes Licht, sein Angebot zur Rettung, ist für alle Menschen da!

2 Informationen zum Thema: Johannes 8,1-11

2.1 Die Ausgangssituation:

Eine Frau ist von der Sittenpolizei ihrer Zeit – einigen Pharisäern und Schriftgelehrten – aufgegriffen worden. Man hat sie »auf frischer Tat beim Ehebruch« ertappt. Dabei beruft man sich auf das Gesetz Gottes in 3. Mose 20,10, nach dem beide, Mann und Frau, die die Ehe gebrochen haben, des Todes sterben sollen (meistens durch Steinigung).
An diesem, wie an vielen anderen Gesetzen Gottes, war im Laufe der Zeit gerade von denen, die sie verantwortlich handhaben sollten, vieles umgebogen, ja umgeschmiedet worden nach eigenem Gutdünken.
So hatte man in diesem Fall zwar beide, Mann und Frau »auf frischer Tat beim Ehebruch« ertappt. Doch den Mann hatte man laufen lassen.
Nur die Frau wurde festgenommen und abgeführt. Wenn so etwas schon vor einem gerechten menschlichen Gericht geahndet würde,

so ist dies erst recht vor Gott ein Messen mit zweierlei Maß. Vor ihm ist auch eine halbe Wahrheit eine ganze Lüge, sie wird nicht dadurch wahrer, daß viele sie behaupten.

2.2 Äußeres Handeln – und die innere Motivation dafür.

Die Frau wird zu Jesus geführt. Das ist an sich ja etwas Gutes; doch bei diesen Männern steckt eine ganz andere Motivation dahinter. Sie wollen diese Frau ja nicht zu Jesus, dem Retter, bringen, sondern vor Jesus, den Richter. Sie soll verurteilt werden, ihre »gerechte Strafe« bekommen! – Doch ist die Frau für jene Männer im Augenblick nur »Mittel zum Zweck«. Ihr Hauptziel bei dieser ganzen Aktion ist es, »Jesus zu versuchen und ihn anklagen zu können« (V. 6.), ihm eine Falle zu stellen.

Die Schriftgelehrten und Pharisäer hatten manches Mal erlebt, wie Jesus unerbittlich mit ihrer laschen Handhabung des Gesetzes ins Gericht ging. Er hatte nicht davor zurückgeschreckt, ihre Haltung gelegentlich auch öffentlich an den Pranger zu stellen. Das war ihnen mehr als einmal peinlich, unangenehm, ja, ärgerlich gewesen. Doch was sollten sie dagegen einwenden? Er hatte ja recht. Das jedenfalls mußten die halbwegs Ehrlichen unter ihnen zugeben. So war es nur zu verständlich, daß diese Leute, wo es irgend möglich war, einen großen Bogen um Jesus machten. »Nur nicht in sein Schußfeld geraten! Man weiß ja nie, was wir wieder abbekommen könnten!«

Doch dieses Mal war es anders. Da waren sie sich ihrer Sache sicher. Sie kamen gleich zu mehreren und brachten die Frau, die für sie wie ein »gefundenes Fressen« war. Diese Frau war in ihrem Spiel nur eine Schachfigur, die sie hin- und herschieben konnten. Ihnen war jedes Mittel recht, um Jesus »schachmatt« zu setzen. – An ihr, der Ehebrecherin, mußte sich doch jetzt herausstellen, wie wichtig das Gesetz des lebendigen Gottes für Jesus wirklich war. Hier mußte er Stellung beziehen. Verurteilte er sie, so war er nicht länger der Liebe und Frieden Bringende, als den das Volk ihn verehrte. Sprach er sie aber frei, so hatten sie ihn festgenagelt als einen, dem es nicht um die Durchführung des Gesetzes Gottes und seines Willens ging.

Als Nebeneffekt kam noch hinzu: was waren – gegenüber einer Frau mit einem so »sündigen Lebenswandel« – ihre »kleinen Gesetzesbrüche«, die Jesus ihnen vorzuhalten wagte! Es macht sich ja immer ganz gut, wenn man sich selbst mit seiner grauen Weste vor einen dunklen, möglichst schwarzen Hintergrund stellt. Da wirkt dann das eigene Grau nur noch »dunkelweiß«. – Jesus aber sieht Sünde so anders. Vor ihm gibt es keine »große« und »kleine«, sondern in seinen Augen ist Sünde – Sünde. Keine ist so groß, daß sie nicht vergeben werden könnte, keine so klein, daß sie nicht vergeben werden müßte.

2.3 Wie es im Innern der Frau aussieht.

Wir wissen nicht, ob dieser Vorfall für die Frau ein »einmaliger Fehltritt« war, oder ob die Frau der gewerbsmäßigen Unzucht nachging. Wenn Letzteres zutraf, so mochte sie inzwischen folgende Einstellung haben: »Es ist ja bis jetzt immer gut gegangen! – Andere tun doch das Gleiche wie ich. – Gottes Gesetz in allen Ehren, aber warum soll gerade ich mich danach richten?« Oder: »Man kann alles tun, – nur erwischen lassen darf man sich dabei nicht!«

Nun war sie doch »erwischt« worden! Daß ausgerechnet ihr das passieren mußte! Gleichzeitig war ihr Partner »entwischt«. Die anderen hatten ihn doch gesehen, ja, womöglich sogar erkannt. Und doch hatten sie ihn laufen lassen; niemand hatte sich darum gekümmert. Doch was mochten diese geistlichen Herren wohl mit ihr vorhaben? Wohin wollte man sie führen? Vor welches Tribunal sie stellen?

Die Männer gehen mit ihr in Richtung Tempel, und dort auf eine Gruppe Menschen zu, die voller Interesse den Worten des »Rabbi Jesus« lauscht.

Die Frau wird in den freien Raum vor Jesus geschoben und angeklagt. Sie steht vor ihrem Richter, während die Verkläger sich hinter ihrem Rücken aufgestellt haben. – Sie alle sind gespannt, wie Jesus jetzt reagieren, urteilen wird.

Ihre Ankläger überbieten sich jetzt im Vorbringen der Argumente und Anschuldigungen gegen sie beinahe und werden immer lauter und aufgeregter. Dagegen ist von Jesus, auf den sie alle einreden, kein Wort zu hören. Dieser Jesus tut aber gerade etwas für diese Situation recht Ungewöhnliches: Er hat sich gebückt und schreibt auf die Erde. Niemand hat je diese Worte gelesen, die Jesus da »in den Sand gesetzt« hat. Vielleicht hat er nur etwas auf die Erde gemalt. – Unhöfliches Benehmen ist nicht die Art Jesu. Aber hier ist seine Reaktion auf die bedrängende Frage der Männer: »Was sagst du dazu?« erst einmal Schweigen. –

2.4 Jesus antwortet...

Je länger Jesus schweigt, desto aufgeregter – und unsicherer – werden die Ankläger. Er muß ihnen doch endlich Antwort geben! So kann man mit ihnen nicht umgehen! – Doch, wenn er es eben durchaus nicht tut, dann ist »keine Antwort« eben auch eine Antwort für sie. Dann will er sich herumdrücken, weiß nicht, was er sagen soll. Die Schlinge, die sie ihm um den Hals gelegt haben, wird sich zuziehen, so oder so.

Jesus aber ist in der Zeit seines äußeren Schweigens voll in Aktion. Er spricht mit seinem Vater über diese Frau – und über diese Männer. Er hört nach oben, wartet auf Weisung, die ihm von dort her gegeben wird. Im gleichen Kapitel sagt er (V. 15.16.): »Ihr richtet nach dem Fleisch; ich richte niemand. Wenn ich richte ... bin ich's nicht allein, sondern ich und der Vater ... «. Jesus hat auf die Antwort seines Vaters gewartet, und sie bekommen.

Jetzt richtet er sich auf. Alle sehen voller Spannung auf ihn: jetzt kommt's! Doch das, was Jesus dann sagt, ist nur ein einziger Satz: »Wer unter euch ohne Sünde ist, der werfe den ersten Stein auf sie!« – Im ersten Augenblick scheint es ihnen, als entspräche sein Urteil ihren Wünschen. Denn er nennt die Frau nicht »unschuldiges Opfer ihrer Verhältnisse« sondern er spricht sie schuldig – nach dem Gesetz Gottes durch Mose. Ja, er gibt sie sogar frei für die in diesem Gesetz geforderte Bestrafung. Doch auf den zweiten Blick wird das Ganze recht unangenehm für sie. Da stellt Jesus eine Bedingung, zumindest für einen von ihnen, nämlich den, der »die Ehre des ersten Steinwurfes« übernehmen will: er soll ohne Sünde sein! – Jetzt wird es schwierig. Sie sehen sich gegenseitig verstohlen an. Jeder weiß von sich selbst – und von den anderen, daß kein einziger von ihnen eine reine Weste hat, um dieser Forderung zu genügen.

Doch gleichzeitig sind sie empört! Was maßt dieser Jesus sich da an?! Er setzt sie, diese ehrbaren Männer, in Beziehung zu dieser Frau.

Wenn es um die Frage gegangen wäre »edler, angesehener, gesetzestreuer u. ä.«, wie hätten sich da wohl alle gleichzeitig nach dem ersten Stein gebückt! Aber: »ohne Sünde«!? – Und plötzlich wird ihnen bewußt, daß Jesus sie mit dieser Frage in Beziehung zu sich gesetzt hat, der im gleichen Kapitel (V. 46) die Umstehenden fragen kann: »Kann mir einer von euch auch nur eine einzige Sünde nachweisen?« (Hoffnung für alle). Jetzt ist bei ihnen »Schweigen« dran...
Während diese Männer über das erste Bücken Jesu wohl ziemlich verärgert waren, kommt es ihnen jetzt sicher ganz gelegen, daß er sich nochmals zur Erde gebückt hat, um etwas »in den Sand zu setzen«. Jesus will durch seinen Blick weder nötigen, noch beschämen. Er will durch sein Wegsehen die Möglichkeit zu ehrlicher Selbstprüfung und Entscheidung geben, die Möglichkeit zur Flucht mit inbegriffen. Von den Männern, die sich vorher noch durch Blicke und Gesten gegenseitig verständigt, ja, aufgestachelt haben mögen, hat einer nach dem andern jetzt seinerseits wohl dieselbe Blickrichtung wie Jesus – auf den Boden. Sie wagen nicht mehr, einander anzusehen. In der Gegenwart Jesu, des Einen, Einzigen, der wirklich »ohne Sünde« ist, wird jedem seine eigene Schuld bewußt. In seinem Licht erkennen sie ihre Dunkelheit. Sie haben nicht den Mut, wie jene Frau, mit ihrer Schuld im Licht Gottes zu bleiben, sondern ziehen es vor »hinauszugehen«, wie später ein Judas – »in die Nacht«.

2.5 Jesu Gespräch mit der Frau

Nachdem alle Männer, einer nach dem andern, hinausgegangen sind und Jesus sich wieder aufgerichtet hat aus seiner gebückten Haltung, steht nur die Frau noch vor ihm. Sie ist die einzige, die es in diesem »Lichtkegel Gottes« ausgehalten hat. – Bis dahin hatten ja alle – erst die Ankläger, dann auch Jesus in einem Satz – nur über diese Frau gesprochen, niemand mit ihr. Doch nach dieser langen, bangen Zeit des Wartens und Erwartens, wird jetzt das erste Wort an diese Frau gerichtet. Sie rechnete mit Steinen, statt dessen trifft sie Jesu Wort. Es sind zwei Fragen, die er an sie richtet: 1) Wo sind deine Verkläger? 2) Hat dich niemand verdammt?
Die Verkläger waren mit ihr gekommen. Ihr klingt noch in den Ohren, wie sie sich auf dem Herweg, und dann auch hier vor Jesus,

in ihren Anschuldigungen gegen sie schier überboten hatten. Und dann hatte sie, nachdem sie die Worte Jesu an diese Männer vernommen hatte, die anschließende Stille erlebt, nur gelegentlich unterbrochen durch das leise Knirschen des Sandes unter den Schritten der Männer, die sich davonschlichen. Der Gedanke, daß sie weggingen, um Steine zu holen, hatte sie nicht gerade entängstigen können. Doch nun waren sie nicht zurückgekommen.

Die Frau hätte das gleiche tun können wie diese Männer: weggehen oder weglaufen aus dem hellen Licht der Gegenwart Jesu in die Dämmerung: »alle Menschen sind Sünder«, in dem man es besser aushalten kann. – Doch diese Frau bleibt bei Jesus. Dies ist plötzlich der allersicherste Boden für sie. Hier, in der Nähe Jesu, können ihre Verfolger ihr nichts anhaben. Er, vor dem sie sich vorher wohl am meisten gefürchtet hatte, bietet ihr jetzt den größten Schutz.

Auf die erste Frage nach dem »Wo« der Verkläger, weiß die Frau keine Antwort. Sie kann nur feststellen, daß sie alle »weg« sind. So ist es ihr nur möglich, auf die zweite Frage, (»Hat dich niemand verdammt?«) zu antworten. – »Herr, niemand.« – Diese zwei Worte aus dem Mund der Frau sind mehr als nur eine Antwort. Sie sind von jetzt ab ihr Lebensmotto. Sie nennt Jesus »Herr«. Ganz sicher hatte sie vorher für ihre Liebhaber andere Anreden. Doch hier war ihr der »Herr« begegnet. Der Mann, nach dem sie sich wahrscheinlich ihr ganzes Leben gesehnt hatte, dem sie aber bei all ihrer »Männersuche« nie begegnet war. Hier ist einer, der nicht nur mit all ihren Widersachern fertig wird, sondern vor allem einer, zu dem sie aufblicken kann, der ihr Sicherheit und Geborgenheit geben kann, und von dessen erbarmender Liebe sie sich plötzlich fest umschlossen weiß. – Sie hatte vorher so manchen »jemands« in ihrem Leben schon die Tür geöffnet. Doch aus großen Erwartungen waren große Enttäuschungen geworden. All diese »jemands« wurden jetzt zu »niemands«. Sie war dem wirklichen »Herrn« begegnet.

Und nun hört die Frau aus dem Munde Jesu – des Reinen, Sündlosen, der nach wie vor als Einziger wirkliches Recht zu ihrer Verurteilung hätte – die für sie schier unfaßbaren Worte: »So verdamme ich dich auch nicht.« – Gnade vor Recht, Erbarmen statt Steinigung, Leben statt Tod. Sie kann aufatmen, sie darf leben – weiterleben!

Ja, ihr Leben darf noch einmal unter ganz neuen Vorzeichen neu beginnen, weil Jesus fortfährt: »Gehe hin, und sündige hinfort nicht mehr!«
Darin liegt zugleich auch das: »Was ich dir geschenkt habe, ist keine billige Gnade, die du im nächsten Augenblick wieder mit Füßen treten kannst. Geh du fortan in den Spuren der bewahrenden Gnade!« – Für die Frau, als eine durch Jesus Gerechtfertigte und Befreite, gilt zudem, was er im 32. Vers dieses gleichen Kapitels sagt: »Wenn euch der Sohn frei macht, so seid ihr wirklich frei!« Sie darf frei bleiben, weil er sie dazu berufen und befähigt hat.

3 Vorschläge zur Durchführung

Jede Teilnehmerin bekommt beim Hereinkommen ein **Teelicht** in die Hand. Zusätzlich kann man den Frauen **kleine Zettel** mit Bibelworten zum Thema Licht überreichen – oder mit Bibelstellen, die dann selber aufgeschlagen werden sollen.

Einstieg ins Thema – Möglichkeit A

Fünf Gruppen bilden lassen, die sich mit dem entsprechenden Unterthema beschäftigen möchten. Am Ende das jeweils Erarbeitete im Plenum in Kurzfassung zusammentragen.

1. Gruppe: **Jesus, das Licht der Welt,**
– was bedeutet es für die Frau?
Wenn ein Mensch Jesus begegnet (damals oder heute) wird er mit dem Licht Gottes konfrontiert. Zuerst erlebt er Jesus als das richtende Licht, das nichts beschönigt, bagatellisiert oder verharmlost. Bei Jesus ist Sünde – Sünde. Die notwendige Konsequenz dieser Begegnung ist Sündenerkenntnis, und in der Folge Sündenbekenntnis.
Das berichtet unser Text zwar nicht von dieser Frau. Doch mehr noch als durch ihre Worte wird ihre veränderte Einstellung durch ihr Verhalten deutlich. Sie stellt sich dem Licht, sie bleibt in diesem

Licht und läuft nicht weg, obwohl sie Gelegenheit dazu hat. Nachdem alle Männer fort sind und Jesus noch gebückt dasteht, hätte niemand sie daran gehindert. Jesus gibt ihr Gelegenheit zur Flucht; doch sie geht nicht. Sie bleibt, weil sie sein Licht plötzlich als wohltuend, wärmend, heilend empfindet.
Je mehr ein Mensch direkt unter einer Lichtquelle steht, desto kleiner ist der Schatten, den er wirft. (z. B. in der Mittagssonne im Sommer.) In der Gruppe kann es eventuell durch eine über den Kopf gehaltene oder in Abstand auf den Boden gestellte Kerze deutlich gemacht werden. – In der Gegenwart Jesu erlebt die Frau, wie die langen Schatten ihrer Vergangenheit, ihres ganzen bisherigen Lebens, auf ein Minimum reduziert werden, weil sie unter diesem Licht steht. Deshalb muß und will sie dort bleiben. Weil die Sehnsucht nach einem Leben in diesem Licht in ihr geweckt ist, gibt Jesus ihr den Satz mit auf den Weg, der zum einen Vergebung und Rechtfertigung, zum anderen aber die Möglichkeit eines neuen Lebens beinhaltet. Gott liebt uns nicht, weil wir so wertvoll sind, sondern wir sind so wertvoll, weil Gott uns liebt!

Fragen fürs Gruppengespräch:

Wo haben wir schon dieses heilende und vergebende Licht erlebt?
Was bedeutet es für mich, von Gott geliebt zu sein?

2. Gruppe: **Jesus, das Licht der Welt**

– was heißt das für die Pharisäer und Schriftgelehrten?

Wenn Menschen – ob nun einer oder mehrere – einen anderen zu Jesus, d. h. ins Licht führen wollen, müssen sie bereit sein, selber mit ins Licht zu treten. Wir können einen anderen nie weiterführen, als wir selber sind, bzw. bereit werden, mit vorwärts zu gehen. Wenn wir jemanden in Jesu Licht »schieben« wollen, ohne selbst mitzugehen, fallen dessen Schatten um so mehr auf uns.
Dies könnte man eventuell auch mit Kerzen demonstrieren.
Die Pharisäer wollten für jene Frau das richtende Licht Gottes. Doch weil sie sich dem Licht stellt, erlebt sie auch das rettende Licht Jesu. Doch auch Leuten, die im Abstand vom Licht bleiben (wie jene

Männer) bietet Jesus die gleiche Chance, wie jener Frau, indem er sie anspricht (V. 7). Sie nutzen Jesu Aufforderung, in seine Nähe zu kommen und so die Barmherzigkeit Gottes zu erfahren, nicht. Ja, sie verweigern ihm die Antwort. Was hätte mit diesen Männern geschehen können, wenn sie sich Jesus gestellt hätten?! So aber ziehen sie sich aus dem Licht zurück in ihre alte Dunkelheit. Nach diesem Erlebnis haben sie sich – noch bewußter als vorher, in die Front der Feinde Jesu eingereiht.

Fragen fürs Gruppengespräch:
Wo haben wir schon Chancen vertan?
Wo haben wir es bei anderen erlebt?
Wie kann man mit vertanen Chancen umgehen?

3. Gruppe: **Zu Jesus kommen – egal wie...**

Jesus sagt	Joh 6,44:	»Es kann niemand zu mir kommen, es sei denn, ihn ziehe der Vater«.
	Joh 10,29:	»Der Vater, der sie mir gegeben hat, ist größer als alles.«
	Joh 17,6.:	»...die Menschen, die du mir aus der Welt gegeben hast...«

Die Frau ist trotz – oder gerade wegen – ihres verlorenen Lebens eine »vom Vater Gezogene«, »Jesus Gegebene«, ja, ein Geschenk des Vaters an den Sohn. Auf welche Weise Gott das tut, ist seine Sache. Er kann Engel, Menschen, ja selbst den Satan benutzen, um einen Menschen in die Nähe Jesu zu »schieben«. Hier sind es diese Männer. Bei Hiob »erlaubt« Gott dem Satan einiges, und doch dient es letztlich nur dazu, daß Hiob seinen Gott noch besser kennenlernt (Hiob 42,2-5). Bei Joseph sind es die neidischen, lieblosen Brüder, zu denen er – rückblickend 1. Mose 50,20. – sagen kann: »Ihr gedachtet es böse mit mir zu machen, aber Gott gedachte es gut zu machen.« – Wie erfüllt sich in all dem Psalm 119,91: »Es muß Dir, Gott, alles dienen!« (vgl. auch Jes 55,8.9; Jer 29.11).

Fragen fürs Gruppengespräch:
Wie sind wir in Kontakt mit Jesus gekommen?
Wo haben wir schon erlebt, daß Gott aus bösen menschlichen Absichten etwas Gutes machen kann?
Haben wir schon Erfahrungen mit dem Satz gemacht: »Es muß dir, Gott, alles dienen!«

4. Gruppe: **Jesus sieht und beurteilt anders als Menschen**
Wo Menschen nur eine Sünderin sehen, auf die sie mit Fingern zeigen können, sind in Gottes Augen alle Sünder (Röm 2,11;3,23). Für die Frau ist es gewiß einfacher, sich zu ihrer Sünde zu stellen, weil es da nichts zu leugnen gibt, als für die nach außen hin so »ehrbaren« Männer, deren Fassade in der Nähe Jesu zu bröckeln beginnt. Sie erlebt, was »Begnadigung« heißt, die anderen sind auf der Flucht (1. Mose 3,10).
Haben Menschen, in deren Leben etliches zu Bruch gegangen ist und die so manche »Delle« abbekommen haben, es einfacher, zum Glauben zu kommen, als solche, die nach außen hin nie einen »Kratzer am Lack« hatten? (Mt 19,24-26). Letztere – ob sie nun äußerlich oder innerlich als »reich« gelten, sind nicht ausgeschlossen vom Reich Gottes; doch Jesus wendet sich immer wieder den Armen und Elenden zu (Mt 9,13). Ihnen macht er die Schwelle so niedrig, daß sie darüber kriechen können, während die hochhackigen Selbstgerechten an ihr stolpern, ja, zu Fall kommen. Sie fürchten sich vor der Blamage des Hinfallens, und kehren deshalb lieber um (Mt 7,13.14). Jemand, der sich selbst rechtfertigt, kann keine Gnade bekommen. Begnadigt werden können nur Verurteilte.

Fragen fürs Gruppengespräch:
Kennen wir positive Erfahrungen von Vergebung?
Wem würde sich Jesus heute besonders zuwenden?
Welchen Gruppen? Welchen Einzelpersonen?

5. Gruppe: **Der Schweigende Jesus...**
Zu allen Zeiten haben sich Menschen – mindestens ebensosehr wie über sein Reden – über das Schweigen Gottes aufgeregt: »Und sowas läßt Gott zu? Dazu schweigt er?« so argumentieren heute vor allem solche, die sich sonst kaum um ihn und sein Reden kümmern, wenn etwas uns Menschen Unverständliches geschieht.

Gottes Schweigen ist auch ein Reden. So schweigt er 13 Jahre im Leben eines Abraham (1. Mose 16,16; 17,1). Was muß das für ihn, der auf Gottes Stimme zu hören gewohnt war, dann aber eigene Wege ging, bedeutet haben?! – Beim »Scheinverhör« vor Herodes schweigt Jesus (dies ist ein ähnliches Schweigen, wie in unserem Text) (Lk 23,9).
Gott will uns Menschen auch durch sein Schweigen – im Leben des einzelnen, wie im Weltgeschehen – zur Besinnung bringen; er will uns »Raum zur Buße« geben (Hebr 12,17). So auch hier. Jene Männer haben die Gelegenheit nicht genutzt, Jesus auf seine Aufforderung an sie eine Antwort zu geben. Ihre »Antwort« ist Flucht. Leuten, die ihm davonlaufen wollen, redet Jesus nicht drein. Den »verlorenen Sohn« läßt der Vater erst einmal ziehen, bis er zur Umkehr bereit ist (Lk 15).
Gott läuft uns nicht nach, – aber er kommt uns immer entgegen.

Fragen fürs Gruppengespräch:
Wo habe ich Gottes Schweigen schon erlebt?
Was war dabei schwierig für mich?
Was habe ich daraus gelernt?
Was war in solchen Situationen eine besondere Hilfe?

Einstieg ins Thema – Möglichkeit B

Möglichkeit zu **Rollenspielen** geben.
Vorschlag a): Die Gruppe der Pharisäer und Schriftgelehrten unterhalten sich:

1) Nachdem sie die Frau aufgegriffen haben und ehe sie sie zu Jesus bringen,
2) sie beraten sich leise untereinander, nachdem Jesus sie angesprochen hat,
3) nach diesem ganzen Geschehen, bei einem späteren Zusammenkommen, über dieses Ereignis.

➧ *Vorschlag b):* **Rollenspiel** über die ganze Geschichte, wobei die Person Jesu ausgespart und das, was er sagt, von jemandem vorgelesen wird. Jesu Verhalten wird durch die Unterhaltung der Männer untereinander kommentiert, kritisiert ...
Während eine kleinere Gruppe das Stegreifspiel durchführt, können die »Übrigen« während oder nach dem Spiel kommentieren und ergänzen und auf diese Weise auch miteinander über die biblische Geschichte miteinander ins Gespräch kommen.

Abschluß

Eventuell Vorlesen eines Zeugnisses oder einer Anekdote.
Gebet oder Meditation.

4 Weitere Bausteine zum Thema

4.1 Lieder

- Du bist das Licht der Welt, in: Ich will dir danken, Nr. 27, Hänssler; oder in Jesu Name 6, Nr. 1618, Hänssler
- So wie ich bin, komm ich zu dir, in: Ich will dir danken, Nr. 217, Hänssler; oder in: Jesu Name 6, Nr. 1618, Hänssler
- Jesus Christus kennt dich, in: Ich will dir danken, Nr. 233, Hänssler; oder in: Jesu Name 4, Nr. 1003, Hänssler
- Es ist niemand zu groß, in: Ich will dir danken, Nr. 227, Hänssler; oder in: Groß ist dein Name, Nr. 178
- Es geht ohne Gott in die Dunkelheit, in: Ich will dir danken, Nr. 230, Hänssler; oder in: Singt zu Gottes Ehre, Nr. 154

4.2 Gebete und Meditationen

Gott, von Dir sich abwenden, heißt fallen.
Zu Dir sich hinwenden, heißt aufstehen.
In Dir bleiben, heißt sicheren Bestand haben.
Gott, Dich verlassen, heißt sterben.
In Dir heimkehren, heißt zu neuem Leben erwachen.
In Dir weilen, heißt leben.
Augustinus

Verzweifle nicht, sondern komme zum Herrn
mit all deinen offenen Wunden,
deinen Schmerzen und Krankheiten.
Er allein kann heilen
und freut Sich, es tun zu dürfen.
Es ist unseres Herrn Amt,
die zerbrochenen Herzen zu verbinden.
C. H. Spurgeon

Die göttliche Vergebung macht uns frei
von Sünde und Schuld.
Aber das ist nicht alles.
Durch die Vergebung geht auf eine Weise,
die wir nicht zu verstehen brauchen,
ja, nicht verstehen können,
Gottes Liebe in uns ein.
Sein Wesen erschließt sich uns so,
daß wir selbst Tag für Tag
eine Antwort auf Ihn werden.
Eugenia Price

Es steht in deiner Macht, Gott loszulassen,
Doch hindern kannst du nicht, daß Er dich hält.
Es steht in deinem Willen, Gott zu hassen,
Und dennoch liebt Er dich, du Kind der Welt.

Du kannst dich gegen Christus frei entscheiden,
Auf Golgatha entschied Er Sich für dich.
Du kannst Sein Wort verachten, es verleugnen,
Und dennoch richtet Er Sein Wort an dich.

Du kannst dir deine Wege selber suchen,
Doch hindern kannst du nicht, daß Er dich führt.
Du kannst Gott leugnen, Seiner Allmacht fluchen,
Doch hindern kannst du nicht, daß Gott regiert.

Refrain: Und du gleichst dem kleinen Kinde,
hältst die Hände vors Gesicht
und versuchst dir einzureden:
Was man nicht sieht, das gibt es nicht.

T: Elfriede Mörlin/Wagner;
M: Siegfried Fietz, Abakus Musikverlag, Ulmtal

den stein in der hand

hier stehe ich zitternd,
mit rotem gesicht,
im eifer für dein heiliges reich,
mein gott.
dein stein in meiner hand;
denn alles unreine muß raus
aus deinem reich.
und diese da...
und der da...
und diese gruppe da...

sie alle sind nicht wahre nachfolger,
sonst würden sie sich nicht soviel
zuschulden kommen lassen.

darum halte ich diesen stein,
und ebenso das harte wort,
damit ich sie steinigen kann;
mit steinen oder mit worten.
ich warte auf dein kommando.

ohne sünde bin ich nicht.
aber meine sünde wiegt nicht so schwer,
wie die sünde dieser da.
man hat sie doch gerade erst geschnappt.
ja, ich bin gut im vergleich.

herr, sie sind alle fortgegangen.
keiner will mich mehr steinigen.
herr, ich danke es dir.
bist du wirklich für die kranken gekommen?
dann bist du für mich gekommen!
bist du wirklich für die schuldigen gekommen?
dann bist du für mich gekommen!
gehst du wirklich in die häuser der schlimmen sünder?
dann kannst du auch in mein haus kommen!

ich kann es kaum fassen,
ich kann es kaum glauben:
ich lebe!

Ulrich Schaffer, Trotz meiner Schuld, Rechte beim Autor

4.3 Im Licht leben…

Nach sehr vielen Jahren entsinne ich mich immer noch eines Gespräches, das ich mit einer anderen Christin hatte. Schon bald darauf ist sie – völlig unerwartet – im Alter von nur 33 Jahren, heimgerufen worden. Sie starb an einem plötzlichen Herzversagen auf der Straße, wo sie mit dem Fahrrad unterwegs war.
Sie sagte mir damals – dem Sinn nach – folgendes:
»Weißt du, ich möchte mein Leben so führen, daß es als Film jederzeit vor den Augen aller ablaufen könnte. Nun weiß ich, daß es da viele Stellen gibt, deren ich mich schämen muß, und von denen ich gar nicht so gern möchte, daß andere sie sähen. Aber diese Stellen habe ich Jesus hingehalten. Er hat das ausgelöscht durch sein Blut. Nun weiß ich, daß überall da, wo eine häßliche, dunkle Stelle in dem Film meines Lebens war, jetzt ein heller Fleck ist. Und wo je wieder etwas Dunkles in mein Leben kommt, bringe ich es sofort zu Jesus, daß er es mir vergibt, mich reinigt. All dieser vielen hellen Flecken in dem Film meines Lebens schäme ich mich nicht, sondern ich bin so froh darüber, daß Jesus alles gelöscht hat!« – Sie war bereit für die Ewigkeit – in seinem Licht!

4.4 Anekdote Begnadigung…

An einen der Preußenkönige war von einem Gefangenen ein Gnadengesuch gestellt worden. Der Gefängniswärter, der jenem Häftling nicht besonders gut gesonnen war, meinte, dessen eventuelle Begnadigung durch einen – von ihm an den Rand gesetzten – Zusatz verhindern zu müssen. Dorthin hatte er nur einen – aber folgenschweren Satz geschrieben:
»Gnade unmöglich, im Gefängnis zu belassen!«
Der König liest das Schreiben und die beigefügte Randbemerkung. Bei letzterer versetzt er nur das Komma – ehe er das Ganze mit Unterschrift und Siegel versieht, aber das gut sichtbar, mit roter Tinte. Und nun lautet der gleiche Satz:
»Gnade, unmöglich im Gefängnis zu belassen!«
So hat Jesus bei der Ehebrecherin das Komma versetzt!

4.5 Diagramm

○ Jesus
Lichtbereich Jesu

* Frau
x Männer
\+ Zuhörer

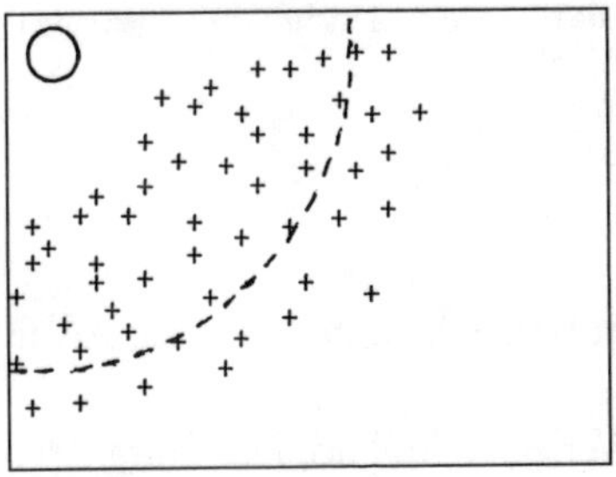

1. Menschen hören Jesus zu, sie sind teils mehr, teils weniger, in seinem Lichtbereich.

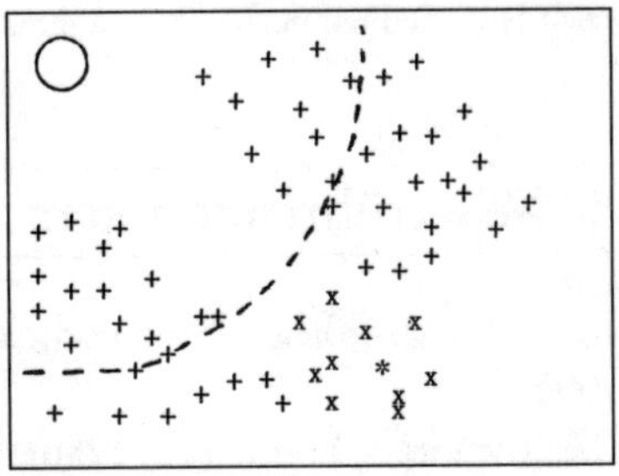

2. Die Gruppe der Männer mit der Frau in der Mitte kommen, die anderen machen Platz.

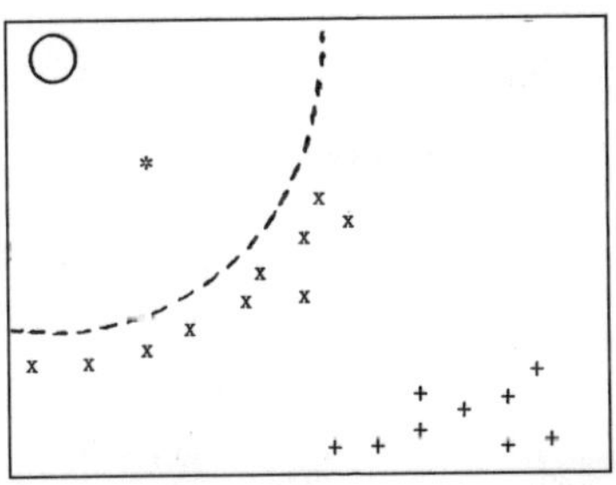

3. Die Männer haben jene Frau in den Lichtbereich Jesu »geschoben«, sie selber bleiben außen vor.

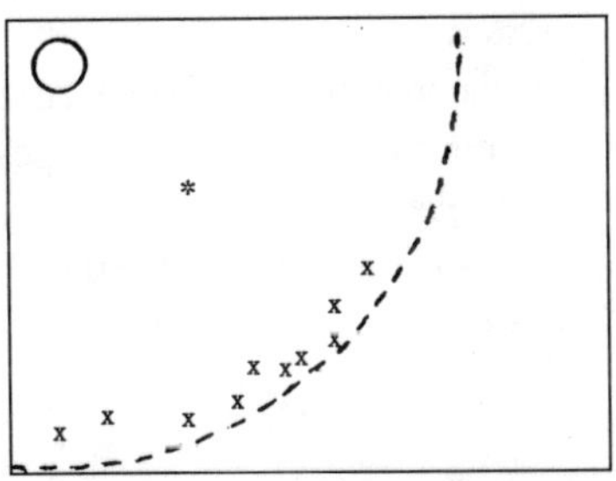

4. Jesus weitet – durch seine Worte an sie – seinen Lichtbereich auf jene Männer aus.

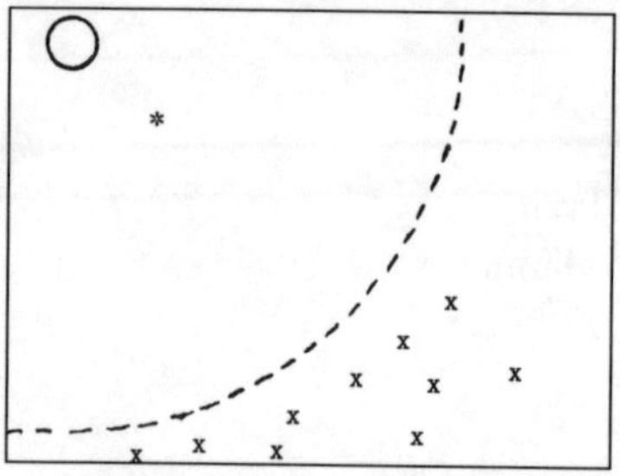

5. Die Männer fliehen aus dem Lichtbereich Jesu, die Frau noch näher zu ihm.

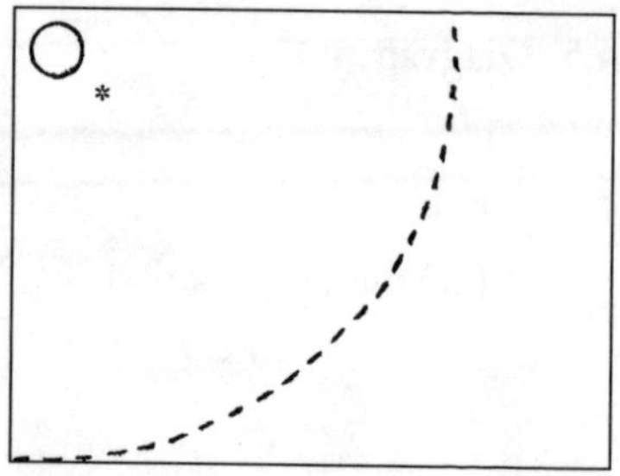

6. Nur Jesus und die Frau sind noch da, sie hat in seinem Licht Frieden gefunden.

5 Weiterführende Literatur

Ron Durham, Ehe Sie sich scheiden lassen, Schulte & Gerth, Aßlar 1995

Wendy Virgo, Freiheit für Frauen, Verlag C. M. Fliß, Hamburg 1992

6 Vorbereitungsliste

- ☐ Zettel mit Bibeltexten oder Bibelstellen zum Thema Licht vorbereiten
- ☐ Teelichter in genügender Anzahl mitbringen
- ☐ Diagramm auf Folie für Tageslichtprojektor oder auf Zettel zum Verteilen zeichnen
- ☐ eventuell mit einigen Frauen schon vorher die Rollenspiele vorbereiten

Bewältigte Angst – das Tor zur Freiheit

Cornelia Mack

1 Ziele für diese Einheit

Seine eigenen Ängste besser kennen lernen und – wo möglich – bewältigen lernen.

2 Informationen zum Thema

2.1 Angst gehört zur Grundstruktur bzw. zur Grunderfahrung jedes Menschen

Jeder Mensch erlebt Angst. Die Auslöser und Gründe für Angst können sehr unterschiedlich sein.

- Angst vor Tieren in allen Variationen.
- die Angst vor der Zukunft oder vor Krankheit, Angst vor Unfall oder schwierigen Situationen.
- Angst vor Dunkelheit oder vor engen Räumen, Angst vor dem Keller oder dem Dachboden, Angst vor dem Aufzug oder dem Kino, Angst vor großen Plätzen oder davor, die Straße überqueren zu müssen, Angst vor Treppen und Türmen, Angst vor dem Fliegen, Angst vor Feuer oder Wasser, vor lauten Geräuschen.
- Angst vor Prüfungen. Diese Angst wiederum ist gekoppelt mit der Angst davor, Fehler zu machen, Angst vor Versagen, Angst, abgelehnt zu werden, nichts zu gelten in den Augen anderer.

2.2 Auch in der Bibel kommt Angst sehr häufig vor

Situationen der Angst werden beschrieben: Menschen haben Angst in der Begegnung mit Engeln (z. B. Zacharias in Lk 1,12 oder Maria in Lk 1, 29) oder mit Gott selber (z. B. Adam und Eva – 1. Mose 3, 8) oder auch Angst vor Aufgaben, Berufungen (Mose und der brennende Dornbusch), Herausforderungen und natürlich Angst vor Gefahren (Sturmstillung in Mt 8, 23 ff, Seewandel des Petrus in Mt 14, 22 ff). Noch häufiger als die Angst selber begegnen uns in der Bibel Reaktionen auf Angst (»Fürchte dich/euch nicht« kommt mindestens 115 Mal in der Bibel vor).

2.3 Angst kann auf zweierlei Weise auf uns wirken

Entweder sie lähmt uns, macht uns untätig. Wir kommen uns wie gefangen vor oder sind traurig, depressiv, lustlos;
oder sie macht uns aktiv, bringt Impulse in unser Leben. Angst kann so etwas wie ein Signal sein für mein Leben: da gibt es Situationen, mit denen du nicht umgehen kannst, da gibt es Dinge, mit denen du nicht zurecht kommst, da gibt es noch einiges für dich zu lernen.
Deutlich wird das z. B. an der Angst vor Menschen. Diese Angst hängt zusammen mit der Angst vor Verurteilung und Verletzung durch andere Menschen und vor zu viel Nähe, vor zu viel Emotionalität oder Erwartungen. Eine negative Wirkung der Angst ist Aggression oder Wut. Es ist eine Form, Angst abzuwehren, eine Form, den anderen nicht so nahe an sich heranzulassen. Damit er uns nicht verletzt, sind wir scharf und verletzend und brüsk, ohne zu merken, wie wir damit auf den anderen wirken. Auch Rückzug von anderen Menschen, die Flucht in die Einsamkeit kann eine Reaktion auf Angst sein. Auf diese Weise beugt man der Gefahr, verletzt zu werden, vor.
Diese Angst könnte aber auch ein positives Signal sein, wenn wir nachfragen würden, was denn durch die Angst geschützt werden soll. Dabei würden wir vielleicht eine starke Empfindsamkeit und Feinfühligkeit entdecken, einen Reichtum an Gefühlen und Empfindungsmöglichkeiten. Jedes Mal, wenn sich die Angst zu Wort meldet, kann das ein Zeichen dafür sein, daß hinter den abwehrenden Reaktionen Gefühle stecken, die für das Miteinander sehr positiv sein könnten.
Jede Angst birgt auch eine Chance zur Veränderung in sich. In der Unterdrückung der Angst oder in der Flucht vor ihr entdecken wir diese Chance nicht. *»Unser Leben wird erst richtig verwandelt, wenn*

*die Grundängste und Grundnöte aufgebrochen und zum Ort der Gotteserfahrung werden. Wir müssen die Sprache der Angst verstehen, damit wir auch den Schatz heben können, der sich hinter ihr verbirgt«**.
Mit jedem Versuch, unsere Ängste besser kennenzulernen und sie zu überwinden, wächst uns ein neues Können zu. Jede Angstbewältigung ist ein Sieg, der uns stärker (reifer) macht, jedes Ausweichen vor ihr ist eine Niederlage, die uns schwächt.

2.4 Angst und Tod, Angst und Vergänglichkeit haben miteinander zu tun

Bei der Angst vor Krankheit: da schwingt die Angst mit, nicht nur krank zu werden, sondern todkrank – und letztlich dann die Angst vor dem Sterben.
Bei der Angst vor Prüfungen schwingt die Angst mit, nicht zu bestehen, sondern zu vergehen – schon im Wort klingt da etwas vom Sterben an.
Oder bei der Angst vor Enttäuschungen: da schwingt unsere Angst vor Verletzlichkeit und vor Schmerzen mit, die Angst, daß Enttäuschungen uns zu tief verletzen und unser Leben dann nicht mehr lebenswert sein könnte.
Die tiefste und größte Angst, die wir haben, ist die Angst vor dem Tod; und letztlich können wir alle Formen der Angst darauf zurückführen. Darum nimmt unsere Beziehung zum Tod auch einen wichtigen Stellenwert ein in der Bewältigung der Angst. Wenn wir mit der Tatsache des Todes und der Tatsache unserer Sterblichkeit umgehen können, ist das wie ein Schlüssel zum Umgang mit unseren Ängsten.

2.5 Angst kann mit Schuld zusammenhängen

In der Bibel taucht Angst zum ersten Mal auf, nachdem sich Adam und Eva gegen Gott aufgelehnt haben und ungehorsam gegenüber Gott waren. Mit diesem Herausfallen aus der Gemeinschaft mit Gott war nun auch die Tatsache verbunden, daß wir Menschen sterben müssen. Mit der Angst vor dem Sterben und mit der Frage, was danach kommt, haben auch unsere Ängste zu tun. Letztlich ist es die

* Anselm Grün in: »Verwandlung«

Angst, nicht vor Gott bestehen zu können. Im Annehmen der Liebe Gottes und seiner Vergebung für unser Leben erfahren wir, daß wir wieder in diese ursprüngliche Gemeinschaft mit Gott hineinversetzt werden. Wir dürfen zu ihm gehören wie ein Kind zu einem schützenden Vater.

2.6 Angst vor Gott kann mit einem falschen Vaterbild zusammenhängen

Manchmal denken wir in schwierigen Situationen, die uns Angst machen: das ist jetzt eine Strafe Gottes – Gott liebt mich nicht mehr. Oft ist unser Gottesbild geprägt von dem Bild unseres eigenen Vaters. Und wenn der willkürlich und lieblos oder unberechenbar war, dann übertragen wir das fälschlicherweise immer wieder auf Gott. Römer 8 sagt dazu ganz klar: Nein! Gott ist nicht unberechenbar. Gott ist nicht ein harter Richter, der nur darauf wartet, daß wir Fehler machen, um uns dann gleich zu bestrafen. Im Römerbrief heißt es: Nichts kann uns scheiden von der Liebe Gottes. Gottes Liebe gilt mir – in jeder Situation, auch in denen, die ich nicht verstehen kann. Gott meint es gut mit uns.

Wenn uns nichts von der Liebe Gottes scheiden kann, dann kann ich auch den Ängsten ins Auge sehen und mich dabei an der Gewißheit der Liebe Gottes festhalten – auch in der ganz konkreten Angstsituation. Selbst im Tod bin ich dann noch gehalten, auch wenn ich Angst davor habe. Auch Jesus hatte Angst vor dem Tod, aber er hat den Tod als den letzten Feind überwunden. Er ist für uns durch den Tod hindurchgegangen, um uns ewiges Leben zu schenken.

In der Psychologie heißt es: mach dir den Tod zum Freund, dann brauchst du keine Angst mehr zu haben. In der Bibel heißt es: mach dir den zum Freund, der den Tod überwunden hat.

2.7 Bewältigung von Angst gelingt am ehesten in einer lebendigen Beziehung zu Jesus Christus

Unsere Gesellschaft und auch manche Therapien bieten uns vielerlei angebliche Wege aus der Angst an. Die einen sagen: Du mußt eben lernen, mit deinen Ängsten zu leben. Mach dir die Angst zum Freund, dann ist alles nur noch halb so schlimm.

Die anderen sagen, du mußt eben lernen, dich auf andere Dinge zu konzentrieren, anderes denken, wenn dich die Angst überfällt. Wieder andere sagen, du mußt eben die Situationen, die dir Angst machen, meiden, dann gibt es schon weniger Anlaß für Angst. Wieder andere verschreiben Tabletten gegen die Angst oder erhoffen sich von Entspannungstechniken oder Meditationsübungen Hilfe.
Wirkliche Angstbewältigung gelingt nur im Vertrauen auf Jesus Christus. Er ist stärker als der Tod, und darum auch stärker als die Angst vor dem Tod.
Jesus stellt fest: In der Welt habt ihr Angst. Dieser Angst setzt er sein ABER entgegen: Aber seid getrost: ich habe die Welt überwunden. Und das heißt so viel wie: ich bin stärker als das, was euch Angst machen kann, ich bin größer. Ich habe die Welt überwunden, auch den Tod und die damit verbundenen Schwierigkeiten und Nöte.
Paulus sagt im Römerbrief: »Weder Tod noch Leben, weder Mächte noch Gewalten, weder Gegenwärtiges noch Zukünftiges, weder Hohes noch Tiefes noch eine andere Kreatur kann uns scheiden von der Liebe Gottes ...« (Röm 8, 38 f) Übersetzt heißt das: Alles, was uns Angst machen kann, ist nicht so stark und nicht so mächtig, daß es uns aus Gottes Liebe herausreißen könnte.

2.8 Vier Schritte zu bewältigter Angst

1) Erkennen, was uns Angst macht. Es wahrsein lassen, es bewußt werden lassen, was es ist, wovor wir eigentlich Angst haben. Es kann hilfreich sein, darum zu beten, daß Gott einem zeigt, wo unser Unterbewußtes Riegel und Mauern vorgeschoben hat. Eine Frau erzählte, daß sie als Kind geschimpft und bestraft wurde, wenn sie Ängste hatte. So hat sie schon als Kind gelernt, ihre Ängste zu verschweigen und zu verdrängen. Sie sah ihren Ängsten nicht ins Auge, sondern sie wollte sie nicht mehr wahrhaben. Von dieser Angstverdrängung ist sie bis heute als erwachsene Frau geprägt. Das Bewußtmachen unserer Ängste und die Entdeckung unserer Ängste ist ein erster und wichtiger Schritt, um unseren Ängsten die unbewußte Macht zu nehmen, und zu lernen, neu mit ihnen umzugehen.
Wer das bewußt will, der wird die Angst mehr und mehr auch als positives Signal entdecken – als positives Signal in dem Sinn, als ob

die Angst zu ihm sagen wollte: du, da ist etwas, das du noch nicht bewältigt hast, da ist etwas, wo du Veränderung brauchst. Da ist etwas, dem du dich stellen mußt.

2) Ängste zulassen und darüber reden. In die Angst hineinspüren.
Der Angst auf den Grund spüren.
Woher kommt die Angst eigentlich?
Was steckt hinter den oberflächlichen Ängsten?
Was steckt hinter manchen schnellen Entscheidungen?
Bin ich da eigentlich angstgeleitet?

Sachliche Informationen über Dinge, die uns Angst machen, können uns helfen, anders mit solchen Situationen umzugehen. (z.B. bei Krankheiten, Lebensmittelstoffen, Umweltgiften, Chemikalien, usw. Als die Eisenbahn erfunden wurde, hatten die Leute Angst davor, es soll auch Leute geben, die Angst haben vor Mikrowellengeräten oder Computern. Informationen können Ängste abbauen).
Ängste zulassen und darüber reden, den Grundängsten auf den Zahn fühlen, die hinter unseren Entscheidungen stecken könnten – das ist der zweite Schritt.

3) Wir brauchen eine bewußte und willentliche Entscheidung, den Ängsten neu begegnen zu wollen. Wir brauchen eine Entscheidung, daß wir unsere Gedanken und Gefühle neue Wege gehen lassen wollen. Und wir können uns entscheiden, Angstsituationen als Anlaß dazu zu nehmen, unser Leben zu verändern, neu zu orientieren und neu auszurichten. Die Angst braucht mich nicht mehr gefangen zu nehmen, sondern kann zu einer positiven Wende in meinem Leben führen.

4) Wir brauchen eine klare und bewußte Hinwendung zu Christus. Wenn wir ihn zum Freund unseres Lebens wählen, dann haben wir jemanden, der mit uns durch schwere und angstmachende Zeiten gehen und uns die Kraft geben kann, Ängste loszulassen und ihm hinzugeben.

Dieses Vertrauen in Christus können wir einüben in angstmachenden Situationen, indem wir uns bewußt von den Ängsten weg und auf Christus hin bewegen. Und wir werden es erfahren, daß Christus nicht enttäuscht. Das heißt nicht, daß er uns nicht mehr in angstmachende Situationen führt, aber daß er durch Angst, Not, Leid und letztlich auch durch den Tod mit uns geht. Wer das begreift, kann ein gelassener und froher, ein befreiter Mensch werden, denn was kann uns denn dann noch passieren? Jedenfalls nichts, das uns das Wichtigste nehmen kann. Das Wichtigste ist die Gemeinschaft mit Gott, die Beziehung der Liebe zu ihm. Und die kann uns nichts und niemand nehmen. Nichts kann uns scheiden von der Liebe Gottes. Gotteserfahrungen in unseren Ängsten erschließen uns neue Tore zu einem befreiten und erlösten Leben. Nicht mehr angstgeleitet sein zu müssen, sondern von Christus und dem Vertrauen auf ihn geleitet zu sein, das ist wahre Freiheit.

3 Vorschläge zur Durchführung

Allgemeine Hinweise
Bei der Durchführung einer Gruppenstunde zum Thema Ängste müssen wir bedenken, daß schon alleine das Thema »Angst« manchen Teilnehmerinnen Angst machen könnte. Es ist darum gut, zu versuchen, eine Atmosphäre zu schaffen, die es den Teilnehmerinnen ermöglicht, sich fallen lassen und öffnen zu können.
Eine Möglichkeit, Ängste schon an der Tür aufzufangen, wäre z. B. Jede Frau bekommt zur Begrüßung eine **Karte** mit einem Bibelvers (z. B. Joh 16, 33) oder eine gebastelte Karte, auf der ein Tor zu sehen ist, dessen Türflügel sich öffnen lassen (auf die Außenseite der Tore könnte man Situationen, die einem Angst machen, schreiben – auf die Fläche, die beim Öffnen der Türflügel erscheint, könnte man z. B. Joh 16, 33 oder Röm 8, 35, 38-39 schreiben).
Bei der Gestaltung der Gruppenstunde sollte darauf geachtet werden, daß genug Möglichkeit besteht, sich persönlich zu äußern, am besten in Dreier- oder Vierer-Gruppen. Bei diesem Thema werden so viel persönliche Ängste angerührt, daß auch die Möglichkeit

geschaffen werden muß, darüber reden zu können und persönlich »Dampf abzulassen«.
Schon bei den Impulsen zum Einstieg kann darauf geachtet werden, daß die persönliche Komponente nicht zu kurz kommt. Je mehr Offenheit von Anfang an auch von seiten derer, die das Treffen gestalten, da ist, desto mehr Bereitschaft ist auch auf der Seite der Teilnehmerinnen da, Antworten und Hilfen für sich persönlich mitzunehmen.

Einstieg ins Thema – Möglichkeit A

➧ Zum Einstieg könnten wir eine **Collage** anfertigen in Kleingruppen oder im Plenum. Aus Zeitschriften oder Zeitungen können entweder Schlagzeilen, die uns Angst machen, ausgeschnitten und auf ein oder mehrere Plakate aufgeklebt werden; – später könnte mit einem dikken Filzstift oder mit Papier ein Kreuz darüber gemalt bzw. geklebt werden, so daß optisch deutlich wird: Jesus ist stärker als unsere Angst. Diese Plakate können im Raum aufgehängt und als erster Gesprächseinstieg benutzt werden. Es wird damit eine erste Möglichkeit geschaffen, über Ängste ganz allgemein zu reden, ohne gleich zu persönlich werden zu müssen.
Variation: Das Thema für die Collage könnte auch sein: Aus Illustrierten und Magazinen die Werbeanzeigen ausschneiden, die insgeheim auf Ängste reagieren. (Z. B. Werbung für das Mittel gegen Gedächtnisschwund zielt auf die Angst vor Peinlichkeiten und Versagen, usw.)
Um das Thema Ängste etwas persönlicher werden zu lassen, könnte
➧ ein zweiter Schritt ein **Interview** sein (je nach Kreis/Publikum spontan oder vorher abgesprochen):
Vier bis fünf Frauen werden interviewt unter der Frage: *Wovor haben Sie Angst?*
In einem abgesprochenen bzw. vorbereiteten Interview wäre es gut, wenn möglichst viele Formen der Angst genannt werden könnten (siehe 2.1).
➧ Dieses Interview könnte dann z. B. wie folgt **kommentiert** werden: Es gibt Ängste, die uns bei näherem Hinsehen selber oft lächerlich

vorkommen oder die uns nicht so tief berühren, daß wir nicht damit umgehen könnten (z. B. Ängste vor Tieren).
Es gibt Ängste, die in eine tiefere Schicht gehen. Solche Ängste sind uns vielleicht gar nicht so sehr bewußt, aber sie sind da und sie leiten uns oft mehr als wir wollen, sie bestimmen und prägen unser Verhalten.
Angst hat nicht nur negative Seiten, sondern kann eine wichtige Herausforderung im Leben sein. Angst kann so etwas wie ein positives Signal sein, ein Hinweisschild auf etwas, wo wir vorsichtig sein müssen. Ohne Angst würden wir eventuell ungewarnt in Gefahrensituationen hineinlaufen.
Daran anschließend ein **Plenumsgespräch oder Gruppengespräch** unter folgenden Fragen:

Kenne ich auch solche Ängste?
Gibt es Ängste, mit denen ich gut und solche, mit denen ich nicht so gut umgehen kann?
Erlebe ich Angst immer negativ oder hatte Angst auch schon positive Wirkungen in bestimmten Situationen für mich?

Einstieg ins Thema – Möglichkeit B

Fragerunde oder Quiz mit allen Anwesenden:
Wo kommen in unserer Sprache Angstgefühle vor?
Zur Einleitung der Fragerunde könnte man folgende Informationen weitergeben:
Angst hat zu tun mit »Enge«. Das Wort Angst kommt aus der lateinischen Sprache und heißt dort »angustiae« und das heißt übersetzt »Enge«. Angst bekomme ich, wenn es mir eng wird und umgekehrt, wenn es mir eng wird, bekomme ich Angst. Übrigens auch das Wort angina – Enge im Hals oder angina pectoris – Enge ums Herz, haben diesen gleichen Wortstamm. Auch das Gefühl, keine Luft mehr zu bekommen oder nicht mehr frei atmen zu können, hängt mit Angst zusammen. Angst ist etwas, das uns Unwohlsein oder unangenehme Gefühle verursacht.

In der Fragerunde kann es darum gehen, den Zusammenhang zwischen Redewendungen, Angst und körperlichen Gefühlen deutlich zu machen. Folgende Begriffe könnte man in einer solchen Fragerunde zusammentragen (auf einem großen Plakat oder mit Tageslicht-Projektor):

mir wird heiß und kalt,
es schnürt mir den Hals zu,
mir sitzt ein Kloß im Hals,
es verschlägt mir den Appetit,
das Herz rutscht mir in die Hose,
mir dreht sich der Magen um,
ich habe kalte Füße oder der Boden wird mir zu heiß,
ich bekomme eine Gänsehaut,
oder es läuft mir kalt den Rücken herunter.

An diesen Redewendungen wird deutlich, daß Angst mit unseren Gefühlen zu tun hat, angefangen von Unwohlsein bis hin zu einem inneren Bedrängtsein. Angst kann uns bis ins körperliche Empfinden hinein regelrecht überfallen, so daß wir uns nicht dagegen wehren können.
Danach weiter wie unter A.

Einstieg ins Thema – Möglichkeit C

➡ Wir bilden **Kleingruppen**. Diese Kleingruppen sollen sich Szenen der Angst vorstellen und diese dann im großen Kreis pantomimisch darstellen
Danach weiter wie unter A.

Einstieg ins Thema – Möglichkeit D

➡ Wir machen eines der nachfolgenden **Spiele**, das mit dem Thema Angst zu tun hat.

1) Eine steht in der Mitte mit verbundenen Augen, die anderen stellen sich im Kreis so um sie herum auf, daß sie die Frau in der Mitte mühelos auffangen können. Diese soll sich nun fallenlassen und wird dabei von den anderen aufgefangen.
2) Zwei Teilnehmerinnen werden die Augen verbunden. Eine soll nun versuchen, die andere zu fangen, indem sie sie unter dem Ruf »Wo bist du?« sucht, die andere muß antworten »hier« und gleichzeitig versuchen, so auszuweichen, daß sie nicht gefangen wird.
3) Im Dunkeln nach einem bestimmten Gegenstand suchen. Wer ihn zuerst hat, darf Licht machen.
   Im Anschluß an das Spiel könnte man über die Gefühle beim Spielen miteinander reden.

Danach weiter wie unter A.

Vertiefung des Themas

Um das Thema weiter zu vertiefen, könnte man die unter 2.1 genannten Gedanken vorlesen bzw. mit eigenen Worten wiedergeben.
Danach ein **Anspiel**: (von zwei Frauen als Stegreif-Spiel vorbereitet) ←
Thema: *Wie Angst uns in unseren Entscheidungen leitet.*
Folgende Beispiele sollen als Idee dienen, wie ein solches Anspiel verlaufen könnte.

1. Idee: Zwei Frauen treffen sich auf der Straße und unterhalten sich über ein Sportfest, das in den nächsten Tagen stattfinden soll. Die eine Frau ist begeistert von dieser Veranstaltung und wird ihren Kindern erlauben, mit dem Fahrrad dorthin zu fahren, die andere ist entsetzt über deren Sorglosigkeit und äußert, daß sie an diesem Nachmittag keine Zeit hat, ihre Kinder mit dem Auto hinzufahren und deshalb ihren Kindern verbieten wird, dorthin zu gehen. Sie hat Angst, daß ihren Kindern etwas passieren könnte und darum entscheidet sie entsprechend.

2. Idee: Eine Frau wird gefragt, ob sie beim Frauenfrühstück (o. ä.) mitarbeiten will. Sie wehrt spontan ab und findet alle möglichen Argumente, warum das nicht geht (keine Zeit, keine Begabung, zu müde, kranke Eltern usw.). Am Schluß des Gespräches wird aber deutlich, daß der eigentliche Hinderungsgrund für sie Angst vor Menschen und Angst vor Versagen ist. »Was denken die über mich, wenn ich mal einen Fehler mache?« Diese Angst leitet sie in ihrer Entscheidung, nein zu sagen.

➡ Dieses Anspiel könnte ein Anstoß sein zu einem **Plenumsgespräch** oder zu einem **Gruppengespräch** unter folgenden Fragen:

Hat diese/haben diese Frauen richtig oder falsch entschieden?
Kenne ich ähnliche Situationen, in denen ich auch so handle?
Kann es sein, daß wir – öfters als wir ahnen – in unseren Entscheidungen angstgeleitet sind?
Wo bin ich persönlich betroffen von Angst?
Welches sind Ängste, mit denen ich gut umgehen kann?
In welchen Situationen kann ich mich meinen Ängsten nicht stellen?
Wie reagiere ich auf solche Situationen (Verharmlosen, Ausweichen, Flucht usw.)?
Wo habe ich schon positive Erlebnisse mit der Bewältigung von Angst gemacht?
Gibt es Situationen, in denen ich mir Veränderung in meiner Reaktion auf Angst wünsche?
Habe ich schon Hilfe im Blick auf meine Ängste erlebt durch den Glauben, durch Gebet oder durch Gespräch mit Mitchristen?
Habe ich es schon erlebt, daß Angstsituationen mich herausfordern, meine Lebenseinstellung und meine Lebenswerte neu zu überdenken?
Gibt es Ängste in meinem Leben, die mit einem falschen Gottesbild zusammenhängen?
Kenne ich den Zusammenhang zwischen Schuld und Angst?
Wurden in meinem Leben bisher Ängste eher verschwiegen oder habe ich es gelernt, darüber zu reden?
Ist es mir peinlich, Angst zu haben? Fühle ich mich wertlos, wenn ich Angst habe?

Variation: Statt eines Stegreif-Spiels kann auch der **Comic** (siehe 4.4) verteilt werden oder über den Tageslichtprojektor sichtbar gemacht werden.
Nach dem Gespräch über einzelne ausgewählte Fragen könnte man die Gedanken 2.3 und 2.4 vorlesen bzw. mit eigenen Worten wiedergeben.
Kurzgeschichte oder persönliches Zeugnis einer Teilnehmerin aus dem Kreis

Abschluß A

Biblische Besinnung und Zusammenfassung der Gedanken 2.6 bis 2.8
Gebet oder Meditation

Abschluß B

Erzählen einer Angstgeschichte aus der Bibel (z. B. sinkender Petrus)
Gebet oder Meditation

4 Weitere Bausteine zum Thema

4.1 Lieder

- Meine Zeit steht in deinen Händen, in: Ich will dir danken, Nr. 336, Hänssler
- Von guten Mächten wunderbar geborgen, in: Ich will dir danken, Nr. 166, Hänssler

4.2 Gebete und Meditationen

Herr, mein Gott, laß mich nicht sorgen,
nicht Angst haben müssen vor dem Morgen.
Bist du es nicht, der über mir wacht?
Was mich bedrückt und quält,
hast du es nicht längst schon bedacht?
Sind meine Tränen nicht vor dir gezählt?
Du bist es, der gnädig mit mir spricht.
Ich brauche mich nicht zu sorgen.
Herr, laß mir leuchten dein Angesicht!
Oskar Loy in: Du bist meine Hoffnung,
Universis Druck Josef Hartl

Durch alle Nächte deines Lebens, durch alles Geschehen,
was es auch sein mag, tritt die Gegenwart dessen,
der da war und der da ist und der da kommt.
Hanna Hümmer, in: Es ist Raum bei mir,
Christusbruderschaft Selbitz (Hg.), Selbitz 1955, S. 155

Habe Dank, Herr Jesus Christus,
daß es keinen Augenblick gibt,
der ohne dich gelebt werden muß.
Du bist immer da, wo wir sind,
in allen Höhen und Tiefen des Lebens.
Es gibt keinen Augenblick der Freude,
in dem ich ohne dich bin.
Es gibt keinen Augenblick des Schmerzes,
den ich ohne dich durchleiden muß.
Du bist alle Zeit der Gegenwärtige, der mich liebt.
Hanna Hümmer, ebd.

Von guten Mächten wunderbar geborgen,
erwarten wir getrost, was kommen mag.
Gott ist mit uns am Abend und am Morgen
und ganz gewiß an jedem neuen Tag.
Dietrich Bonhoeffer

4.3 Persönliches Zeugnis oder Kurzgeschichte zum Thema Angstbewältigung

Ich bin nicht von Kind an ein ängstlicher Mensch gewesen. Ängste wurden bestimmend und prägend in meinem Leben, als ich jung verheiratet war und noch ganz kleine Kinder hatte. Bei allen möglichen Dingen fing ich an, mir Sorgen zu machen und mich in Ängste hineinzusteigern. Wenn mein Mann z. B. nicht zur vereinbarten Zeit nach Hause kam, wurde ich unruhig; ich fing an, dauernd auf die Uhr zu schauen; ich überlegte, ob ihm eventuell etwas passiert sein könnte. Ich stellte mich ans Fenster und hielt Ausschau nach ihm. Ich steigerte mich dann immer mehr in Ängste hinein und fing an, mir vorzustellen, was alles passiert sein könnte. Ich stellte mir vor, er hätte ja einen Unfall haben können, und daß der Unfall ja sogar hätte tödlich enden können und innerhalb von wenigen Minuten sah ich mich dann in Gedanken als junge Witwe mit zwei kleinen Kindern am Grab stehen und alles zusammenbrechen.

Je mehr ich solchen Ängsten Raum gab, desto mehr entwickelte sich daraus ein richtiger Mechanismus. Beim kleinsten Anlaß gab ich mich meinen Sorgen und Ängsten preis und fing an, mich um mich und meine Ängste zu drehen. Ich war dann meistens unfähig, noch etwas Sinnvolles zu tun. Ich war oft ungeduldig mit den Kindern, launisch und unausgeglichen. Ich übte es allmählich so richtig ein, mich diesen Gedanken preiszugeben und mich von ihnen gefangennehmen zu lassen. Das Sorgen und Ängstigen war zu einer lähmenden Gedankenstruktur geworden.

Noch schlimmer wurde es, als wir umzogen und alle unsere Kinder an Krupphusten erkrankten. Das ist ein Husten, der nur nachts auftritt – mit Eintritt der Dämmerung – und der die Atemwege verengt bis zu Erstikkungsanfällen. Die beiden jüngeren Kinder, die am neuen Wohnort geboren wurden, bekamen schon als Säuglinge mit drei Monaten diesen Husten. Ich fühlte mich diesem Geschehen total ausgeliefert, wenn vor allem im Herbst oder im Frühjahr der Krupphusten gehäuft auftrat. Und ich hatte ja auch »gelernt«, mich Ängsten preiszugeben. Berichte von anderen Frauen, die noch schlimmere Erlebnisse von Krupphusten erzählten, geisterten dann in meinem Kopf herum. Bilder von Kindern im Krankenhaus gingen mir durch den Sinn und von Kindern, die daran erstickt und gestorben waren.

In solchen Zeiten lernte ich auch Angstschweiß und Herzrasen kennen. Nachts konnte ich vor Angst oft nicht richtig schlafen oder schreckte immer wieder aus dem Schlaf hoch, bekam Angstschweiß und Herzrasen. Der Krupphusten bei unseren Kindern war nie so schlimm, daß wir nachts einen Arzt gebraucht hätten. Das schlimme war der Mechanismus, das Karussell der Gedanken, in dem ich mich befand.
Nicht nur nachts bestimmten mich diese Ängste. Auch tagsüber hatte ich oft das Gefühl, als ob eine dunkle Decke über allem liege und ich mich nicht mehr richtig freuen könnte. Ich fühlte mich wie gelähmt und unfähig zu klaren Entscheidungen. An solchen Tagen kam es mir oft vor, als ob das Leben in einer endlosen kalten Zeitlupe dahinsiecht und es keine Horizonte gäbe. Und das alles nur wegen meinem panikartigen Starren auf die Angst.
Eines Tages begegnete mir eine Bibelstelle als ganz persönliche Anfrage. In Matthäus 6,27 steht: »Wer ist unter euch, der seines Lebens Länge (auch der Lebenslänge seiner Kinder) eine Spanne zusetzen könnte, wie sehr er sich auch darum sorgt?«
Dieser Bibelvers ging mit mir und führte mich zuerst einmal zu der dahinterstehenden Grundangst, nämlich zu der Angst vor dem Tod. Und er führte meine Gedanken langsam aus der Negativ-Spirale heraus. Für mich bedeutete der Satz damals: Gott hat Anfang und Ende von Deinem Leben und von dem Leben Deines Mannes und Deiner Kinder doch schon längst beschlossen, also was kannst Du dann mit Deinem Sorgen und Deinem dauernden Kreisen um Dich und Deine Ängste daran ändern? Doch gar nichts. Und es liegt letztlich auch nicht an Deinem Versagen, wenn etwas passiert, sondern alles ist in Gottes Hand aufgehoben, was Dir an Gutem und Schlechtem begegnet. Also kannst Du doch auch aufhören mit dem Sorgen und Ängstigen und statt dessen Vertrauen einuben.
Und noch etwas lernte ich in dieser Zeit, daß ich nämlich selber entscheiden kann, welchen Gedanken ich in mir Raum gebe – und also auch welchen Sorgen und Ängsten. Es ist meine Entscheidung: Gebe ich jetzt diesen Gedanken weiter Raum – kreise ich dauernd darum? Oder bin ich bereit, den Ängsten auf den Grund zu spüren, ihnen die Macht zu nehmen und ihnen neue Gedanken und größere Horizonte entgegenzusetzen.

Also nicht Angstverdrängung, sondern Angstbewältigung. Ich versuchte das umzusetzen in meinen Alltag. Ich nahm mir vor: wenn die Angst wieder kommt, dann lenke ich meine Gedanken dahin, daß ich mir das vorsage: Ja, ich habe jetzt Angst vor etwas Schlimmem, vielleicht Angst vor dem Tod. Aber Gott hat Dein Leben, und das Leben Deiner Kinder und Deines Mannes in der Hand, du kannst Dein Sorgen loslassen. Am Anfang war das recht mühsam und anstrengend. In dem Moment, wo ich ganz bewußt den negativen Gedanken entgegensteuern wollte, merkte ich erst, wie oft diese negativen Gedanken und Gefühle mich am Tag überfielen. Am Anfang mußte ich vielleicht 20-30 Mal am Tag diese Gedankenumkehr einüben, mir bewußt machen, daß ich wieder in negativen Gefühlen steckengeblieben war. Aber mit der Zeit bekommt man auch in solchen Dingen Übung. Und es dauerte nicht lange, bis ich immer schneller aus der Negativ-Spirale herauskam. Auf diese Weise kehrte in mein Leben immer mehr Vertrauen in Gott und auch neue Freude und Gelassenheit ein. Und nicht nur in den Gedanken, sondern auch in den Entscheidungen wurde dieses Verhalten immer prägender. Manche Menschen halten mich heute für beinahe leichtsinnig. Auf jeden Fall bin ich heute ein Mensch, der froh ist, daß er es gelernt hat Gott zu vertrauen. Ich bin froh, daß ich immer wieder freiwerden kann von der Gefangenschaft der Ängste und mich in allen angstmachenden Situationen und Sorgen an Gott wenden kann.

4.4 Comic

Angst ...

Es hilft nicht, sie zu leugnen ...

oder sie zu verdrängen.

Es hilft nicht, sie zu verscheuchen.

Es hilft nicht, sich mit ihr zu arrangieren ...

... oder durch Stillstand vermeiden zu wollen.

Es hilft nicht, sich über die Angst anderer zu freuen oder vor ihr zu flüchten.

Dieser Comic kann als farbiges Verteilblatt bezogen werden bei: Atelier Heinz Giebeler, Mozartstr. 9, 72555 Metzingen.

5 Weiterführende Literatur

Fritz Riemann, Grundformen der Angst, Ernst Reinhardt Verlag 1994

Anselm Grün, Verwandlung – eine vergessene Dimension geistlichen Lebens, Matthias-Grünewald-Verlag, Mainz 1993

Michiaki Horie, Ängste – wie gehen wir damit um, Brockhaus, Wuppertal und Zürich 1992

6 Vorbereitungsliste

- ☐ einige Frauen im Vorfeld anfragen wegen Spielszenen zum Thema Angst
- ☐ Plakate, Klebstoff, Scheren, Zeitungen u. a. für Collage
- ☐ Schals für das Angst-Spiel

für jede Frau

- ☐ Karten mit Tor vorbereiten
- ☐ Comic für alle Teilnehmerinnen bestellen
- ☐ Fragebögen vorbereiten

Eifersucht – die Angst vor dem Vergleich

Renate Stremel

1 Ziele für diese Einheit

Die Eifersucht im eigenen Leben erkennen, den Schritt zur Öffnung wagen und neue – gemeinsame – Wege gehen lernen.

2 Informationen zum Thema

2.1 Eifersucht untergräbt jede Gemeinschaft

Eifersucht untergräbt jede Gemeinschaft und das zwischenmenschliche Band. Sie ist eine Sucht und ein destruktives Verhalten, das die zwischenmenschlichen Beziehungen von Mann und Frau, Eltern und Kindern, Arbeitgebern und Arbeitnehmern, von Nachbar zu Nachbar, von Regierenden und Regierten vergiften und zerstören kann. Eifersüchtige Konkurrenz, sich vergleichen, Rivalität und Neid sind Symptome, die das Denken, Sehen, Hören und Handeln eines Menschen befallen können und alle Wahrnehmungen vergiften.

Doch die Bibel macht unmißverständlich klar, daß diese ungeistlichen und zwischenmenschlich negativen Verhaltensweisen nicht angeboren oder anlagebedingt sind, sondern das Produkt zwischenmenschlichen Verhaltens sind (Gal 5,19-21). Wo aber wirkliche Gleichberechtigung (gleiche Behandlung) der Geschlechter besteht, fällt die Notwendigkeit des eifersüchtigen Verhaltens fort. Gleichwertigkeit aller, der Mädchen und der Jungen, der Kranken und der Gesunden, der Älteren und der Jüngsten, bietet schon in der

Erziehung eine gewisse Garantie gegen Selbstwertzerstörung, Neid, Rivalität, Haßgefühle, Konkurrenzstreben und Eifersucht.
Auch Ernest Bornemann, deutsch-amerikanischer Psychologe, schreibt: *»Die Annahme, daß Eifersucht eine biologisch ›naturgegebene‹, angeborene Eigenschaft des Menschen sei, ist verfehlt.«**
Ebenso die weitverbreitete Annahme, daß Eifersucht und Liebe untrennbar zusammengehören, beruht auf einem Irrtum. Eifersucht läßt den Partner, den Mitmenschen, nicht er selbst sein, sondern betrachtet ihn als seinen Besitz. Aber je stärker die Erwartungen auf der einen Seite, desto ablehnender die Reaktionen des Partners. Liebe dagegen will, daß mein Gegenüber er selbst sei und bleibe.

2.2 Merkmale eifersüchtiger Menschen können sehr verschieden sein

Im Zustand der Eifersucht werden Erleben und Verhalten des Betroffenen unbewußt so gesteuert, als ob er noch das Kind in der analen Lebensphase (zweites/drittes Lebensjahr) wäre, dessen Eigentum weggenommen wird; es tobt und wütet gegen die »Räuber«, krallt sich an seinem »Eigentum« fest. Der eifersüchtige Erwachsene zeigt dasselbe selbstquälerische »Sichfestklammern« am Partner (am Gegenüber). Er kann diesem Menschen keine ruhige Minute gönnen, überhäuft ihn mit Vorwürfen usw. Neid, Eifersucht und Mißgunst sind das Gegenteil von Reife. Denn der Unreife vergleicht sich ständig mit seinen Mitmenschen. Der Mitmensch wird durch das Vergleichen zum Konkurrenten.
Der Eifersüchtige ist ein zutiefst unbefriedigter Mensch, ist mehr oder weniger mit sich, seinen Problemen und Konflikten beschäftigt. Dadurch entsteht eine »Ichhaftigkeit«, also eine innere – und oft auch äußere – Vereinsamung.
Überempfindlichkeit gehört zu den Dispositionen, die den Eifersüchtigen kennzeichnen. Er kann sich durch alles verletzt fühlen – selbst durch ein Lachen, ein Flüstern, ein Wort. Doch er ist nicht

* Bornemann, Ernest, Lexikon der Liebe

sensibel (dies hieße »feinfühlig«), sondern er ist überempfindlich. Er kann oft schmerzliche Eindrücke nicht vergessen und speichert alle »Demütigungen, Herabsetzungen und Verletzungen«. Er versteht es, andere zur ständigen Rücksichtnahme zu verpflichten, die Umgebung muß ihn »schonen«. Eifersüchtige Menschen sind mißtrauisch gegenüber neuen Freundschaften und Begegnungen und gemeinsamen Interessen (die Angst vor dem Vergleich!). Besonders zwanghafte Charaktere können sich zu mißtrauischen Menschen entwickeln und ihr Leben dadurch ärmer werden lassen.
Auch gewisse masochistische Züge (Befriedigung durch Leiden) stellen wir beim eifersüchtigen Menschen fest. Er steigert dadurch seine Anforderungen an den Partner. Dieser soll z. B. durch vermehrte Zuwendung und Fürsorge Schutz bieten, den er selbst nicht tragen will (oder kann). Die persönliche Sicherheit kann ihm so wichtig sein, daß er bereit ist, jeden Preis dafür zu zahlen (man droht mit Selbstmord oder arrangiert ihn sogar). Aber es ist selbstverständlich, daß auf dieser Basis keine gleichberechtigte Liebe bzw. Partnerschaft entstehen kann.

2.3 Der Eifersüchtige benutzt eigene Mittel und viele Wege, um sein Ziel zu erreichen

In den seltensten Fällen handelt er »zweckfrei«.
Rudolf Dreikurs geht davon aus, eifersüchtiges Betragen sei im allgemeinen nach einer der vier folgenden Richtungen hin ausgerichtet:

– »Entschuldigung für eigene Fehler
– Erregen von Aufmerksamkeit
– Gewinnen von Überlegenheit und Herrschaft
– Vergeltung bzw. Rache« *

So kann z. B. der Zweifel an der eigenen Fähigkeit, der eigenen Bildung und Ausbildung ein Motor der Eifersucht sein. Denn je kleiner der Selbstwert und je weniger Perspektiven im Leben, desto stärker

* Dreikurs, Rudolf, Die Ehe als Herausforderung

und ausgeprägter das Verlangen nach Sicherheit (dies kann zur totalen Abhängigkeit vom anderen führen).
Eifersüchtige Menschen wollen Aufmerksamkeit erregen. Menschen, die unsicher sind, ob sie genügend geliebt und geschätzt werden, verlangen dauernde Zeichen der Ergebenheit des anderen. Da aber der Eifersüchtige ständig das Gefühl hat, nicht ausreichend befriedigt zu werden, muß er unaufhörlich neue »Gelegenheiten« erfinden, um Beachtung und Aufmerksamkeit zu erhalten. Dies kann sich steigern bis zur Besitzsucht. Doch die besitzergreifende Liebe endet immer tragisch; denn will man sich sein Gegenüber einverleiben (»Ich habe dich zum Fressen gern«), so hat dies immer mit Unfreiheit und totaler Kontrolle zu tun. Hier ist ein »Alles-oder-nichts«-Denken deutlich erkennbar. Diese Besitzsucht wiederum zwingt aber oft den Partner zu Gegenmaßnahmen (= Abwehrhaltung) und sorgt damit für weitere Konflikte, Spannungen und ein kaltes Beziehungsklima.
Die Rache gehört zu den gefährlichsten Methoden der Eifersucht. Menschen, die Rache ausüben, wollen den Mitmenschen, dem Partner, »heimzahlen, was sie glauben, nicht bekommen zu haben«.*
Besonders depressive Partner sind durch Trotz und Rachsucht gekennzeichnet. Oft in liebloser Atmosphäre aufgewachsen, lernen sie früh, sich zu rächen und zu trotzen. Sie rächen sich an ihrer Umgebung. Dadurch entstehen Haßgedanken, und diese wiederum produzieren Vernichtungsgefühle, deren schwerste Ausprägung der Selbstmord oder gar der Mord sind.

2.4 Eifersucht ist nicht ausschließlich eine verwerfliche Leidenschaft

Kann Eifersucht nicht durchaus etwas Normales, ja Not-wendiges sein? Oder kann Eifersucht etwa nichts Prickelndes oder Beglückendes sein? Vielleicht kann man es so ausdrücken, daß sich die Eifersucht stets an der Frage nach dem Maß (der Dosierung) messen lassen muß.

* Ruthe, Reinhold, Beziehungskiller

Auch Emil Brunner billigt der Eifersucht positive Aspekte zu. Er bezeichnet sie als »Schutztrieb des Schöpfers« und schreibt: »Der Schöpfer unterstützt den objektiven Zweck, den er mit der Geschlechtsnatur des Menschen verbindet, in der Weise, daß er dieser Natur einen Schutztrieb mitgab, der der bewußten Verantwortung zu Hilfe kommen soll, jenem instinktiven Trieb auf Exklusivität und unbegrenzte Dauer, der aller menschlichen Liebe beigemischt ist und der ganz zu Unrecht mit dem üblen Wort Eifersucht belegt wird.«*

Demnach kann also Eifersucht (in minimalstem Ansatz) zu einer lebendigen Liebe (lebendigen Beziehung) dazugehören – muß sie aber nicht. Wird sie allerdings zu mächtig, vergiftet sie jegliche zwischenmenschliche Beziehung und führt zu Schädigungen auf beiden Seiten. Denn aus dem Schutztrieb wird ein egoistischer Bemächtigungstrieb, der die Liebe zerstört.

2.5 Eifersucht kann zur »Durststrecke« auch in christlichen Ehen werden

Auch christliche Ehen sind gefährdet und Christen kennen Krisen wie andere Leute auch. Viele kleine ungelöste Konflikte können eine Ehe scheitern lassen, die unter den besten Voraussetzungen begonnen hat. Denn Liebe ist nicht nur Gefühl, sondern auch ein Willensakt. Manchmal muß man sich »entscheiden«, den anderen zu lieben, auch wenn die Gefühle ganz anders sind. So wird die Eifersucht oft als letztes Mittel (oft als Vergeltungswaffe) eingesetzt und zeigt deutlich, wie verzweifelt und hoffnungslos die eifersüchtigen Partner, aber auch ihre Lage ist.

Doch dies wird dann noch problematischer, wenn man versucht, Krisen unter einem gewissen Druck frommer Selbstüberforderung zu verdrängen, und nicht mehr die Bereitschaft zur Ehrlichkeit und Versöhnung zeigt. Denn welcher Mann und welche Frau will sich freisprechen von Gedanken und Verhalten, welche dem anderen den Grund zur Eifersucht geben? Auch die größte Liebe

* Ruthe, Reinhold, Beziehungskiller

zueinander kann oft das tiefe Verlangen und den Durst nach »Leben« nicht vollständig stillen, und so werden wir auch in der Partnerschaft oft aneinander schuldig. Christen sollten ihre Ehe auch sachlich sehen: Sie ist nicht die »Seligkeit des Himmels« und ist trotzdem ein Stück »Paradies in der gefallenen Welt«. Und somit auch anfällig für Krankheiten, für Mangelerscheinungen. Eifersucht in der Ehe ist also mit einer Mangelerscheinung zu vergleichen, in der Selbstbejahung und Akzeptanz des Partners oft nicht gegeben sind. Aber eine gute Gemeinschaft lebt davon, daß zwei Menschen sich tolerieren und ihre Eigenwilligkeiten respektieren (aber diese nicht immer akzeptieren). Paulus schreibt als Mahnung in 1. Korinther 13,7: »Wer liebt, der gibt niemals jemand auf. In allem vertraut er und hofft auf ihn; alles erträgt er mit großer Geduld« (Gute Nachricht).

2.6 Auch in der Bibel kommt Eifersucht vor

Selbst in der Bibel geht es an entscheidenden Stellen um einen Gott, der sein auserwähltes Volk »eifersüchtig liebt« (2. Mose 20,5). Es kann also kein Armutszeugnis und kein Zufall der hebräischen Sprache sein, daß sie für die Leidenschaft der erotischen Liebe, für den Glaubenseifer der Frommen und das Eifern Gottes um sein Volk ein und dasselbe Wort hat. Die bekannteste biblische Erzählung ist die von Kain und Abel (1. Mose 4,1-16). Hier wird die tödlich verlaufende Geschichte einer dramatischen Eifersucht geschildert. Rivalität, Konkurrenzstreben und Eifersucht beginnen. Der Stärkere triumphiert über den Schwächeren. An dieser Stelle wird deutlich, daß Eifersucht nicht vererbt wurde, sondern das Ergebnis zwischenmenschlichen Verhaltens ist. Eva gab Abel den Namen »Nichtigkeit« oder »Hinfälligkeit«, und schon allein dieser Name drückt seine Deklassierung aus! Er soll im Gegensatz zu Kain ein Niemand bleiben. Nun kommt die erste Eifersucht auf, da die Rollen ungleich verteilt sind (ein schwerwiegender Erziehungsfehler Evas?).
Auch bei der Geschichte um Jakob und Esau wiederholt sich dieses »Fehlverhalten« (1. Mose 25,19-27 und 1. Mose 27,1-40). Eine ungerechte Erziehung provoziert Ungerechtigkeit, und diese wiederum erzeugt Eifersucht.

Gleichzeitig kann man erkennen, daß es auch um eine personelle Ungleichheit der Brüder geht. Diese Ungleichheit hat ihren Ursprung in der Schöpfung Gottes. Gott schafft jeden Menschen als Einzelexemplar, als eine unverwechselbare Persönlichkeit, – damit ist Ungleichheit gegeben. Doch diese Originalität bedeutet Reichtum und Vielfalt aber auch zugleich Konflikt. Im Nebeneinander zweier von demselben Gott geschaffenen und geliebten Menschen kommt Neid und Mißgunst auf. Somit ist Eifersucht der eigentliche Gegenspieler der Liebe und Anführer des Unheils. Sie zerstört das Gemeinschaftsgefühl und die Verantwortung für den anderen Menschen.

2.7 Schritte zur Bewältigung der Eifersucht

2.7.1 *Einsicht ist der erste Schritt zur Lösung*

Der Wille (bei Ehepartnern der gemeinsame Wille), an Problemen und Störungen zu arbeiten, ist sozusagen eine »Grundvoraussetzung«. Verdrängen hilft nicht, es zögert die Heilung nur hinaus und bringt Schwierigkeiten an anderer Stelle unseres Lebens. Dies wäre die reine Selbsttäuschung – aber keine Bewältigung. Nur wer ernsthaft versucht, Beziehungen (wieder) aufzubauen, wird auch Fortschritte erzielen.

Von daher ist die Suche nach Hilfe oberste Priorität! Aber ohne kompetente Hilfe (sei es durch Einzelseelsorge oder Eheberatung und gleichzeitiger Orientierung am Wort Gottes) scheint der Weg sehr schwer zu sein.

2.7.2 *Ein bewußtes Abgeben an Gott erleichtert das Heil-werden*

Alle Versuche, dieses Problem »rein menschlich« (d. h. ausschließlich mit dem Gang zum Psychiater oder Psychologen) lösen zu wollen, scheitern deshalb, weil keine »Schuldbewältigung« erfolgt. Allein Gott kann Schuld und Bitterkeit abnehmen und bereinigen und somit auch »wegtun«. Nur er kann die Zusage der Freisprechung geben (Psalm 34, 23). Denn schuldig sind wir am Partner oder unseren Mitmenschen in diesem Falle des eifersüchtigen Handelns gewiß geworden. Und weil es darum geht, nicht nur die Symptome zu heilen, sondern die kranke Wurzel, sollte das Verborgene des Herzens offenbar werden.

Das seelsorgerliche Gespräch in der Gegenwart Gottes – welches gewiß viel Mut und Überwindung erfordert – kann aber Zusammenhänge, Herkunft und Auswirkung der Eifersucht bewußt machen und beleuchten. Aber nach einem bewußten Abgeben und einem Erkennen, weshalb, warum und wie oft man in diesem Verhaltens- und Reaktionsmuster gelebt hat, hat jeder die Chance zum Neubeginn. Hinzu kommt das Versprechen Jesu, daß er uns Weisheit für die »Nacharbeit« geben will (Jak 3,13-18) und gleichzeitig auffordert, ein glaubwürdiges Leben nach den »Früchten des Geistes« zu führen (Gal 5,22). Nur in Verbindung mit ihm können wir eine umfassende Heilung erfahren.

2.7.3 *Konkrete Hilfestellungen in der Krise*

1) Sich bewußt machen, daß Gott ein Gott der Ordnung ist und meine »Gefühlsschwankungen« ganz an ihn abgeben.
2) Bei negativen Stimmungen durch das Aufschreiben in ein Tagebuch versuchen, herauszufinden, welches der *echte* Grund meiner Eifersucht ist.
3) Starke negative Gedanken zulassen und bewußt machen, wie absurd und »böse« ein Mensch von einem anderen Menschen denken kann.
4) Bewußte Sünden sollten bekannt werden, auch dann, wenn die meisten Fehler unwillkürlich geschahen. Auch Selbstmitleid, Unversöhnlichkeit und Verzweiflung sollten beim Namen genannt werden.
5) Regelmäßiges Lesen in der Bibel (am besten kapitelweise vorgehen, da man sich sonst seine »Lieblingskapitel« heraussucht und nicht mehr grundsätzlich für Gottes Reden in der eigenen Situation offen ist).
6) Schritte des Gehorsams tun (auch kleine und unscheinbare). Nach Jakobus 4,8 (Naht euch zu Gott, so naht er sich zu euch) kommt Gott uns bei unseren kleinen und anfänglichen Schritten immer entgegen, und Erkenntnis und Bewußtsein müssen die Folge bleiben.

7) »Lebenslügen«, die durch die Stille Zeit unter Gottes Reden aufgedeckt werden, als Lügen zulassen und als erkannte Wahrheit ins eigene Denken aufnehmen.
8) Auch in den dunkelsten Momenten meiner Selbstablehnung Gott alles sagen und ihm meine Gefühle ehrlich zeigen.
9) Schuldhaftes Verhalten dem Partner/den Mitmenschen gegenüber bewußtmachen und sie um Vergebung bitten.
10) Für Verletzungen aus der Kindheit beten und diese Heilung auch im Glauben annehmen. Auf seinen Trost hoffen.
11) Versuchen zu verstehen, daß Gott nicht nur die Umstände heilen will, sondern mir persönlich viel mehr schenken will: eine Änderung, Heilung und Befreiung meiner Person!
12) Glauben, daß Gott mich als Original erschaffen hat und mich mit all meinen »Makeln« erlöst hat – daß er mich reich beschenkt hat ohne eine einzige Gegenleistung zu erwarten!

3 Vorschläge zur Durchführung

Allgemeines

Eifersucht ist kein einfaches Gruppengesprächsthema, da es sehr persönlich ist bzw. werden kann. Es sollte von daher in einem Gesprächskreis erarbeitet werden, in dem sich die Teilnehmerinnen schon etwas vertraut sind und von daher einschätzen können (also nicht unbedingt als »Vortrag« in einem Frauengesprächskreis geeignet). Sind sich die Teilnehmerinnen zu fremd, könnte ein Gespräch nicht zustande kommen und somit auch das Anliegen, nämlich der Versuch, Hilfestellung zu geben, als Anmaßung empfunden werden. Von daher ist es sehr wichtig, in vertrauter Atmosphäre und besonders liebevoll gestalteten Räumlichkeiten (Blumen und Kerzen) diese Stunde zu erleben. Zur Auflockerung wäre ein kleiner gemeinsamer Imbiß (z. B. Toasts) angebracht.

Die Gesamteinleitung (Punkte 1 und 2) kann man im großen Kreis ➡ machen, danach sollten sich aber **kleine Gruppen** bilden, denen bestimmte Aufgaben zugeteilt werden. »Gesprächsleiterinnen« dieser kleinen Gruppen sollten nach Möglichkeit Frauen sein, welche

der Gesprächsführerin bekannt sind. In diesen kleinen Kreisen sollten vorerst keine persönlichen Erfahrungen und Probleme mit Eifersucht erörtert und weitergegeben werden, da sonst die Gefahr bestehen könnte, daß aus einer Frauenstunde eine persönliche seelsorgerliche Beratungsstunde wird.
Das Thema sollte zunächst Aufklärung über die Hintergründe geben und dann zielgerichtet Frauen zum Nachdenken ihrer eigenen Position anregen. Sollten sich tiefere persönliche Gespräche ergeben, diese nicht in der Gruppe, sondern anschließend oder nach Vereinbarung führen.

Einstieg ins Thema – Möglichkeit A

Nach der Begrüßung und einer Einführung ins Thema anhand der Informationen bilden wir **Vierer- oder Fünfer-Gruppen** (nach Möglichkeit in verschiedenen Räumen). Man könnte noch einmal gemeinsam in Kürze das Wichtigste wiederholen, um Reaktionen zu wecken.
In diesem Gespräch sollte der Aspekt »Licht- und Schattenseiten der Eifersucht« aufkommen. Es gibt immer wieder Frauen, die sich auch der »Lichtseiten« ihrer Eifersucht bewußt sind und diese ganz gezielt einsetzen, um eine gewisse »Würze« in die Beziehung hineinzubringen. Demonstrieren könnte man dies, indem man eine Kerze in die Mitte stellt und auf den Schatten, der zum Licht gehört, hinweist. So könnte man ein Gespräch beginnen, indem man die Teilnehmerinnen bei dieser Frage abholt.
»Gehört zu einer »brennenden« Kerze (= Liebe oder lebendige Beziehung) unweigerlich der Schatten (etwa der Eifersucht) dazu?»
Danach könnte jede Teilnehmerin auf einem vorbereiteten Zettel folgendes für sich allein festhalten:

Bin ich eifersüchtig?
Gehören zu mir zwei Seiten?
Welche Licht- bzw. Schattenseiten kann ich meiner eigenen Eifersucht abgewinnen?

	LICHT	SCHATTEN
	Ich bin	Ich bin
z. B.:	sauber	mißtrauisch
	adrett	unruhig
	interessiert	streitsüchtig
	mitfühlend	gefangen in Gedanken
	aufmerksam	kränklich (depressiv)
	selbständig	neidisch
	aufgeschlossen für Neues	bitter

Es könnte hierüber ein Austausch innerhalb der kleinen Gruppe stattfinden, wonach diejenigen Teilnehmerinnen, die bereit sind, sich zu öffnen, das Gespräch einleiten.
Anschließend könnte die Frage gestellt werden:
»Wer hat mit den sogenannten ›Lichtseiten‹ der Eifersucht positive Erfahrungen gemacht? Sind diese Erfahrungen Selbsttäuschung oder ehrlich?«
Man sollte aber klarmachen, daß es auch ein Selbstbetrug sein könnte, wenn man der Eifersucht zu viele positive Aspekte abverlangt. Diese sogenannten positiven Seiten sind ganz minimal und nur im Ansatz von uns Menschen zu verwirklichen (s. Punkt 2.4).
Interessant wäre die gemeinsame Betrachtung, daß die Negativseite bei den meisten Frauen überwiegt. Dies auch als Wahrheit so stehen lassen.

Abschluß A

Man könnte sich dann zu einem vereinbarten Zeitpunkt wieder im **Plenum** treffen und **Fotokopien** von Punkt 2.7.3 (konkrete Hilfestellungen in der Krise) verteilen. Danach gemeinsam noch einmal alle zwölf Punkte ruhig durchgehen.
Danach Gebetsgemeinschaft. Vorgetragenes Gebet, Lied zum Abschluß: Du bist der Weg.

Einstieg ins Thema – Möglichkeit B

Nach Begrüßung und Einführung bilden wir auch hier Vierer- oder Fünfer-**Gruppen**. Diese Gruppen sollten sich Eifersuchtsszenen ausdenken und später im großen Kreis aufführen.

Interessant wäre die Beobachtung, ob etwa »typische« Eifersuchtsszenen gespielt würden (z. B. Ehemann und Sekretärin im Büro). Hierbei auf die Gefahr von Klischeedenken, Vorurteilen und vor allem falschen und vorschnellen Verdächtigungen hinweisen! Versuchen, die Teilnehmerinnen zu animieren, »untypische« Szenen vorzuspielen, um klarzumachen, daß das Feld der Eifersucht nicht so begrenzt ist (wie z. B. Problematik Nur-Hausfrau/berufstätige Frau). So kann z. B. eine Mutter auf ihre heranwachsende Tochter eifersüchtig sein, wenn sie merkt, daß der Vater der Tochter öfter Komplimente macht als ihr. Oder ein Ehemann kann eifersüchtig auf seinen Vater sein, wenn er spürt, daß sich seine Frau zu diesem besonders hingezogen fühlt. Unter Arbeitskolleginnen ist dieses Problem oft besonders stark vorhanden, da jede die Gunst des Vorgesetzten erwerben möchte. Auch unter Geschwistern (selbst bei Erwachsenen) kann die Eifersucht stark ausgeprägt sein.

Während des Einübens der Spielszenen kann man darüber ins Gespräch kommen.

Abschluß B

Nach dem **Vorspielen der Szenen** in der großen Gruppe könnte man versuchen, über die verschiedenen Auswirkungen der Eifersucht zu reden.

Auch hier sollten zum Abschluß die **Gedankenanstöße** zu Punkt 2.7.3 betrachtet werden.

Danach **Gebet oder Gebetsgemeinschaft**, falls die Gruppe mit dieser Form des Gebets vertraut ist. Dann Vorlesen der **Meditation**: Im Gespräch

Lied zum Abschluß: Meine Zeit steht in deinen Händen.

Einstieg ins Thema – Möglichkeit C

Gespräch in der großen Gruppe über verschiedene Szenen der Eifersucht. Die Gesprächsleiterin stellt einige Beispiele vor (lebensnah – siehe Einstieg B). Man könnte die Punkte 2.2 (Merkmale der Eifersucht) und 2.3 (Was will der Eifersüchtige erreichen?) zur Grundlage des Gesprächs machen und Mut machen, sich selbst gegenüber ehrlich zu sein, vor allem aber, zu Hause noch einmal ehrlich darüber nachzudenken.

Abschluß C

➧ An diesem Abend könnte man nach dem Gespräch **kreativ** werden, indem man einen »Leitfaden« herstellt mit den konkreten Hilfestellungen zu Punkt 2.7.3.
Dieser Leitfaden könnte die Form eines Buchzeichens (Lesezeichens) haben. Das Buchzeichen könnte aus zwei schmalen Lederstücken bzw. Stoffstreifen (z. B. grobes Leinen) bestehen, welche mit dicken Stichen umsäumt werden. Die obere Seite bleibt dabei offen, so daß ein schmales Etui entsteht. In diese obere Öffnung könnte man die Hilfestellungen nach Punkt 2.7.3. (welche vorher auf Urkundenpapier kopiert wurden) leporelloartig gefaltet hineinschieben.
So hat man täglich in seiner Bibel oder Losung oder dem Andachtsbuch die Hilfestellungen bereit. Sie sind zugleich für andere Personen nicht einsehbar. Das Leder bzw. den Stoff könnte man beschriften mit »Erste Hilfe nach Jeremia 17,14«.
Dieses Buchzeichen kann sich jede Teilnehmerin mitnehmen.
Zum Schluß noch einmal auf die »Heilungschancen« bei Gott nach Jeremia 17,14 hinweisen:
»Heile du mich, Herr, so werde ich heil; hilf du mir, so ist mir geholfen; denn du bist mein Ruhm.«
Anschließend: Meditation: Vor Gott
Danach Gebet der Gesprächsleiterin
Lied zum Abschluß: Du bist der Weg…

4 Weitere Bausteine zum Thema

4.1 Lieder

- Meine Zeit steht in deinen Händen, in: Ich will dir danken, Nr. 336, Hänssler
- Du bist der Weg und die Wahrheit und das Leben, in: Ich will dir danken, Nr. 276, Hänssler

4.2 Gebete und Meditationen

Zu Psalm 13

Vor Gott
darfst du bitter klagen,
dunkle Sorge beim Namen nennen,
stumme Schwermut hinausschreien,
düstere Zweifel in Worte fassen,
verborgene Schuld an den Tag bringen.

Dein Gott
ist dir nahe in deiner Not,
weiß um die Last deiner Tage,
sieht in die Tiefen deiner Seele,
kennt die Verwirrung deiner Gedanken,
läßt dich nicht los in deiner Angst.

Auch du
darfst das Lied lernen:
»Mein Herz freut sich, daß du so gerne hilfst.
Ich will dem Herrn singen, daß er so wohl an mir tut«.

Johannes Hansen

So wie ich bin

Weil Gott uns so annimmt, wie wir sind,
dürfen wir uns auch selbst annehmen, wie wir sind.
Wir müssen nicht mehr all unsere Kraft darauf verwenden,
eine Rolle zu spielen oder
einem bestimmten Bild zu entsprechen.
Gott nimmt uns an – und das heißt nicht, daß er uns in unserer
Art und unserem Wesen einfach bestätigt.
Es heißt aber, daß der Antrieb, an uns selbst zu arbeiten,
von dem herkommt, der das Leben ist, uns das Leben gönnt,
der uns liebt.
Das ist auch der Grund, weshalb Gott auf ganz und gar
unaufdringliche Weise unseren Weg begleitet.

Johann Tibbe

Verheißung

Menschen
die aus der Hoffnung leben
sehen weiter

Menschen
die aus der Liebe leben
sehen tiefer

Menschen
die aus dem Glauben leben
sehen alles
in einem anderen Licht.

Verfasser unbekannt

Gebet: Herr, vergib mir

Herr Jesus Christus,
du kennst alle meine Gedanken.
Du weißt, wie ich bin:
Ich zweifle oft an deinem Wort,
ich bewähre mich nicht als Christ,
mir fehlt immer wieder der Mut,
mich als Christ zu bekennen.
Herr, vergib mir!

Du kennst meine Ichsucht.
Du weißt, daß ich mehr zu sein meine
als andere Menschen.
Ich versage mich,
wo Bedrängte meine Zeit und Kraft
in Anspruch nehmen möchten.
Ich verletze durch harte, unüberlegte Worte
und durch scharfes Urteilen.
Herr, vergib mir!

Du kennst meine schlechten Gedanken,
meinen Neid, meinen Ehrgeiz.
Herr, verzeihe mir, daß ich deine Gebote –
bewußt und unbewußt – oft übertrete.
Mir tut dies alles herzlich leid.
Ich wollte mich oft ändern,
aber ich bin zu schwach
und sündige immer wieder.
Herr, vergib mir und ändere du mich!

Ursula Gabe

4.3 Erzählung

Die Kniebeugen

Eines Tages war ich mit der großen Frage beschäftigt, warum Mama nicht mich als ersten geboren hatte. Wenn sie mich als ersten geboren hätte, wäre ich jetzt größer als Klara. Dann wäre ich viel schlauer als sie und auch viel stärker.
Leider hatte Mama zuerst Klara geboren. Weil Klara sich immer und überall vordrängt. Ich ging zu Mama und fragte: »Mamaaa, warum hast du nicht mich als ersten geboren?«
»Wiiie bitte?«
»Ich fragte, warum du nicht mich, sondern Klara als erste geboren hast?«
Mama schüttelte ihren Kopf: »Weil es einfach so gekommen ist...«
»Und warum ist es nicht anders gekommen?«
»Weil... weil...«, stotterte Mama, »...der liebe Gott es so gewollt hat.«
Jetzt schob Mama die ganze Schuld auf den lieben Gott. Immer sind die anderen schuld. Ich wollte ihr gerade widersprechen (wie, weiß ich nicht mehr), da sagte Papa: »Laß die dummen Fragen und komm zum Mittagessen.«
»Ich will heute nichts essen!«
»Hast du keinen Hunger?« fragte meine Schwester Klara, die schon am Eßtisch saß.
»Schau mal, was ich heute gekocht habe«, meinte Mama, »es wird dir gut schmecken.«
»Ich weiß, daß es mir gut schmecken würde, aber ich will heute nichts essen!!« rief ich beleidigt. »Ich will heute nichts essen und morgen auch nicht, und ich will überhaupt nicht mehr essen! Ihr werdet es alle sehen!!!«
Sie sahen mich alle sehr erstaunt an, und Papa und Mama fragten wie aus einem Munde: »Was ist heute mit dir los?«
»Bist du etwa mit dem linken Fuß zuerst aufgestanden?«
Und Klara fragte: »Bist du beleidigt, du armes Würstchen?«
»Ihr wißt genau, was mit mir los ist...«, rief ich. Und dann lief ich ins Kinderzimmer und begann zu weinen. Ich hörte Klara sagen: »Jetzt ist er eine beleidigte Leberwurst...«

»Ich will niiiie mehr essen! Uuuuuhh! Mein ganzes Leben lang... Uuuuhh!«
Mama kam ins Kinderzimmer. Und hinter ihr schlich natürlich meine Schwester Klara. Mama sagte: »Dann wirst du aber krank werden ... «
»Genau das will ich! Genau das will ich! Juuuuuuuuuuhh!« weinte ich.
»Weil du Klara als erste geboren hast, und nicht mich ... Und sie ärgert mich jetzt immer und sagt, daß sie stärker ist als ich! Nur weil ich kleiner bin!! Uuuhhhh!«
Klara rief: »Stimmt gar nicht! Stimmt gar nicht!«
»Doch, doch! Du sagst immer, daß du stärker bist!«
»Ich habe es schon lange nicht mehr gesagt!«
»Früher hast du es aber gesagt! Früher! Uuhhh!« Ich fühlte mich plötzlich so beleidigt darüber, was sie früher gesagt hatte, daß ich beschloß, mein ganzes Leben lang zu weinen. Aber nicht leise vor mich hin, sondern ganz, ganz laut.
Da sagte Mama: »Wir konnten aber nicht bestimmen, wer von euch beiden als erster geboren wird ... «
»Uuuuh! Ich weiß! Ich weiß! Sie drängt sich immer vor! Das tut sie heute noch!«
Ich merkte, daß die beiden jetzt ganz ratlos waren.
»Laß ihn weinen«, rief Papa aus der Küche, »das Essen wird schon kalt!«
Als ich das hörte, begann ich noch lauter zu weinen. Das war ja die Höhe. Ich will nicht essen, und er läßt mich auch noch verhungern! Das soll ein Vater sein! Huuuuuuhh! Uuuuuu! Wenn ich sterbe, werden sie es alle schwer bereuen!!! Uuuuuhhh!
Weißt du was?» flüsterte mir plötzlich meine Schwester Klara ins Ohr. »Ich an deiner Stelle, wenn ich als zweite geboren wäre, würde ich gar nicht weinen.«
»Weil du – uuuuhh – ein Mädchen bist!«
»Nein. Weil es kleine Kinder gibt, die viel stärker sind als ihre größeren Geschwister.«
»Wirklich?«
»Ehrenwort!«
»und ... und ... wie schaffen sie das?«
»Die essen alle viel ... und dann ... dann machen sie hundert Kniebeugen! Mit nach vorne gestreckten Händen.«

»Das glaube ich nicht!«
»Es stimmt. Ehrenwort!«
»Gut!« nickte ich. »Dann werde ich auch essen. Aber bis hundert kann ich gar nicht zählen. Klara, wirst du mir beim Kniebeugenzählen helfen?«
»Jaaa!« nickte Klara eifrig. »Jetzt gehen wir essen, und danach werde ich dir beim Kniebeugenzählen helfen. Ich zähle sie wirklich ganz genau!«
Jetzt mache ich nach jedem Essen einhundert Kniebeugen. Mit nach vorne gestreckten Händen.
Und Klara steht vor mir und zählt tüchtig. Eins... zwei... drei... Bis hundert sind es sehr, sehr viele.

Dimiter Inkiow, in: Zeitschrift Spielen und lernen, Velber-Verlag, 30926 Seelze.

5 Weiterführende Literatur

Reinhold Ruthe, Beziehungskiller, Brendow, Moers 1994
Hanne Baar, Quälgeist Eifersucht, Hymnus, Roltendorf 1994
Robin Norwood, Wenn Frauen zu sehr lieben, Rowohlt, Reinbek 1991
Esther Vilar, Der dressierte Mann, dtv, München 1993

6 Vorbereitungsliste

für jede Frau
☐ Arbeitsblatt »Hilfestellung in der Krise« vorbereiten
☐ »Licht- und Schattenseiten der Eifersucht« graphisch gestalten und zum Verteilen mitbringen

Ich will das Haus meines Lebens bauen

Ruth Heil

1 Ziele für diese Einheit

Erkennen, wer oder was in meinem »Lebenshaus« wohnt und neu eine bewußte fröhliche Entscheidung treffen, gerne im eigenen »Lebenshaus« zu wohnen.

2 Informationen zum Thema

2.1 Viele Frauen lehnen ihr Lebenshaus ab. Sie können es nicht so akzeptieren, wie es ihnen von Geburt an gegeben wurde.
Gründe gibt es dafür viele und unterschiedliche. Manche Frauen sagen:
»Ich wollte es nicht, weil ich nicht damit umgehen konnte.«
»Ich wollte es nicht, denn es war ein weibliches Haus (was man als Mädchen alles nicht darf und soll oder die Pubertät und alles, was als Frau dazugehört, machte mir Probleme).«
»Ich wollte es nicht, denn es war zu temperamentvoll. (Sing nicht so laut. Sei doch auch mal still, sagte man mir.)«
»Ich wollte es nicht, weil ich an mir so wenig Positives entdecken konnte.«

2.2 Es gibt Dinge, die können wir nicht verändern:
– Unsere Herkunft
– Unsere Vergangenheit
– Unser Lebensalter

– In gewisser Weise unser Gewicht
– Unser Frausein
– Manche Lebensumstände
– Unser Aussehen
– Unser Ledig- oder Verheiratetsein
– Das Alter unserer Kinder
– Unseren Ehepartner
– Unsere Schwiegermutter
– Finanzielle Engpässe

2.3 Im Nichtannehmen dieser Umstände werden wir bitter, und diese Bitterkeit zerstört uns von innen heraus.
Sie macht uns innerlich zu unseren eigenen Gefangenen.
Bei nicht zu verändernden Lebensumständen hilft es eigentlich nur ein Ja zu finden und Gott zu vertrauen, daß da ein Sinn ist, wo ich keinen erkennen kann.

2.4 Ich darf Ja zu mir sagen; weil Gott Ja zu mir sagt!
Ich darf mein Lebenshaus bejahen, auch wenn es möglicherweise ein kleines Haus ist, und andere anscheinend in einer Traumvilla wohnen. Ich brauche nicht die Gaben, die andere haben, weil Gott mir den Teil zudachte, den ich habe.
Damit will ich dankbar umgehen lernen, ohne dauernd nach anderen zu schielen.

2.5 Zur Bejahung des Lebenshauses kann es hilfreich sein, eine klare Bestandsaufnahme zu machen.
ICH WILL BEWOHNEN heißt auch:
unter die Lupe nehmen, wer in diesem Haus alles wohnt.
Da haben sich im Laufe unseres Lebens viele heimliche Untermieter eingeschlichen, die mir das Leben begrenzen, die mir Vorschriften machen, Zimmer blockieren, mein Haus in Beschlag nehmen, und mir möglicherweise suggerieren, nur das Beste zu wollen, oder auch behaupten, alte Rechte zu haben.
Schauen wir uns die »Herrschaften« doch einmal an:
Herr »Wenn und Wäre«.

Sein Programm ist, uns durch Vergleichen ständig anzuzeigen, was wir nicht haben und eigentlich bräuchten. Er ist der Unglücklichmacher Nr. 1.
Z. B.: Wäre ich verheiratet, dann wäre alles anders!
Hätte ich doch einen anderen Mann, dann ginge es mir besser!
Wären meine Kinder nur nicht so quirlig, dann hätte ich auch ein wenig Freizeit...
Er hat übrigens eine ständige Besucherin: **Fräulein Selbstmitleid.**
Sie sorgt unermüdlich dafür, daß Verletzungen aus der Vergangenheit lebendig bleiben,
daß Äußerungen, die von anderen Menschen kommen, ja auch auf mich selbst bezogen werden.
Ihre Busenfreundin ist **Frau Erinnerung.** An ihr orientiert sie sich täglich. Sie ist ihr großes Vorbild.
Frau Erinnerung sorgt treu dafür, daß keine Freude aufkommt. Hingebungsvoll nimmt sie jeden Augenblick wahr, in der sie neue Erlebnisse mit negativen alten Erlebnissen vertiefen, ausbauen, erweitern kann. Sie hat in meinem Lebenshaus ohne mein Wissen einen kompletten Seitenbau angebaut, um die Daten ordnungsgemäß zu lagern.
Da gibt es negative Erlebnisse mit dem Vater, dem Onkel, dem Mann überhaupt.
Frau Erinnerung sorgt zuverlässig, daß diese Erfahrungen auf den eigenen Mann übertragen werden.
Freunde haben in meinem Leben versagt.
Frau Erinnerung warnt eingehend, wieder jemandem zu vertrauen. Man könnte wieder enttäuscht werden.
Frau Erinnerung versteht sich auch ausgezeichnet mit der Nachbarin **Frau Bitter**. Sie tauschen sich aus und lieben sich innig. Eine kann ohne die andere nicht sein.
Madame Bitterkeit gibt die nötige Würze für die Erinnerung. Sie sorgt rührend dafür, daß das Gewürz nicht ausgeht. Sonst würde das ganze nicht genügend gesalzen sein.
Viele andere Herrschaften bewohnen unser Lebenshaus; und wir meinen schon, sie gehörten zu uns, so gebärden sie sich. Eigentlich müßten sie ›Damenschaften‹ heißen.

DIE Bitterkeit, DIE Eifersucht, DIE Schwatzsucht, DIE Erinnerung und auch DIE Depression, DIE Verzweiflung, DIE Angst!
Interessant, daß es übrigens DER Ärger; DER Zorn: DER Krieg heißt.
Frau Bitterkeit nährt alte Schuld wie zweieiige Zwillinge: die Selbstanklage und den Vorwurf.
Sie sorgt dafür, daß das, was uns angetan wurde, am Leben bleibt, und sie ernährt Schuldgefühle, wo wir in der Vergangenheit selbst versagt haben.
Sie hält Tag und Nacht Mahnwache über allem Versagen.
Es ist ihre Dunkelkammer, die sie sorgsam verschlossen hält. Denn Licht würde ihren Kindern großen Schaden zufügen. Sie verbirgt zuverlässig Heimlichkeiten, Schuld und Groll.
Vielleicht ist Ihnen als einziger Raum noch das Badezimmer als Naßzelle geblieben. Dort weinen Sie sich aus und sehen keinen Ausweg mehr.

Das Sortieren der inneren Stimmen kann hilfreich sein:

Welche Gefühle bestimmen mich?

Auf welche Stimme höre ich?
Das heißt auch: Mit welchen Gedanken beschäftige ich mich?

Welche Prägungen habe ich von meinem Elternhaus übernommen?
Welche lehne ich ab und handle trotzdem so?

In welcher Lebensphase bin ich?
– Zyklusphase mit dem Auf und Ab der Hormone
– Klimakterium und Abschiednehmen
– Zeit nach dem Klimakterium

Welchen Selbstwert habe ich?
Woher weiß ich, wer ich bin?
Mit wem vergleiche ich mich?
Wo versage ich und lehne mich deshalb ab?
Was ist mein größter Wunsch?
Was hätte ich gerne im Leben erreicht?
Von wem fühle ich mich bestimmt?

Welche Gedanken kommen mir, wenn ich an meinen Vater denke?
Was denke ich über Männer im allgemeinen?
Fühle ich mich im Gespräch mit einem Mann ihm gegenüber unterlegen?

Neu gilt es zu überlegen:
Wen will ich in diesem Lebenshaus haben?
Wer wohnt darin? Ich sollte ihm fristlos kündigen.

Welche Schuld darf ich bei Jesus Christus abladen?
Er hat zugesagt, daß, wer zu ihm kommt, wird er nicht hinausstoßen.

2.6 Es gibt keine Schuld, die zu groß ist, als daß er sie nicht vergeben könnte.

Aber auch Schuld, die uns andere angetan haben, macht unfrei. Wir tragen sie möglicherweise hinter uns her wie eine schwere Bürde.
Wer anfängt, zu vergeben, wird spüren, wie er selbst in die Freiheit geführt wird – bis in seine Gedanken hinein.
Wen will ich in meinem Lebenshaus nicht haben?
Wenn es dabei um Menschen geht, die wirklich bei mir wohnen, ist das nicht so einfach.
Ich kann nicht einfach meinen Mann hinaussetzen, nur weil er mir nicht paßt.
Auch die Kinder, die mich manchen Schlaf kosten, kann ich nicht einfach abgeben.
Und so geht es auch mit den Teenagern. Sie werden mir nicht nur Komplimente machen.
Finden Sie eine Möglichkeit, sich abzugrenzen.
Denken Sie daran: Sie haben eine Würde.

2.7 Es gibt einen Ausweg!

Jesus sagt: Ich bin der Weg! (Joh 14, 6)
Gott hat Ihnen dieses Lebenshaus zum Bewohnen gegeben.

Räumen Sie auf!
Räumen Sie aus!
Nehmen Sie Jesus als Hausbesitzer an und auf.

Alleine schaffen Sie es nicht, die Stammbewohner hinauszuwerfen. Sie werden protestieren und alte Rechte einklagen. Diese hatten bislang Gewohnheitsrecht und reichlich Zuwendung.
Aber Jesus Christus wird Ihnen helfen. Wenn Sie es wollen, zieht er ein. Wo er ist, gibt es Platz. Da fällt Licht ins Dunkel! Da beginnt sein Geist durchs Haus zu wehen.
Er räumt das Schuldzimmer aus. Er heftet die Schuldscheine ans Kreuz, weil er die Rechnung bezahlt hat.
Für Bitterkeit erhalten Sie das Geschenk des Friedens, indem Sie vergeben können. Verlieren Sie die Angst zu verlieren! Bitterkeit macht unfrei. Vergebung setzt frei!
Das Selbstmitleid wandelt er in die Fähigkeit, mit anderen zu leiden.
Als Gegenmittel für Unzufriedenheit setzt er die Fähigkeit zu danken.
Und die Angst bewältigt er für uns im Rösselsprung:
Seid getrost, ich habe überwunden.
Sie besitzen noch Ihr Badezimmer? Benutzen Sie es!
Jammern allein hilft nicht: ›Mit Sorgen und mit Grämen und mit selbsteigner Pein, läßt Gott sich gar nichts nehmen, es muß erbeten sein.‹

2.8 Lassen Sie sich von Jesus heilmachen

Fangen Sie an zu vergeben. Schenken Sie Jesus mehr Glauben als Ihrem ehemaligen Hausbesitzer! Achten Sie darauf, woher die Stimme kommt und worauf sie hinauswill. Beten Sie täglich: Herr Jesus, Dein Wille geschehe in meinem Haus. Werden Sie hellhörig, wenn »Besucher« sich ankündigen.
Gehen Sie in die Offensive, und fangen Sie an, Ihr Haus zu bewohnen!
Wenn Sie heute nach Hause kommen, wer erwartet Sie?

Niemand?
Wenn Sie wollen, geht Er mit Ihnen; und er erwartet Sie schon an der Tür. Jesus will Ihr Hausgenosse sein. Vielleicht decken Sie den Tisch

für zwei. Zünden Sie eine Kerze an und heißen Sie Jesus bei Ihrem Abendessen willkommen. Und vielleicht zeigt er Ihnen dann irgendwann auch einen Menschen, der sich über eine Einladung freuen würde.

Ihr Mann?
Und Sie erahnen, welche Stimmung da sein wird. Nicht wirklich willkommen. Vorwürfe? Unromantischer Typ? Gehen Sie doch in die Offensive.
Umarmen Sie ihn. Fangen Sie an, ihn wieder zu bewundern, auch wenn nicht so viel dafür da ist. Entdecken Sie, was zurückkommt.

Ihre Kinder?
Wird Sie Geschrei erwarten? Zank. Vorwürfe, warum Sie so lange fortblieben? Ziehen Sie Grenzen. Sie haben eine Würde. Leben Sie nicht in dauernden Schuldgefühlen. Lieber streng und weniger Spielraum. Aber behalten Sie sie lieb.

Gönnen Sie sich selbst Freude!
Fangen Sie an, ein Instrument zu spielen, eine Sprache zu erlernen, zu häkeln.
Legen Sie sich ihre Lieblingskassette zurecht für schwere Tage.
Hausarbeit ist eine Arbeit, die man nur sieht, wenn sie nicht getan ist.
Hören Sie auf, perfekt sein zu wollen! (Das ist eine der aufdringlichsten Hausbesetzerinnen; DIE Perfektion!)
Fangen Sie an, anderen Freude zu bereiten, die es nicht erwarten!
Segnen Sie die Menschen, die Ihnen schwer- und leichtfallen.
Was könnte ich Ihnen Besseres wünschen als Gottes Segen beim Entrümpeln Ihres Lebenshauses. Und Gottes Segen über Ihrem Leben!
Werfen Sie die falschen Besitzer hinaus, und bewohnen Sie, was Gott Ihnen anvertraut hat!

3 Vorschläge zur Durchführung

Bereits bei der Dekoration des Raumes können wir deutlich machen, wie eine freundliche »Innendekoration« aussehen könnte.
Zwei Vorschläge dazu:

➧ 1) Auf den Tischen steht, aus **Papier** geschnitten, ein **Haus**, auf dem Fragen stehen, die dann am jeweiligen Tisch nach dem Vortrag in der Kleingruppe ausgetauscht werden können.

➧ 2) Zu Beginn des Vortrags liegt auf jedem Tisch ein schön eingepacktes **Geschenk**. In ihm liegen so viele Symbole, wie Frauen an dem jeweiligen Tisch sitzen. Zu einem bestimmten Zeitpunkt darf jede Frau in das auf einer Seite geöffnete Geschenk greifen und sich eine Überraschung herausholen.

Auf einem ausgeschnittenen *Schmetterling* steht dann z.B. das Bibelwort aus Psalm 139,14: Ich danke dir, daß du mich wunderbar gemacht hast.

Auf einer *Blume:* Jeremia 1,5: Noch bevor ich DICH in deiner Mutter Leib bereitete, kannte ich DICH.

Auf einer *Hand:* Jesaja 49,16: Siehe, in die Hände habe ich DICH gezeichnet.

Auf einem *Auge:* nach Jesaja 43,4: Weil DU in meinen Augen so wert bist, sollst DU auch herrlich sein. Und ich habe DICH lieb!

Auf einem *Siegel:* Jesaja 43,1: Fürchte DICH nicht, denn ich habe DICH erlöst! Ich habe DICH bei DEINEM Namen gerufen. DU bist mein!«

Auf einem kleinen, gefalteten Blatt, das von außen wie ein *Buch* aussieht: Lukas 10,20: Freut EUCH, daß EURE Namen im Himmel geschrieben sind!

Auf einem *Vogel:* Jesaja 40,31: Die auf den Herrn harren, kriegen neue Kraft, daß sie auffahren mit Flügeln wie Adler.

Auf einer *Sonne:* nach Richter 5,31: Die Gott lieben werden sein wie die Sonne, die aufgeht in ihrer Pracht.

Auf einem *Krug:* Psalm 56,9: Sammle meine Tränen in deinen Krug. Ohne Zweifel, du zählst sie.

Einstieg ins Thema – Möglichkeit A

1. Sketch:
Eine Frau tastet sich herein.
»Zu dumm! Jetzt ist der Strom auch noch ausgefallen! Wo habe ich nur meine Taschenlampe?«
Sie tastet sich langsam durch die Wohnung. Dabei stößt sie an einen Stuhl, aber auch an verschiedene andere Dinge. Sie erkennt, wo sie gerade in der Wohnung ist.
»Aha, jetzt müßte ich beim Schrank sein. Richtig, da ist er.«
Sie fühlt langsam weiter am Küchenschrank entlang und bei den Schubladen und sucht nacheinander alles durch. Dabei wundert sie sich, was sie dabei alles findet.
»Meine Fingernagelschere! Endlich hab ich sie wieder!« ruft sie entzückt.
Aber sie staunt auch nicht schlecht über das Durcheinander:
»Du liebe Zeit, höchste Zeit, mal wieder aufzuräumen. Was hat sich da alles angesammelt, was ich längst nicht mehr brauche! Es füllt die Schubladen! Und wenn ich wirklich etwas brauche, finde ich es nicht«, stöhnt sie.

2. Sketch:
(Besonders dann geeignet, wenn Mikrophon wegen Saalgröße notwendig ist.)
Frau kommt mit großer Taschenlampe herein. Geht zum Mikrophon.
Ärgerlich schüttelt sie den Kopf: »Wenn man das Ding einmal braucht, funktioniert es nicht.«
Sie schüttelt die Taschenlampe stark hin und her. Dann probiert sie wieder, sie anzuschalten. Sie hält den Scheinwerfer in Richtung Publikum: »Wieder nichts, einfach nichts zu machen. Zu dumm«, schimpft sie laut. »Dummes Ding!«
Dann denkt sie nach.
»Vielleicht liegt es an den Batterien. Mensch, daß ich da nicht gleich darauf gekommen bin!«
Sie öffnet den Deckel und schaut hinein.

»Das ist ja nicht zu fassen!« ruft sie erstaunt, »lauter Lumpen!«
Nacheinander zieht sie drei, vier, fünf Tücher heraus.
(Am besten längere, weiße Baumwollstreifen, auf die man gut etwas schreiben kann.)
Sie staunt: »Da steht ja etwas darauf!«
Dann liest sie langsam vor: »Unversöhnlichkeit!«
Nachdenklich zieht sie den nächsten Streifen heraus: »Bitterkeit.«
Noch stiller nimmt sie den dritten: »Neid.«
(Unzufriedenheit, Undankbarkeit, Eifersucht, Verzweiflung, Angst)
Kopfschüttelnd läuft sie weg: »Kein Wunder! Wie soll so ein Ding auch zum Leuchten kommen!«

Einstieg ins Thema – Möglichkeit B

➧ Eine Frau stellt einige **Fragen zur Hinführung** im Blick auf das Thema Lebenshaus.

Das Haus meines Lebens bewohnen?
Die Schubladen meines Lebens bewohnen? Kann ich das?
Oder haben sie im Laufe meines Lebens so viel angesammelt, daß kaum noch Platz zum Leben da ist?
Aufräumen angesagt! Wer wohnt in meinem Lebenshaus? Wen will ich darin haben? Wer hat sich eingeschlichen und nimmt mir die Luft? Lassen Sie uns miteinander auf Entdeckungsreise gehen.
Oder:
Wer bin ich in meinem Lebenshaus?
ICH WILL das Haus meines Lebens bewohnen. Will ich? Oder ist es mir zu einsam, zu alt, zu krank, zu hektisch, zu überfordert? Würde ich lieber aussteigen? Einfach noch einmal von vorn anfangen?

Diese Gedanken können beliebig fortgesetzt, erweitert und verändert werden, zum Teil auch ganz persönlich formuliert werden.

Vertiefung des Themas

Anhand der Thesen 2.1 bis 2.6 kann man im Referatsstil das Thema vertiefen. Sinnvoll wäre eventuell, das Referat ab und zu zu unterbrechen und anhand der gekennzeichneten Fragen **Zeit** zu geben **zum persönlichen Nachdenken** in der Stille oder zum **Gespräch.** ⬅

Abschluß A

Nach dem Vortrag bietet sich eine **Gesprächspause** in Tischgruppen oder in Kleingruppen an. Dazu können die Fragen auf dem »Hausblatt« einen Einstieg geben. ⬅

In der Mitte des »Hausblattes« könnte etwa folgendes stehen:

1) Wie kann ich mein Lebenshaus neu mit Freude und anderen positiven Bewohnern füllen?
2) Welche Hausbewohner muß ich dazu vorher rauswerfen?

Eine Andacht zum Schluß könnte sich orientieren an den Thesen 2.7 und 2.8.

Ein großes **Plakat**, in der Form eines Hauses geschnitten, wird an der Wand befestigt. ⬅

Jede Frau, die möchte, kann darin Ideen weitergeben, wie sie ihr Lebenshaus mit Freude füllt. Ein Filzstift liegt daneben. (Kulis schreiben nur kurz in dieser Lage.)

Man kann auch von jeder Tischgruppe eine Frau bitten, den gemeinsamen Wunsch oder eine »Freude« weiterzugeben.

Abschluß B

Für jede Frau sind zwei **»Hausblätter«** vorgesehen. Dazu müssen genügend Stifte an jedem Tisch vorbereitet sein. ⬅

Jede Frau kann still für sich nun verschiedenes aufschreiben.

Eines der Blätter hat eher eine dunkle Farbe. Die Fensterläden des

Hauses sind geschlossen. Es wird eine bestimmte Zeiteinheit angesagt, in der die Frau die Möglichkeit hat, »Hausbewohner« beim Namen zu nennen.
Wer will, kann Bedrückendes, Verletzungen, Ängste, Schuld auflisten.
Nach einer gewissen Schweigezeit kann ein Gebet gesprochen werden:

Herr Jesus, du weißt, wer sich in mein Lebenshaus eingeschlichen hat. Du kennst die vielen dunklen Bewohner, die mir das Leben manchmal schwermachen. Aber ich will, daß du mein Lebenshaus bewohnst. Zieh du als Meister in mein Haus. Dann werden die finsteren Bewohner ausziehen müssen. Und mit dir kann ich mein Leben meistern und darf gern in meinem Haus wohnen, weil du dann der Meister bist. In deinem Namen, Jesus, und im Vertrauen auf dich, kündige ich meinen alten Bewohnern. Du sollst mein Hausherr sein!
Amen.

Wer will, darf dann das dunkle Papierhaus zerreißen in kleine Stücke, bis man nichts mehr darauf lesen kann.

Eine weitere Möglichkeit:
➧ Aus einem Leintuch geschnitten, ein **Stoffkreuz an der Wand** mit Stecknadeln oder Klebeband befestigen, auf das die, die wollen, später ihre dunklen Häuser mit Stecknadeln heften können. Auf den »Querbalken« kann man schreiben: JESUS IST DER HERR oder JESUS IST GRÖSSER oder ER TRUG UNSERE VERLETZUNGEN.

Nun kommt das helle Haus daran.
Fordern Sie die Frauen auf, hineinzuschreiben, wofür sie danken wollen.
Wem könnten sie eine Freude bereiten?
Bei wem wollen sie sich entschuldigen?
Welche alte Schuld sollten sie in Ordnung bringen?
Was ist mein nächster Schritt?
Dieses Haus dürfen die Frauen mit nach Hause nehmen.

Ebenso das Symbol, das sie am Anfang aus dem Geschenk genommen haben.

4 Weitere Bausteine zum Thema

4.1 Lieder

- Jesu, meine Freude, 2. u. 6. Strophe, EKG 293.
- In deinem Haus bin ich gern, Vater (Manfred Siebald)
- Die Freude am Herrn ist meine Kraft

Wie groß ist mein Gott! Kein andrer als er!
Kein Name so hoch, nur er ist der Herr!
Er teilte die Fluten vom Roten Meer,
hat auch heute noch dieselbe Kraft,
nichts ist ihm zu schwer, sein Ruhm unsere Freude.

4.2 Gebete und Meditationen

Herr, nun gehe ich zurück in mein Haus. Dort wird mich sehr schnell der Alltag wieder überfallen. Aber Du wirst vor mir dasein. Du wirst mich begrüßen, wenn ich heimkomme. Hilf mir, auf Deine Stimme zu hören und den negativen Stimmen der Zerstörung keinen Glauben zu schenken.
Mach mein Haus zu deinem Bethlehem, dem Haus des Brotes, in dem Du wohnen kannst. Dann wird nicht nur meine Seele satt, sondern auch viele andere, die bei mir Trost suchen.

Meditationen:

ICH WILL VERANLASSEN,
daß von mir begangenes Unrecht
wieder gut gemacht wird.

ICH WILL mein Recht auf Rache LOSLASSEN
und es ihm ÜBERLASSEN,
wie er mich führen wird.

Ich WILL nicht darin NACHLASSEN
zu vergeben und zu lieben.

ICH WILL keine Gelegenheit AUSLASSEN
Gutes zu tun.

ICH WILL den Sumpf der Bitterkeit VERLASSEN
und ZULASSEN,
daß Gott an mir arbeitet.

ICH WILL mich in seine Hände FALLENLASSEN,
er wird mich nicht IM STICH LASSEN.

Diese Meditation ist als Karte gedruckt und kann bezogen werden bei:
Ruth Heil, Bitscher Straße 38, 66996 Fischbach/Dahn

Als **Du** entstanden bist,
das war eine Sternstunde Gottes.
Gott sprach: Es werde!
Dann wurdest du.
Du bist kein Zufall und kein Unfall,
sondern ein Einfall Gottes.
Und Gott sagt zu dir:
Du bist wertvoller als ein Stern,
der irgendwann im Weltall verglüht!
Du bist gerufen, für mich zu leuchten
und anderen den Weg zu zeigen.
Ich bin es, der vor dir hergeht,
der helle Morgenstern.
Sei getrost, mein Kind,
ich weise dir den Weg,
auch im dunklen Tal!
Du bist kostbar in meinen Augen,
und ich habe dich lieb!

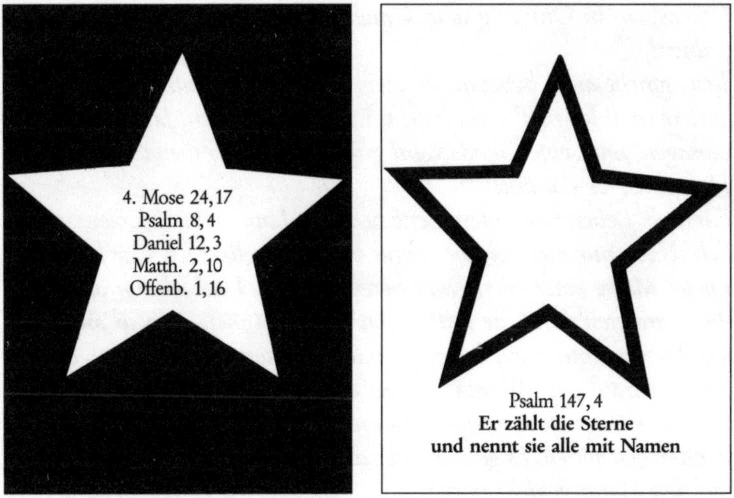

Diese Meditation ist als Karte gedruckt und kann bezogen werden bei:
Ruth Heil, Bitscher Straße 38, 66996 Fischbach/Dahn

4.3 Persönlicher Bericht

Ich wollte mein Lebenshaus anders, als es war, sogar als ich Christ war. Der schwerste Satz der Bibel schien mir der mit der Frau mit »stillem und sanftem Geist«.

Und weil ich oft so ungeduldig war, fing ich an, Gott um Geduld zu bitten. Gott erhörte dieses Gebet. Er schenkte mir als Antwort: Kinder! Wenn wir Gott um etwas bitten, schickt er uns häufig nicht einen Blitz vom Himmel, sondern beginnt mit uns einen Lernprozeß.

Mein Lebenshaus paßte mir nicht. Doch bei einem Seminar tat Gott mir die Augen auf. Wir sollten etwas über unseren Namen sagen. Als ich über meinen Namen nachdachte, merkte ich, daß ich ihn ablehnte. Ich kannte nur die, die ich selbst war, unendlich gut! Die lehnte ich ab! Aber ich merkte, daß Gott mich nicht ablehnt! Ich erahnte, daß er mich so liebt, wie ich bin.

Besonders an der Zachäus-Geschichte wurde mir das klar.

Jesus spricht liebevoll mit ihm auf dem Baum, obwohl er ihn kennt! Er kehrt ausgerechnet in SEIN HAUS ein. Und das nicht, weil Zachäus'

Lebenshaus in Ordnung war, sondern weil Zachäus bereit war, es zu ordnen!
Jesus spricht auch liebevoll meinen Namen. Ich muß nicht sein, wie andere sind! Ich muß nicht haben, was andere haben! Ja, ich darf sogar versagen, und seine Gnade wird größer sein, auch wenn mein eigenes Herz mich verdammt!
Für mein Lebenshaus interessierte sich der Mann meines Herzens. Plötzlich schien mir mein eigenes Haus viel wertvoller. Ich war begeistert. Dieser Mann bewunderte und verehrte mich. Und ich ihn auch.
Wir heirateten. Und die Enttäuschungen begannen. Er war anders als ich. Er versuchte, mein Lebenshaus umzubauen in einer Weise, die mir nicht vertraut war. Wenn er vorher ein guter Zuhörer gewesen war, so wohnte er jetzt oft schweigend in meinem Haus, und ich hätte ihn am liebsten geschüttelt. Er gestand mir, daß er mir dagegen gern ein Pflaster auf den Mund geklebt hätte!
Unsere Kinder kamen auf die Welt. Und unsere Haustür stand weit offen, als sie sich ankündigten. Jubel füllte unser Lebenshaus. Aber die süßen Kleinen wurden größer. Die Komplimente »die beste Mutter der Welt zu sein«, blieben schließlich auch aus. Ich fühlte mich in meinem eigenen Lebenshaus überfordert, als Dienstmädchen, zeitweilig sogar »gefressen«. Es kam die Zeit, als ich sie eher als Tyrannen empfand, unfähig ihre Botschaft zu verstehen. Schließlich zogen sie aus. Glücklich mit oder ohne Partner. Plötzlich war ich unwichtig.

4.4 Muster für das Lebenshaus

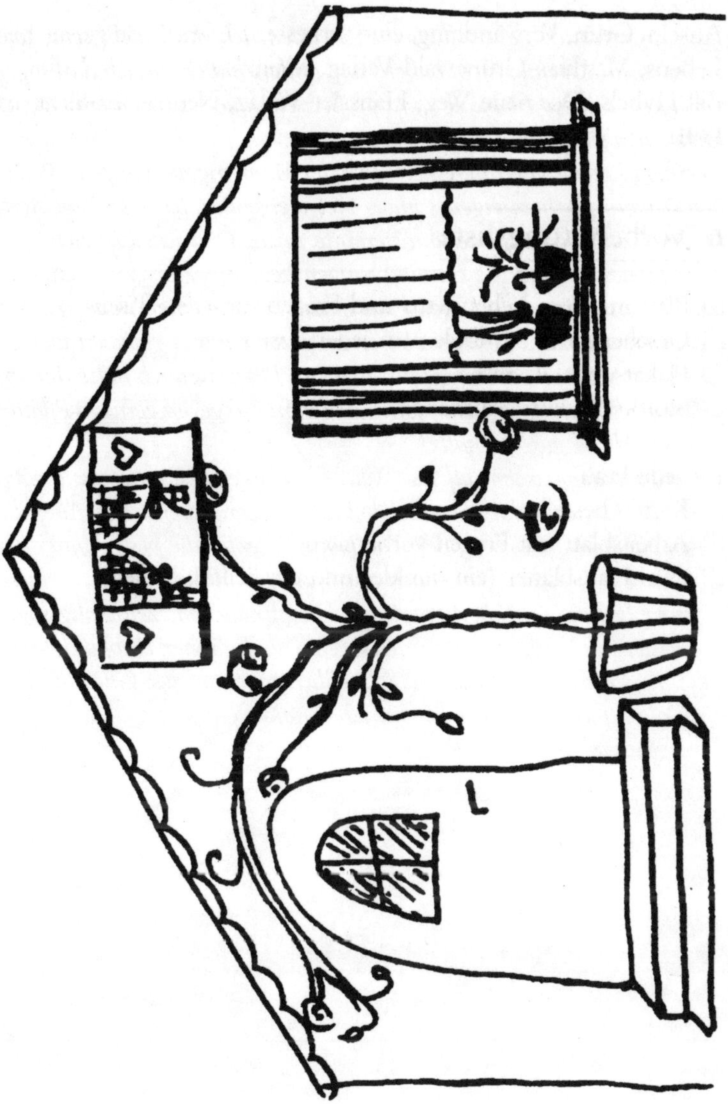

Ruth Heil

5 Weiterführende Literatur

Anselm Grün, Verwandlung, eine vergessene Dimension geistlichen Lebens, Matthias-Grünewald-Verlag, Mainz 1993
Bill Hybels, Der neue Weg, Hänssler-Verlag, Neuhausen-Stuttgart 1991

6 Vorbereitungsliste

- ☐ Blatt mit dem Lebenshaus und Fragen für jeden Tisch
- ☐ Geschenk mit Symbolen für jeden Tisch
- ☐ Plakat und Filzstifte
- ☐ Stoffkreuz zum Aufhängen

für jede Frau
- ☐ Karten bestellen
- ☐ Arbeitsblatt mit Fragen vorbereiten
- ☐ zwei Hausblätter (ein dunkles und ein helles), Stifte

Die Jahreszeiten im Leben einer Frau

Elisabeth Schunter

1 Ziele für diese Einheit

Das eigene Leben unter neuen zeitlichen Perspektiven sehen und die Inhalte des eigenen Lebens überdenken.

2 Informationen zum Thema

Der Lauf der Natur in Frühling, Sommer, Herbst und Winter berührt uns alle täglich.

»Der nächste Winter kommt bestimmt«, so sagen wir, weil wir wissen, daß Gottes Ordnungen bleiben.

»Solange die Erde steht, soll nicht aufhören Saat und Ernte, Frost und Hitze, Sommer und Winter, Tag und Nacht« (1. Mose 8,22).

Wir alle freuen uns über den Frühling, wenn alles aufblüht, wenn das neue Leben sich zeigt, über den Sommer, wenn die Sonne in voller Kraft steht und die Gärten und Felder ihre Pracht zeigen und wenn wir im Herbst die reifen Früchte ernten dürfen, die goldenen Wälder durchstreifen und den Geruch der frisch gepflügten Erde erleben. Und wir genießen auch die Ruhe einer langen Winternacht. Wie friedevoll wirkt die Welt unter einer weißen Schneedecke, und wie gemütlich sind die langen Abende bei Kerzenschein im gut geheizten Wohnzimmer.

Was unser Leben betrifft, bewerten wir die einzelnen Jahreszeiten unterschiedlich. Der Frühling und der Sommer gefallen uns schon, aber den Herbst haben wir nicht so gerne und den Winter verschweigen wir am liebsten gleich ganz. Wir machen es wie die kleinen Kinder, die die Augen schließen und dann meinen, sie würden nicht gesehen. Wir reden einfach nicht über den Winter und meinen, damit erledige er sich von selbst. Aber, je weniger wir uns mit ihm befassen, je größer wird das Chaos sein, wenn er eintrifft. Jedesmal verursacht der erste Schnee auf den Straßen ein totales Fiasko. Die allermeisten Autofahrer denken erst nach dem ersten Schneefall an die Winterreifen.

So verhalten sich auch manche Menschen im Blick auf ihren eigenen Lebenswinter. Manche Schwierigkeiten können wir uns ersparen, wenn wir rechtzeitig an den eigenen Winter dächten.

Es gibt eine fünfte Jahreszeit. Diese fünfte Jahreszeit beginnt während der vier menschlichen Jahreszeiten. Sie ist die wichtigste und schönste aller Jahreszeiten.

Viele Menschen denken vielleicht auch deshalb nicht so gerne an den Winter ihres Lebens, weil sie nichts von einer fünften Jahreszeit wissen.

Mit der fünften Jahreszeit leben heißt: aus einer neuen Quelle leben und vom Ziel der fünften Jahreszeit her die Kraft für den Alltag bekommen.

»Man beherrscht die Natur nur, indem man ihr gehorcht.« Dieser Satz (von Bacon) hat auch für unsere Einstellung zu den menschlichen Jahreszeiten seine Gültigkeit. Unser Leben ist wie die Natur ständig in der Veränderung, im Wechsel zwischen Saat und Ernte. Ganz besonders deutlich wird diese Veränderung jeweils im Übergang von einer Jahreszeit zur anderen. Wollen wir diese Veränderungen nicht zulassen, werden wir unser Leben verpassen, werden nicht zufrieden und glücklich werden können.

1) Der Frühling

Jedes Jahr staunen wir von neuem über die Kraft des Lebens, die sich im Frühling zeigt. Der Boden ist noch hart und kalt, oft noch von Schnee bedeckt, da zeigen sich schon die ersten Frühlingsboten, die Schneeglöckchen. Wie freuen wir uns über die bescheidenen Veilchen mit ihrem wunderbaren Duft, über Krokusse, Narzissen und

Tulpen, über das Grün, das sich nun wieder auf den Wiesen zeigt und die leuchtend grünen Blätter, die die Wälder wieder in ein Paradies verwandeln. Wenn die Forsythien zu blühen beginnen und der Flieder seine Pracht entfalten, so bleibt uns oft nichts anderes, als zu stehen und zu staunen, die Pracht auf uns wirken zu lassen.
Aber im Frühling gibt es nicht nur Sonnenschein. Es gibt auch Frost, Sturm und Kälte. Wir erleben es immer wieder, daß die Blütenpracht der Bäume erfriert. Braun sind die Blüten dann, nicht mehr schön und leuchtend und duftend, sondern kaputt. Vorbei ist die Pracht. Blüten sind verletzlich. Alles ist noch so zart und deshalb besonders empfindsam.
Der Frühling im Leben der Frau beginnt schon bei dem kleinen Mädchen, das mit seinen Puppen spielt, das davon träumt, auch einmal eine richtige Mama zu sein. Das Träumen gehört zum Frühling. Und träumen ist gut, sogar wichtig, lehrt uns die Psychologie. Daß die Kinder heute so wenig Gelegenheit haben zum Träumen ist tragisch. Die vielen Bilder, die auf sie einströmen, sind schon so fertig, müssen nicht mehr erträumt werden.
Kinder haben das Bedürfnis nach Poesie, Phantasie, nach Geheimnis, Traum und Spiel. Deshalb ist es so schlimm, wenn die Kinder so viel fernsehen. (Ganz abgesehen von den schädigenden Inhalten.) Hier wird ihnen ihre eigene Kreativität genommen. Wenn Sie Ihre Beine einige Zeit nicht gebrauchen, werden sie schwach, die Muskeln schwinden. Und wenn es lange so geht, werden sie bald gar nicht mehr zu gebrauchen sein. Die »Funktionen« unserer Seele, die nicht gebraucht werden, verkümmern auch.
Es ist nicht wichtig, daß die Träume sich erfüllen, aber im Träumen werden Kräfte des Gemütes, seelische Kräfte frei, die wichtig sind, damit die zarten Knospen nicht abfallen, sondern damit sie aufgehen, erblühen, stark werden können.
In der Zeit des erwachenden Frühlings bricht auf, was bis jetzt noch weitgehend unsichtbar war. Unsere Natur, unser Ich, unser Frausein entfaltet sich mehr und mehr. Nicht immer fällt es uns leicht, anzunehmen, was sich nun zeigt, was sich entfaltet, was zutage kommt. Und das bringt die Stürme der Frühlingszeit hervor. Vielleicht wünschte ich mir, in anderen Verhältnissen geboren zu sein, andere

Eltern zu haben, vielleicht mehr finanzielle Möglichkeiten, vielleicht mehr Ansehen, mehr Beachtung. So entstehen die Stürme im Frühling der Frau. Was mache ich damit, kann ich sie annehmen, kann ich Ja sagen zu meinen Grenzen, zu meiner Situation, einfach zu meinem Leben? Oder führen die Stürme zur Entwurzelung? Wenn die Stürme zu stark werden, richten sie Schaden an. Wir denken noch alle an das Frühjahr 1990, wo die gewaltigen Stürme viele Bäume, ja ganze Waldflächen entwurzelt haben.

Zu den Freuden des Frühlings gehört das **erste selbstverdiente Geld, ein eigenes Auto, bald eine eigene Wohnung.** Dinge, die später selbstverständlich werden, erleben wir im Frühling als besondere Freude, als Blüte.

Zu den Freuden des Frühlings gehört es für viele dazu, den Mann fürs Leben zu finden, eine Familie zu gründen und zum ersten Mal Mutter zu werden.

Aber die Suche nach einem Partner kann auch sehr schmerzhaft sein. Vielleicht ist da ein Mann, dem ich gerne mein Ja geben würde, aber er hat keines für mich, oder eben umgekehrt. Solche Erfahrungen bringen auch im Leben der Frau manchen Sturm mit sich.

Was haben wir als junge Mädchen, als erwachende Frau nicht alles geträumt! Bei manchen erfüllt sich der Traum, zumindest in etwa, aber bei vielen eben auch nicht. Manch eine Frau hat genau das Gegenteil von ihrem Traummann geheiratet, und für manch andere ging der Traum überhaupt nicht in Erfüllung. Über dieser Feststellung, die jede unverheiratete Frau einmal machen muß, verliert der Frühling oft seinen Glanz, werden die Blüten, die vorher hell in der Sonne strahlten, plötzlich braun und glanzlos, fallen ab, ohne zur Frucht zu reifen. Es ist zu verstehen, aber Gott wollte es so nicht. Er will uns ein großes, weites, erfülltes Leben schenken. Und er schafft das, auf welche Weise auch immer, wenn wir in seine Führung einwilligen.

Es ist nicht leicht, seine Träume schwinden zu sehen, aber wer das Ja dazu nicht findet, auch wenn es Stürme kostet, der verdirbt sich nicht nur den Frühling, sondern oft auch den Sommer, den Herbst und den Winter.

Jede Frau ist von Gott selbst ausgerüstet mit der Gabe der Sexualität. Es ist nicht einfach, hier ohne die Erfüllung des Traumes in Gottes

Grenzen zu leben. Aber es ist möglich. Und Gott selber will das schenken. Er hat keinen Fehler gemacht, wenn er gerade auch die Sexualität in den schützenden Raum der Ehe gestellt hat. Und die vielen Menschen, die heute diese Grenze überschreiten, berauben sich selbst. Auch der Verzicht vor der Ehe ist eine Aufgabe des Frühlings, die uns hilft, reif zu werden, uns wirklich zu entfalten.
Die Verletzungen der Frühlingszeit können sehr schlimm sein, weil wir eben gerade da am meisten oder überhaupt nur verletzbar sind, wo wir lieben. Ein Mensch, der mir gleichgültig ist, wird mich kaum verletzen können.
Verletzte Liebe kann ein Leben lang schmerzen, es sei denn, wir lassen unsere Wunden durch Gott und das Vertrauen zu ihm heilen. Wohl dem, der schon in der Frühlingszeit weiß, daß sein Leben mit allen Gegebenheiten nicht zufällig so ist, wie es ist, daß kein blindes Schicksal darüber bestimmt, sondern daß ein liebender Vater alles so gefügt hat, daß ER sich seine guten Friedensgedanken über meinem Leben gemacht hat und daß dieses »Material«, das mir zur Verfügung steht, in seiner Hand zu einer wunderschönen Blüte, zu einer reifen Frucht geformt werden kann, wenn ich es nur zulasse.
Wer das Vertrauen zu Gott, das Vertrauen in seine Liebe, in seinen guten Plan mit sich ganz persönlich nicht findet, steht in der Gefahr, daß die Stürme zu stark werden, so daß sie nicht mehr zur tieferen Verwurzelung beitragen, sondern eben entwurzeln. Gott bietet mir sein Vertrauen, seine Liebe, seine Leitung und Führung an. Will ich sie annehmen? Die Frage nach Gott ist eine Frage meines Willens. Wer Gott begegnen will, wird ihm begegnen. Wer Gott lieben will, wird ihn lieben können. Wer Gott hören will, wird Gott hören, weil Gott sich mir offenbaren will: »Gott will, daß allen Menschen geholfen werde, und sie zur Erkenntnis der Wahrheit kommen.

Fragen zum Weiterdenken:
Wo sind meine Frühlingsfreuden, wo meine Frühlingsverletzungen?
Wie bin ich damit umgegangen, oder wie gehe ich damit um?
Was hilft mir heute dabei?

2) Der Sommer

Steil aufsteigend ist die Linie des Frühlings. Fast täglich ist der Fortschritt abzulesen. Auch im Sommer geht diese Linie nach oben weiter, wenn auch langsamer. **Alles wird stabiler.** Das Wetter pendelt sich ein. Die Sonne steht hoch. Ihre Strahlen umfangen uns an jedem Tag neu.

Natürlich gibt es auch Gewitter im Sommer, aber sie sind schneller vorüber als die Frühlingsstürme und machen meistens nicht mehr so viel kaputt.

Die Frühlingsfreude ist nicht mehr so deutlich zu hören. Die Vögel sind stiller geworden. Die Hitze trocknet die Erde aus. Aber die Pflanzen sind nicht mehr so empfindlich. Sie haben ihre Stehkraft. Sie sind selbständig, müssen nicht mehr gestützt werden.

Im Sommer erntet man die Früchte des Frühlings. Was im Frühling gesät wurde, reift jetzt zur Frucht. Und dies alles zu versorgen, zu bewältigen macht viel Arbeit!

Und denken wir nicht, daß Gott sich nicht für unsere Arbeit interessiert. Gott erlebt mit uns die Freuden des Erfolgs und die Enttäuschungen und Niederlagen.

Als ich noch in der Gemeinde arbeitete, hatte ich immer ein wenig Schwierigkeiten, die Frauenfreizeiten voll zu bekommen. Wenn ich dann einzelne Frauen angesprochen habe, ob sie nicht mitfahren wollen, bekam ich oft zur Antwort:

»Im Sommer kann ich nicht weg. Was denken Sie, mein Garten! Die ganze Arbeit wäre umsonst, wäre ich im Sommer nicht hier. Die vielen Beeren würden verderben, der Salat schießen, das Unkraut ungestört sprießen, der Spinat würde hart, die Bohnen alt, der Blumenkohl braun, die Kohlrabi holzig usw. Außerdem muß ich die Schneckenplage unter Kontrolle halten, sonst ist von der ganzen Arbeit des Frühjahrs nichts mehr übrig. Und den Garten gießen, wenn die Hitze alles verbrennt, wer würde das übernehmen? Im Sommer kann ich nicht verreisen.«

Hat der Sommer unseres Lebens nicht mit dem Sommer im Garten manches gemein?

Im Sommer gibt es viel zu tun. Natürlich. Die Kinder sind zwar größer, aber auch ihre Ansprüche sind größer. Sie bringen Freunde

mit, feiern Parties. Die Schule fordert sie mehr. Und sie liegen eben nicht mehr abends um acht Uhr im Bett, na ja, die Sommerabende oder -nächte sind eben länger und heißer!
Alle »Sommer-Mütter« möchte ich ermutigen, klare Positionen zu beziehen: Ganz bestimmt werden die Kinder gegen diese Position Widerstand leisten, aber das ist nicht schlimm. Es ist sogar wichtig, den Widerstand zuzulassen, und sich den Auseinandersetzungen zu stellen (aber dabei nicht die eigene Position zu verlieren).
Gerade hier – und nicht nur hier – sind die Wertmaßstäbe des Evangeliums positive Leitplanken, an denen die Teenies ihre Orientierung finden können.
Aber der Sommer hat noch andere Merkmale:
Der Mann ist in dieser Zeit voll im Beruf gefordert. Und manche Frau ist im Sommer auch noch berufstätig, aus welchen Gründen auch immer. Vielleicht hat sie nicht gewußt, daß die Familie im Sommer auch viel Zeit und Kraft kostet. Vielleicht aber muß sie einfach arbeiten, weil man gedacht hat, zum Sommer des Lebens gehöre es, im eigenen Heim zu wohnen oder weil die Miete es erfordert. Und die Frau schafft das auch. Im Sommer hat die Frau die größten Kräfte, auch die seelische Kraft ist stärker als im Frühling. Es ist gut so, denn der Sommer hat viele Aufgaben. Manches ist schon zur Routine geworden. Es ist kein Problem mehr. Routine erleichtert die Arbeit, macht sie aber auch weniger interessant, vielleicht sogar trocken. Natürlich, im Sommer wird es leicht ein wenig zu trocken. Ist vielleicht nicht nur die Arbeit, sondern auch das Miteinander der Familie trocken geworden?
Es kann sein, daß das Leben fehlt, das »Wasser des Lebens«. Haben wir vielleicht vergessen zu gießen? Im Sommer muß man mehr gießen als im Frühjahr oder im Herbst oder gar im Winter.

Frau am Jakobsbrunnen (Joh 4): *Da ist eine Frau, eine Sommerfrau. Bei ihr war es sehr heiß und auch sehr trocken geworden. Sie wollte das Leben genießen und wie hat sie es versucht. Sie hat gemeint, daß sie das Leben ausschöpfte. Aber dann merkte sie, daß es trocken wurde, ja vertrocknete.*
War das alles? Das große Fragezeichen stand vor ihr. Und sie weiß, sie

hat es falsch angefaßt. Das kann nicht das Leben sein. Und deshalb lebt sie jetzt nur noch heimlich, im Verborgenen. Sie will nicht, daß die andern ihr noch sagen, daß sie alles verkehrt gemacht hat. Sie will sich nicht bestätigen lassen, daß sie bereits vertrocknet. Da begegnet sie einem Mann, der so anders ist als alle anderen, der sieht, daß sie vertrocknet. Und er verspricht ihr Wasser. Wasser, das Leben bringt, Wasser, das lebendig ist, Wasser, das aufhilft, Wasser der Liebe. Sie begreift – wenn auch nicht sofort – und dann nimmt sie dieses Wasser an, und es ist ihr wichtiger als ihr Krug, mit dem sie ein wenig vom Brunnen schöpfen wollte.

Vielleicht kennen Sie diese Frau, der Jesus am Brunnen begegnet ist. Und was war das für ein Wasser, das Jesus ihr gab? Es war seine Liebe, die er dieser Frau geschenkt hat. Und sie reichte diese Liebe weiter, und dabei vermehrte sie sich. Die Liebe ist das einzige, was sich beim Weitergeben nicht verringert, sondern im Gegenteil vermehrt.

Was zählt, ist ausschließlich die Liebe. Es ist das Geheimnis eines guten Gärtners, daß er allen seinen Pflanzen Lebenswasser gibt. Weitergeben kann man aber nur, was man hat. Machen wir's doch wie diese Frau, die sich von Jesus mit dem Lebenswasser der Liebe beschenken ließ. Dann haben auch wir sie zum Weitergeben, und sie wird immer größer durch das Verschenken.

Wilhelm Busch erzählt die Geschichte eines Altenheimbewohners, der so traurig aussah:

»Eines Tages hat er eine neue Wolljacke an. ›Die ist aber schön warm. Wo ist denn die her?‹ ›Von meiner Tochter.‹ ›Hat sie Ihnen ein Paket geschickt? Das ist aber nett.‹ ›Ja‹, erwidert er, ›sie sorgt schon für mich, wie es nötig ist, da kann ich nicht klagen. Es war allerhand Schönes im Paket, aber …‹

Ich unterbreche ihn. ›Das ist doch fein, da gibt's doch kein Aber!‹ Er will sich abwenden. Ich halte ihn fest: ›Nun sagen Sie mir, was Sie am Paket Ihrer Tochter auszusetzen haben!‹ Da schaut er mich unendlich bitter und traurig an und sagt: ›Es war keine Liebe drin.‹«

Ist vielleicht in unserem sommerlichen Leben auch keine Liebe drin? Dann dürfen wir uns nicht wundern, wenn nach und nach alles vertrocknet. Besonders betroffen von der Trockenheit des Sommers sind oft unsere Gespräche. Reden Sie denn mit Ihrem Mann noch über persön-

liche Dinge? Oder nur über die Kinder und über die Arbeit? Oder die Gemeinde, Nachbarn und Freunde? Oder Politik? Oder vielleicht nicht einmal mehr das, sondern nur noch über das Wetter? Oder schon gar nicht mehr?

Fangen Sie an zu begießen und warten Sie nicht, bis er Sie begießt!

Das alles betrifft sinngemäß auch die unverheiratete Frau bzw. alle Alleinstehenden. Wo nun keine Familie da ist, treten andere Menschen an diese Stelle, vielleicht Freunde, Kollegen, Gemeindemitglieder oder wer auch immer. Wichtig ist auch hier: Nur die Liebe erfüllt ein Leben, nicht der Erfolg, nicht die Karriere, nicht die Erfüllung unserer Wünsche. Erfülltes Leben finden wir nur durch die Liebe, – die wir geben! ... nicht durch die, die wir bekommen. Es gibt doch auch Menschen, die werden geliebt und sind unglücklich, unzufrieden, weil sie nicht verstehen, diese Liebe weiterzugeben. Es ist eben wie beim Wasser. Wenn es steht, wird es alt und stinkt. Es bleibt nicht frisch und lebendig.

Wir alle haben es nötig, verheiratete, verwitwete oder ledig gebliebene Frauen, die Liebe zu pflegen und Liebe zu geben, weil nur durch die Liebe auch die Verletzungen des Lebens geheilt werden können.

Fragen zum Weiterdenken:

Wo erlebe ich sommerliche Trockenheit?
Ist die sommerliche Fülle für mich eher eine Bereicherung oder eine Last?
Wo muß ich neu Liebe empfangen?

3) Der Herbst

Die Sonne scheint noch sehr schön, und die Blätter färben sich. Die Sommervögel haben sich schon versammelt, sind abgezogen. Die Abende werden kühler, Nebel kommen auf, die Felder und Gärten werden abgeerntet. Es beginnt schon wieder, kalt und frostig zu werden. Und die Stürme sind wieder da, nicht die Frühlingsstürme, sondern die Herbststürme, die nicht weniger heftig sind. Die Tage werden kürzer. Ja, das Jahr geht seinem Ende entgegen. Es regnet. Es

ist unfreundlich. Und viele Leute werden depressiv, weil sie die absteigende Linie, die Last des Herbstes nicht ertragen können.
Wir erleben den Abstieg in äußeren Dingen. Es färben sich die Haare (die Blätter). Wir gehen öfter zum Zahnarzt und haben dort größere Sitzungen. Und beim Optiker sind wir auch Kunden, auch wenn wir bisher noch nie bei ihm waren.
Der Herbst kann wunderschön sein, und er kann auch naß und kalt und trostlos sein. Wie er bei mir persönlich ist, liegt an meiner Einstellung. Das Bejahen der Jahreszeiten wird jetzt immer schwieriger. Wer schon mit dem Frühling und Sommer nicht zurechtkam, wird mit dem Herbst erst recht nicht zurechtkommen.
Oft wollen wir den Sommer festhalten. Was für ein negatives Bild haben wir doch vom Herbst. Dieses Negativbild stimmt doch gar nicht mit dem Herbst in der Natur, in unseren Gärten und in der Landwirtschaft überein. Was wären Frühling und Sommer ohne den Herbst? Nichts!
Herbstzeit ist Erntezeit. Natürlich, wir haben doch nicht gesät und gepflanzt nur um der schönen Blüten willen. Wir wollen doch Früchte ernten. Und dafür muß es Herbst werden – eben auch in unserem Leben. Gott hat es gut eingerichtet, daß er uns mit dem Herbst noch eine besondere Reifezeit schenkt.
Es gibt viele Schätze im Herbst aufzuheben.
Sören Kierkegaard sagt: *»Darum halte ich soviel mehr vom Herbst als vom Frühjahr, weil man im Herbst nach dem Himmel sieht – im Frühjahr auf die Erde.«*
Wer vielleicht bis jetzt das Wichtigste seines Lebens versäumt hat, der hat im Herbst noch eine besondere Chance, dies nachzuholen. Ein guter Anfang ist zwar nicht zu verachten, aber entscheidend ist der Abschluß. Das ist nicht nur in der Schule so. Wir haben noch die große Chance der Veränderung. Und es kann auch gerade im Herbst noch Neues gewagt werden, aber eben nur, wenn wir wirklich loslassen können.
Eine schwere Aufgabe des Herbstes ist das Loslassen der Kinder, auch oft der Eltern, und für viele heißt es auch den Beruf loszulassen. Die Kräfte sind nicht mehr da. Wir sagen sehr schnell: »Man ist halt keine 20 mehr« und meinen oft, doch noch genauso leistungs-

fähig sein zu müssen wie damals. Auch manche Wünsche und Ideen und Träume müssen losgelassen werden, weil sie sich eben nicht mehr verwirklichen lassen.
Wer das Alte krampfhaft festhält, wer den Sommer unbedingt verlängern will, kann die Freude des Herbstes nicht sehen und nicht ergreifen. Seine Hände, Augen und Gedanken sind ja besetzt. Wer seinen Platz nicht verläßt, kann nicht einen Schritt nach vorne gehen!!! Ein Baum, der seine Blütenblätter nicht fallen läßt, wird keine Früchte bekommen. – Haben wir uns nicht über den ganzen Sommer gesehnt, ein wenig Freiraum zu haben für uns selbst? Und jetzt, wo er da ist, wollen wir diesen Frauraum nicht, macht er uns Angst und Depressionen.
Zugegeben: Es ist nicht leicht, in die äußerlich absteigende Linie des Lebens einzutreten. Im Herbst kommt immer wieder die Frage auf: »War's das nun?« – oder »War das alles?« – »War das nun das Leben, wie ich es mir gewünscht oder erträumt habe?«
Wer nicht um die fünfte Jahreszeit weiß, der hat Schwierigkeiten mit diesen Fragen richtig umzugehen, der hat Mühe, ein Ja zu Herbst und Winter und letztlich zum Sterben zu finden. Wer nicht um die fünfte Jahreszeit weiß, der ist in der Gefahr, die »Vogel-Strauß-Politik« zu betreiben und alle Gedanken an den eigenen Tod von sich zu schieben.
Im *Frühling* beantworten wir die Fragen nach dem Sinn des Lebens mit: Familie, Kinder, ein schönes Zuhause, ein guter Beruf, etwas leisten, vielleicht anderen helfen, einfach gut sein.
Im *Sommer* hatte die Frage nach dem Sinn vielleicht gar keinen Raum. Wir waren zu sehr mit dieser Erde beschäftigt, als daß wir uns darüber hinaus Gedanken gemacht hätten.
Aber jetzt im *Herbst* müssen wir erkennen: Das kann der Sinn nicht gewesen sein. Es wäre zu wenig.
Es geschieht immer wieder, daß Frauen sich im Herbst ihres Lebens noch auf die fünfte Jahreszeit besinnen, noch einmal einen gewaltigen Frühling erleben.
Wer diesen Frühling nicht in sich trägt, wird den Herbst und erst recht den Winter leugnen, so lange es geht.
Man ist nicht so alt, wie man sich fühlt. Das ist Täuschung. Eine Frau

sagte mir einmal: »Mit 80 ist man noch nicht alt!« Das ist einfach eine Lüge, die man sich selber einredet. Wer so denkt, lebt nicht im Heute und schaut nicht vorwärts, sondern zurück.
Im Spätherbst sollten wir daran gehen, unseren Garten abzuräumen, umzugraben, für den Winter fertigzumachen.
Der Winter kommt oft überraschend. Wohl dem, der dann schon auf den Winter vorbereitet ist.

Fragen zum Weiterdenken:
Welche Erntefrüchte wünsche ich mir für den Herbst?
Wo habe ich (schon jetzt) Probleme beim Loslassen und »Aufräumen«?
Was ist meiner Meinung nach der Sinn meines Lebens?
Lebe ich danach oder muß ich meinen Lebensstil ändern, damit die lohnenden Ziele mehr zum Zug kommen?
Wo versuche ich krampfhaft, Dinge festzuhalten, die sich letztlich nicht lohnen?

4) Der Winter
Die Bibel spricht vom Winter als von den Tagen, die uns nicht gefallen (Pred 12,1) und ruft uns auf, in unserer Jugend an den Schöpfer zu denken.
Ja, der Winter, ist er denn nicht auch schön? Wenn die weiße Schneedecke alles bedeckt, wird die laute Welt stiller, winterliche Ruhe, winterlicher Friede. Zeit, über das Leben nachzudenken, Bilanz zu ziehen.
Wenn wir zu denen gehören, die noch nicht im Winter leben, aber winterliche Menschen begleiten, sollten wir ihnen Zeit geben, aus ihrem Leben zu erzählen und Bilanz zu ziehen. Und wir sollten ihnen helfen, mit Gott ins Reine zu kommen, damit sie sich auf die fünfte Jahreszeit freuen können.
Bilanz ziehen, ist eine Aufgabe des Winters. Oft sind aber auch im Winter die spätherbstlichen Abräumarbeiten noch zu erledigen.
Wir dürfen das ganz wörtlich nehmen. Es hat sich so vieles angesammelt, was wir im Winter einfach nicht mehr brauchen. Räumen wir ab! Räumen wir auf! Man sagt, was man ein Jahr lang nicht gebraucht

habe, brauche man überhaupt nicht. Alle diese Dinge können wir weitergeben: aufräumen.
Sicher wissen manche von Ihnen aus Erfahrung, was es heißt, einen nicht aufgeräumten Garten anzutreffen und in Ordnung bringen zu müssen.
Wie das äußere Abräumen und Ausräumen ist auch das innere Abräumen oder Aufräumen Aufgabe des Winters. Lassen wir doch diese besondere Zeit, die Gott uns extra zum Aufräumen gegeben hat, nicht ungenutzt verstreichen. Ist da vielleicht jemand, dem wir noch nicht vergeben haben? Tun wir's doch. Machen wir es wie Ludwig IX., der hinter die Namen derer ein Kreuz gemacht hat, die ihm nach dem Leben getrachtet hatten, weil er sich damit erinnern wollte, daß er selbst doch auch von der Vergebung Jesu lebt. Dies ist ein ernstes Thema. Im Wort Gottes lesen wir, daß Gott seine Vergebung von unserer Vergebungsbereitschaft abhängig macht (Mt 6,14-15; Mt 18,21-35).
Zu den Winterarbeiten gehört auch die Regelung der Erbsachen. Besonders wohltuend ist es auch, wenn eine Beerdigung von den Verstorbenen selbst vorbereitet wurde. Die Angehörigen und Freunde erleben auch auf diese Weise, was Frieden mit Gott bedeutet: in Frieden sterben können.
Der Winter läßt viel, viel Zeit zum Träumen, und zwar von dem ewigen Frühling. Wohl dem, der weiß, daß der Winter des Lebens für ihn kein Ende bedeutet, sondern Vorbereiten und Einstimmen auf den großen Frühling ist. Das ist die fünfte Jahreszeit!
Von dieser fünften Jahreszeit dürfen wir ganz besonders im Winter träumen, und zwar in den schönsten Farben. Wir können uns die fünfte Jahreszeit, den ewigen Frühling nicht schön genug vorstellen. Unsere Phantasie reicht gar nicht aus, daß wir uns ein Bild malen könnten von der Herrlichkeit, die uns dort erwartet.
Unser Leben ist das Saatkorn für den ewigen Frühling. Wir bestimmen hier, wie unsere Ernte in der Ewigkeit aussehen wird.
Wohl dem, der das Steuer seines Lebens schon frühzeitig, schon im Frühling oder Sommer, losgelassen, an Gott mit allen Fragezeichen übergeben hat. Denn gerade dadurch hat er die Voraussetzung geschaffen, einen guten Winter zu erleben, einen Winter, der erfüllt

ist von der Hoffnung auf das große Erwachen, das Erwachen in der Ewigkeit, in der Herrlichkeit bei Gott.
Oft ist ja die Angst vor dem Winter gar nicht eigentlich eine winterliche Angst, sondern die Angst, Gott zu begegnen. Wer mit Gott im Reinen ist, wer seine Schuld von Jesus Christus hat bezahlen lassen, der darf sich auf die Begegnung mit Gott freuen, für den ist der Winter trotz der Kälte und Einsamkeit, trotz Schwierigkeiten und Trauer keine hoffnungslose Zeit, sondern die Zeit der nahen Erwartung des Schönsten und Größten, was es überhaupt für uns Menschen gibt.
Fast 30 Jahre bereiten sich heute die Menschen vor, um nachher nicht viel länger als 30 Jahre einen Beruf auszuüben. Und keiner kommt auf die Idee, daß sich das nicht lohnen könnte.
Wieviel lohnender ist es doch, die 70 oder 80 Jahre wirklich als Vorbereitungszeit zu nutzen für eine nie mehr endende Herrlichkeit.
Es ist das Werk Satans, daß er uns in den einzelnen Jahreszeiten so gefangennehmen will, daß wir vergessen, warum wir überhaupt auf dieser Erde sind. Das neue Leben, das in diesen ewigen Frühling einmündet, kann in jeder unserer menschlichen Jahreszeiten beginnen. »Wer den Sohn hat, hat das Leben« (Joh 3, 36) und wird mit ihm auch seine Jahreszeiten leben.
Gott gebe, daß wir unsere vier Jahreszeiten so leben, daß wir nicht das Wichtigste versäumen, sondern uns auf den ewigen Frühling freuen lernen und wissen, daß die Ernte unseres Lebens die ewige Herrlichkeit bei Jesus Christus, unserem Herrn, ist, der sich selbst als Samenkorn hingegeben hat. Das ist die wichtigste Saat aller Zeiten, an deren Ernte wir teilhaben dürfen.

Fragen zum Weiterdenken:
Wie wünsche ich mir meinen Winter?
Habe ich Angst vor dem Lebenswinter?
Wenn ja, was sind die Hauptgründe dafür?
Was kann ich schon jetzt tun, um mich richtig auf den Winter einzustellen?

3 Vorschläge zur Durchführung

Bereits mit der Dekoration des Raumes können wir uns einstimmen auf das Thema der Jahreszeiten:

– einen Jahreszeiten-Baum als Fensterbild aufhängen (siehe 4.4)
– Zweige in einer Bodenvase, mit Vögeln als Symbol für den Frühling, mit Blumen als Symbol für den Sommer, mit Früchten als Symbol für den Herbst, mit Watte als Symbol für den Winter

Einstieg ins Thema – Möglichkeit A

Sprechmotette von fünf Frauen vorbereitet (siehe 4.2)

Einstieg ins Thema – Möglichkeit B

Wir hängen vier **Plakate** (mindestens DIN-A 3 besser DIN-A 2 oder DIN-A 1) auf, die die vier Jahreszeiten darstellen (z. B. Frühlingslandschaft, Sommerlandschaft, Herbstlandschaft, Winterlandschaft). Die Frauen erhalten Papierstreifen, auf denen sie spontan ihre Gedanken, Ideen, Situationen, Ängste, Freuden usw. zu den einzelnen Jahreszeiten aufschreiben können. Neben den jeweiligen Plakaten können die Frauen ihre Papierstreifen dann befestigen. Es ist sinnvoll, dafür mindestens fünf bis zehn Minuten zu geben.

Vertiefung des Themas

Wenn genügend Zeit vorgesehen ist, kann es auch sehr sinnvoll sein, sich nun über die Jahreszeiten-Plakate und die angefügten Zettel zu unterhalten und auszutauschen.
Auch die Vertiefung des Themas könnte man so gesprächsweise mit der ganzen Gruppe gestalten, indem man nebenher oder zusammenfassend kommentierend die Informationen zum Thema mit einfließen läßt.
Hilfreich für ein Gespräch über die Jahreszeiten im Leben können auch die jeweiligen *Fragen zum Weiterdenken* bezüglich der jeweiligen Jahreszeit sein.

4 Weitere Bausteine

4.1 Lieder

- Meine Zeit steht in deinen Händen, in: Ich will dir danken, Nr. 336, Hänssler
- Geh aus, mein Herz, EKG 371, besonders die Verse 9-15
- Durch alle Zeiten, in: Jesu Name 5, Nr. 1472, Hänssler

4.2 Sprechmotette und Gedicht

»Die Jahreszeiten des Lebens«

»Es war eine Mutter, die hatte vier Kinder:
den Frühling, den Sommer, den Herbst und den Winter.
Der Frühling bringt Blumen, der Sommer den Klee,
der Herbst, der bringt Trauben, der Winter den Schnee.«

Das Jahr: Ich bin diese Mutter. 365 Tage und Nächte gestalte ich. Kein Tag ist wie der andere. Und kein Tag kommt zurück. Aber auch kein Tag darf fehlen. Kein Tag ist zu ersetzen, kein Tag unwichtig, so verschieden sie sind. Gerade in der Vielfalt, in der Veränderung, liegt der Jahre Leben und Kraft.

Der Frühling: Ich sprühe vor Leben und Kraft. Ich, der Frühling, verändere die Welt. Alles bekommt Leben und Freude durch mich. Die Vögel singen, die Knospen sprießen, Millionen Blüten schmücken die Erde. Die Menschen freuen sich über mich. Sie leben gerne im Frühling.

Der Sommer: Und doch kannst du nicht bleiben wie du bist. Du mußt zum Sommer werden, sonst hast du deine Bestimmung verfehlt, und deine Blüten verwelken, ohne zur Frucht zu werden. Die Sommersonne aber verändert dich. Jetzt wird aus dem Blühen das Wachsen und Reifen. Was wäre das Jahr ohne Sommer?

Das Jahr: Ja, die Menschen warten auf den Sommer. Viele leben fast nur von Sommer zu Sommer und wollen nicht, daß der Sommer sich verändert, weiterwächst zum Herbst.

Der Herbst: Dabei bin ich es doch, der die Früchte des Jahres zur Ernte reifen läßt. Ich bin die reichste Jahreszeit überhaupt. Fülle und Erfüllung sind meine Kennzeichen. Golden leuchten die Wälder. Und wertvoller als Gold sind die Früchte des Herbstes. Alle leben davon.

Das Jahr: Du hast schon recht, lieber Herbst. Aber die Menschen sehen vor allem, daß im Herbst die Blätter fallen und verwelken. Sie sehen nicht, daß im Loslassen das Gewinnen, im Verlieren das Finden liegt. Sie wollen die Blüten des Frühlings und die Sonne des Sommers festhalten.

Der Herbst: Und so bleibt ihr Leben ohne die reiche Ernte des Herbstes.

Der Winter: Und ich, der Winter, werde ja noch mehr verkannt, denn meine Kraft ist verborgen. Und doch, – ohne mich hat der Frühling keinen Saft für die Blüten. Ohne mich hat der Sommer keine Kraft zum Wachsen und der Herbst keine Energie zum Reifen. In der winterlichen Stille liegt das Leben verborgen.

Das Jahr: Ja, Winter heißt still sein, still werden über dem Jahr, Bilanz ziehen und Kräfte sammeln für neue große Veränderungen.

Der Winter: Aber die Menschen wollen mich nicht. Sie fürchten sich vor der Stille. Diese Furcht verdunkelt ihren Blick, daß sie meinen Glanz nicht sehen. Und sie glauben nicht, daß sich in den kahlen Zweigen und der gefrorenen Erde die

Kraft eines überwältigenden Lebens sammelt. Denn ich, der Winter, bin ja nicht das Ende, sondern der Übergang zu neuem, gewaltigem Leben.

Das Jahr: Ja, auf den Winter folgt ein neuer Frühling. So hat es Gott versprochen:

Alle: »Solange die Erde steht, soll nicht aufhören Saat und Ernte, Frost und Hitze, Sommer und Winter, Tag und Nacht.« *1. Mose 8, 22*

Elisabeth Schunter

Als Frühlingswanderer machst du dich auf den Weg.
Du bist jung, unerschrocken, ein bißchen übermütig vielleicht.
Unternehmungsgeist pur.

Dann bist du Sommerwanderer.
Bist erfahrener. Warst schon ein paarmal außer Puste.
Nun teilst du die Kräfte ein.

Dann wanderst du im Herbst.
Gehst gemächlicher.
Lächelst milde über die, die dich ungeduldig überholen.
Sie freuen sich nicht an den warmen Farben der Schöpfung.

Und dann gehst du fröstelnd im Winter.
Tastend. Schritt für Schritt.
Du spürst, wie die Kälte in die Knochen steigt.

Wie gut, wenn du weißt:
Bald kommt wieder ein Frühling.

Ein ewiger Frühling.

in: Jürgen Werth, Leben heißt unterwegs sein, 1994,

4.3 Meditationen und Gebete

Mit jedem Blatt,
das von meinem Lebensbaum abfällt,
gebe ich Gott einen Tag
meines Lebens zurück,
den er mir geschenkt hat.
Manchmal können die Blätter
nicht schnell genug fallen,
aber es gibt auch Tage,
da will man alle wieder
aufheben und festhalten.
Es ist gut, daß ich nicht weiß,
wie viele Blätter noch
an meinem Baum hängen.
Aber der Vergleich mit dem Baum
macht mein Leben intensiver;
denn die Blätter fallen und fallen.
Das heißt, alles heute zu erledigen
und nicht auf morgen zu warten.
Den Menschen, die ich lieb habe,
will ich es heute zeigen.
Zu meinen Mitmenschen
will ich freundlich sein,
versuchen, nie im Bösen von
einem Menschen zu scheiden.
Und wenn eines Tages
das letzte Blatt gefallen ist,
dann bin ich froh,
daß es gewiß auch für uns einen
neuen Frühling geben wird mit einer Blütezeit,
die ohne Ende ist,
an Schönheit und Farben nicht zu beschreiben –
nur zu erahnen.
Bei Jesus Christus erfüllt sich der Kreislauf des Lebens.
Martin Neukamm

Bilanz

So ab und zu im Laufe der Zeit,
da hab ich genug von dem täglichen Tanz.
Dann schließ ich die Fenster, verriegel die Tür,
setz mich in die Ecke und ziehe Bilanz:
Was ist mir geblieben aus allen den Jahren,
die vor meinen Augen vorüberziehen?
Ganz gleich, ob es fette, ob magere waren –
ich hab das Gefühl, es ist alles hin.

Doch mittendrin in mein Unbehagen
sagst du mir, Herr, daß du ewig bist,
daß du nicht in Jahren rechnest und Tagen
und daß du Erfolg nicht am Äußeren mißt.
Wenn andre sich auch in Reichtümern baden,
von Freunden umringt und mit Ehren bedacht,
hab ich doch bei dir meine Schuld abgeladen,
und das hat mich reicher als jene gemacht.

So ab und zu im Laufe der Zeit,
da zieh ich Bilanz, und dann denk ich daran,
daß nur, wenn ich deinen Willen erfülle,
mein Leben im letzten erfolgreich sein kann.

Manfred Siebald, Rechte beim Hänssler-Verlag

4.4 Fensterbilder

Vorlage von
Elisabeth Schunter

Fensterbild, Tischschmuck oder Raumschmuck je nach Größe

brauner Baum
1 = aufgeklebte rosa Blüten
2 = aufgeklebte grüne Blätter
3 = aufgeklebte rote Äpfel
4 = aufgeklebte Watte als Schnee oder weiße Farbe

Vorlage bei Elisabeth Schunter

Motiv: zum Beispiel zur Gestaltung einer Einladungskarte zum Frauenabend. Man kann auch die Kreise einzeln als Scherenschnitte herstellen.

5 Weiterführende Literatur

Paul Tournier, Die Jahreszeiten des Lebens, Gütersloher Verlagshaus, Gütersloh 1992
Sharon M. Sneed, David Sneed, Mitten in den besten Jahren, Schulte & Gerth, Asslar 1993
Robert G. Wells, Mary C. Wells, Hilfe, jetzt werde ich alt, Schulte & Gerth, Asslar 1992

6 Vorbereitungsliste

☐ Jahreszeiten-Plakate und dazugehörige Zettel
☐ Dekoration des Raumes planen
☐ Vorlagen und Material für Fensterbilder
☐ Fünf Frauen für die Sprechmotette anfragen

für jede Frau
☐ Fragen zu den Jahreszeiten zum Verteilen für die Frauen, eventuell auf vier verschiedenfarbigen Papieren

Mit Konflikten leben heißt: mit der Unterschiedlichkeit leben lernen

Renate Stremel

1 Ziele für diese Einheit

Konflikte erkennen, sich selbst und anderen eingestehen und die Bereitschaft zur Konfliktlösung wecken.

2 Informationen zum Thema

2.1 Ein Konflikt ist eine Situation, in der verschiedene Kräfte aufeinanderprallen.

Der Begriff »Konflikt« stammt aus dem lateinischen (»confligere«) und hat die Bedeutung: zusammenschlagen, zusammenstoßen, ins Gedränge kommen, streiten.

Man könnte den Konflikt auch den »Kampf der Motive« nennen. Denn, so verschieden wie die Menschen sind, so unterschiedliche Fähigkeiten, Interessen, Bedürfnisse, Wünsche, Bestrebungen, Prägungen, Veranlagungen und Triebe, aber auch Defizite haben sie. Sie haben voneinander abweichende Wertvorstellungen und Ziele. Auch überschneidende Interessen verschiedener Gruppen (am Arbeitsplatz, in Gemeindegruppen, im Familienverbund, im Freundeskreis, in der Schule, im Altenheim etc.) lösen Konflikte aus.

Auch unterschiedliche Bedürfnisse von Distanz und Nähe tragen zum Entstehen von Konflikten bei.

2.2 Wir Menschen haben eine große Sehnsucht nach Harmonie. Das verführt uns leicht dazu, Probleme oder Konflikte »unter den Teppich zu kehren«. Dieses Verhalten ist jedoch genauso schädlich, wie das andere Extrem, bei dem wir vieles als Konflikt deklarieren, obwohl keiner vorhanden ist. Meinungsverschiedenheiten, unterschiedliche Wahrnehmungen oder auch voneinander abweichende Deutungen und Interpretationen von Sachverhalten werden erst dann zum Konflikt, wenn das Merkmal der »Unvereinbarkeit« dazukommt. Die Zahl der Konflikte im mitmenschlichen Bereich steigt rapide, gleichzeitig werden sie aber immer weniger bewältigt. Ausgelebte Konflikte und Klärungsprozesse sind aber not-wendig, um die für die Menschen lebenswichtige Sicherheit und Geborgenheit (Urvertrauen) für das Zusammenleben (wieder-)herzustellen.

2.3 Manchmal liegen die Konfliktursachen auf der Hand, in anderen Fällen muß man lange nach den wahren Ursachen forschen, weil sie entweder nicht erkennbar oder hinter vorgeschobenen Ursachen versteckt werden. Dem alltäglichen Konfliktgeschehen (z. B. in der Familie, im Beruf) kann sich der einzelne viel weniger entziehen als den allgemeinen (z. B. politischen) Problemen. Von daher sind sie Bestandteil des Lebens und kommen in jeder Form des Zusammen-Lebens vor. Nicht der Konflikt ist das Problem, sondern die mangelnde Fähigkeit, mit ihm umzugehen.

2.4 In jedem Konflikt können Lösungsmöglichkeiten gefunden werden, die aber je nach Schwere und Art des Konflikts sehr unterschiedlich aussehen können.
Es gibt vier sogenannte »Selbstlöser«:

1) *Das gegenseitige Auslöschen*
   Beide Kontrahenten gehen bis zum Letzten und bleiben auch selbst dabei auf der Strecke.
2) *Das Pendeln*
   Dies ist ein ambivalentes Verhalten eines Kontrahenten zwischen der Lösungsbereitschaft und dem Rückzug aus dem Konflikt.
3) *Die Unterdrückung* des einen durch den anderen

Dieses ist das bekannte Sieger-Verlierer-Muster. Einer geht als Sieger hervor, der andere muß als Besiegter kapitulieren.

4) *Die Umorientierung* oder das Übersprungsverhalten
Dies kann dann entstehen, wenn der eine zugunsten des anderen aufgibt, ihn sogar stärken kann und dann aus dem Gegner ein Verbündeter wird.

Diese »Löser« haben aber mit »bewußter Konfliktbewältigung« noch nichts zu tun.

2.5 Konflikte können unterschiedlichster Art sein, und der Verlauf und die Qualität eines Konfliktes hängen in erster Linie vom subjektiven Empfinden, von der Bewertung der Beteiligten ab.

Hier seien nur einige genannt, um die Reichweite unserer zwischenmenschlichen Beziehungsschwierigkeiten zu verdeutlichen: Da gibt es Arbeits-Konflikte, Beurteilungs-Konflikte, Distanz-Konflikte, Geschlechterrollen-Konflikte, Gruppen-Konflikte, Herrschafts-Konflikte, Interessens-Konflikte, Kommunikations-Konflikte, Konkurrenz-Konflikte, Rassen-Konflikte, soziale Konflikte, Klassen-Konflikte und viele mehr.

Im alltäglichen Leben ist oft nicht nur eine Ursache der Auslöser eines Konfliktes, sondern es kommen meistens mehrere Komponenten zusammen. Manchmal handelt es sich aber nur um einen Augenblicks- oder Oberflächenkonflikt, der aus der Situation, dem Affekt heraus entsteht.

Es gibt aber innermenschliche Konflikte, die sehr tiefe Ursachen haben können. Was wir an Wünschen, Bedürfnissen, Neigungen aber auch Hemmungen, Verboten und Blockierungen in uns tragen, hat etwas mit der frühkindlichen Prägung und den dazugehörigen Erfahrungen und Entscheidungen zu tun, also mit der Familie, in der man aufgewachsen ist. Dies prägt unser »Wert- oder Unwertgefühl« und kann zu einem Personenkonflikt führen.

2.6 Verschiedene Formen des Konfliktes

2.6.1 Personenkonflikte

Das »Wert- oder Unwertgefühl« eines jeden Menschen beeinflußt seine Bereitschaft und seine Einstellung zum Konflikt, aber ebenso seinen Willen, diesen zu bewältigen.

Hierbei kann man vier Grundpositionen (Befindlichkeiten) beobachten:

1) Grundposition: *»Ich bin wertvoll – du bist wertvoll.«*
Hier können sich Menschen begegnen in der Gewißheit, daß sie gleichwertig sind. Dies ist eine gesunde Position eines erwachsenen Menschen. Hierbei geht es nicht um eine Stimmung (Laune), die im Moment besteht, sondern es ist das »Grundwertgefüge« im Inneren eines Menschen.

2) Grundposition: *»Ich bin nicht wertvoll – du bist wertvoll.«*
Derjenige, welcher sich mit anderen vergleicht, entdeckt an sich – vermeintlich – Negatives (z. B.: »Wenn ich doch so aussehen würde wie die!« oder »Wenn ich mich doch so ausdrücken könnte wie der!«). Dies kann in leichter Form vorhanden sein, aber in schwerster Ausprägung kann es zum Selbstmord führen, da es für den Betroffenen unerträglich wird und er sein Leben als aussichtslos betrachtet.

3) Grundposition: *»Ich bin wertvoll – du bist nicht wertvoll.«*
Ein Mensch mit dieser Lebensanschauung ist unfähig, objektiv zu erkennen. Schuld haben immer »die anderen«. Unverbesserliche Kriminelle beharren auf dieser Einstellung. Sie sind der Überzeugung, daß sie okay sind, egal, was sie tun, da ja die Schuld »bei den anderen« liegt. Die letzte Konsequenz dieser Anschauung ist der Mord, da das Leben der anderen als unwert gesehen wird.
Menschen mit dieser Einstellung umgeben sich ständig mit Ja-sagern, von denen sie unermüdliche Zuneigung erwarten, um sie aber nach einiger Zeit wieder fallenzulassen und sich erneut »Günstlinge« zu suchen.

4) Grundposition: *»Ich bin nicht wertvoll – du bist nicht wertvoll.«*
Menschen mit diesem Lebensmuster geben auf. Sie haben keine Hoffnung. Oft vegetieren sie einfach dahin, werden unempfäng-

lich für äußere Reize, nichts Neues kann sie an ihrem »Weltbild« zum Umdenken bewegen. Auch wenn Bemühungen ihrer Mitmenschen noch so echt und lieb gemeint sind, sie lehnen es ab. Denn nach ihrer Meinung gibt es kein wertvolles Leben auf dieser Erde, und je mehr man davon beseitigt, sei es um so besser (in ausgeprägter Form könnte dies ein Terrorist sein).

Diese Positionen sind aber glücklicherweise veränderbar. Das heißt, daß niemand in einer bestimmten Position bleiben muß! (Dank des Evangeliums!) Durch Neu-Orientierung kann jeder zu neuen eigenen Entscheidungen kommen und erkennen, daß es keine wertlosen Menschen gibt!

2.6.2 Beziehungskonflikte

Ein Beziehungskonflikt entsteht zwischen Menschen meist durch falsche Erwartungen und/oder falsche Bedürfnisse. Jeder Mensch bringt beim Zusammentreffen mit anderen Erwartungen mit (»Mit welchen Erwartungen komme ich?« »Was erwarte ich vom anderen?«). Die meisten Konflikte haben hier ihre Ursachen, denn es gibt immer bewußte und unbewußte Erwartungen. Oft sind es nur Bagatellen, kleine Oberflächenkonflikte, die sich aber dann zu einem tiefgehenden Beziehungskonflikt ausweiten, wenn man sich nicht bald über die Erwartungen und Bedürfnisse austauscht.

Aber es gibt auch berechtigte Erwartungen und ebenso unrealistische Erwartungen, die oft nicht vom anderen erfüllt werden können. Sind aber die unbewußten Erwartungen auch unrealistisch, ist der Konflikt vorprogrammiert.

Von daher ist es sehr wichtig, daß Menschen, die zusammenleben, ausgiebig über ihre Erwartungen und Bedürfnisse miteinander reden. Falsche Erwartungen können auch etwas mit unserer Herkunft, also mit unserer Prägung und dem Umgang in der Primärfamilie zu tun haben und mit unseren unterschiedlichen Veranlagungen.

Die Voraussetzung für gelingendes Zusammenleben ist die Echtheit, mit der sich Menschen begegnen. Schwierigkeiten treten oft dort auf, wo nicht die »Art« eines Menschen, sondern seine »Unarten« in den Vordergrund treten. So kann z. B. die Führungsqualität eines Menschen ausarten zur Herrschsucht oder die Genußfreude ausarten zur

Verschwendungssucht. Konflikte entstehen erst dann, wenn diese Unarten sich entwickeln und aufeinanderprallen. Die Arten sind wertvoll, aber die Unarten dieser Veranlagung führen zu Spannungen und Schwierigkeiten.

2.6.3 Generationskonflikte

Generationskonflikte entstehen dort, wo Menschen unterschiedlichen Alters aus unterschiedlichen Generationen zusammenkommen. Geschichtliche Ereignisse, gemeinsame Erlebnisse, gemeinsam erlebte Erfindungen und Entdeckungen, der Wandel im sozialen Gefüge (z. B. von der Großfamilie zur Kleinfamilie, Singlehaushalte), Wandlungen in den Wertvorstellungen, die gemeinsame aktuelle Sprache (Jargon), gemeinsame Kultur, sind Dinge, die eine Generation ausmachen.

Die Grundlage einer Generation liegt im biologischen Rhythmus des menschlichen Lebens (Geburt, Alter, Tod). Ihren Zusammenhang erhält eine Generation durch das gesellschaftliche Zusammenleben der Menschen und durch die geschichtlichen Ereignisse, die sie jeweils miteinander erleben. Dieser Zusammenhang verbindet Menschen untereinander und macht sie zu einer Generation. Generationskonflikte sind nicht gleichzusetzen mit Autoritätskonflikten, diese kann es auch innerhalb einer Generation geben (z. B. gleichaltrige Vorgesetzte und Untergebene). Autoritätskonflikte haben ihren Grund in einer ungleichen Verteilung von Wissen, Überzeugungskraft und Macht. Generationskonflikte hingegen haben ihre Ursache im unterschiedlichen Alter, in den voneinander abweichenden Erlebnissen und gegensätzlichen geschichtlichen Erfahrungen.

Generationskonflikte entstehen häufig durch generelle Vorurteile, dem Bewahrenwollen von Überliefertem durch die »Alten« aber auch durch das Vorwärtsstreben der »Jungen« nach Neuem. Durch diese konservativen und progressiven Einstellungen und Verhaltensweisen entstehen dann Konflikte. Auch das gegenseitige Nichtakzeptieren der eigenen Lebensräume (Umfeld, Kontakte, Freizeitgestaltung, Wohnung, Entscheidungsfreiheiten, Bedürfnisse nach Nähe und Abstand etc.) machen das Zusammenleben der verschiedenen Altersgruppen oft unerträglich und schaffen Aggressionen.

Jedoch muß der eigene Lebensraum, der zum Leben unbedingt nötig ist, jeweils eingenommen, behalten und wenn nötig sogar verteidigt werden.
Geschieht dies in unguter Weise, z. B. durch autoritäres Verhalten der Eltern, der Vorgesetzten oder der Lehrer oder aber auch durch aggressives Gehabe der Jüngeren, können tiefe Gräben zwischen den Generationen aufgerissen werden. Gesteht man sich aber gegenseitig den lebensnotwendigen Freiraum zur Entfaltung zu, wird man tolerant dem anderen gegenüber. Läßt man den anderen das leben, was er in diesem Lebensabschnitt zum Leben braucht, gibt man sich selbst und dem anderen die Chance zu einem relativ konfliktfreien Miteinander.

2.6.4 Konflikte in der Familie

Jede Familie ist eine individuelle Zelle in der Gesellschaft, an der gearbeitet werden muß. Dazu ist ein gutes Familienverständnis wichtig: das Wissen, daß die Ehe im Familienverbund eine zu gestaltende Einheit bleibt. Denn sie muß weiterbestehen können, auch wenn eines Tages die Kinder das Haus verlassen.
Kennzeichen einer gesunden Familie ist, daß sie nicht exklusiv ist, nicht abgeschlossen, daß sie nicht für sich lebt, sondern, daß es Beziehungen, Kontakte und Offenheit nach außen (Gäste, Freundschaften, Verwandtschaft, Nachbarn etc.) gibt.
Was »verläßliche Beziehungen« bedeuten, lernen Kinder in diesem geschlossenen und geschützten Raum der Familie und von denen, die ihnen das Leben »vorleben«. Je mehr Kinder in einer Familie vorhanden sind, um so dichter ist das Beziehungsnetz und um so größer das Beziehungsfeld. Jedoch kommen Kinder in ein Alter, in dem es nötig ist, die Familienstruktur zu überschreiten (z. B. der Schulanfang). Es werden neue Erfahrungen »draußen« gemacht, die nicht identisch sind mit den Erfahrungen innerhalb der Familie. Bringen sie neue Kenntnisse, Freunde, Ansichten und Informationen mit in den Familienverband, kann dies zu Spannungen führen. Die Kinder müssen nun lernen, die »Regeln« und Werte des Elternhauses mit den Vorstellungen, Auffassungen und Verhaltensweisen der Freunde, der Lehrer, der Clique etc. zu vereinbaren. Trifft man nun keine

gemeinsamen Absprachen und Regelungen, kann dies zu tiefem Mißtrauen und Unsicherheiten auf beiden Seiten führen. Helfen auch keine Appelle und Überzeugungsarbeit seitens der Eltern, hilft nur noch das glaubwürdige Vorleben mit allen Konsequenzen und in aller Echtheit. Dies kann überzeugen und hilft bei der Unsicherheit der Kinder.

Jugendliche verlassen irgendwann den festen Familienverband aus unterschiedlichen Gründen (Studium, Beruf, Bundeswehr/Zivildienst, Heirat etc.). Dies ist ein biblisches Prinzip (1. Mose 2,24) und für jeden Menschen wichtig. Lassen aber die Eltern das Kind nicht los oder löst sich das Kind auf ungesunde Weise (d.h., es geht nach erfolgtem Krach oder es flieht, um aus der häuslichen Enge herauszukommen), kann dies zu schweren Konflikten, Verletzungen und Bitterkeit auf beiden Seiten führen. Der junge Mensch nimmt nämlich dann seine ungelösten Probleme mit in neue Beziehungen hinein und ist letztlich unfähig für »Fortschritte«. Ein mangelndes und ungutes Familienverständnis wirkt sich auch in der Weise aus, daß unbewußte und unrealistische Erwartungen auf allen Seiten entstehen können. Auch Ehekonflikte weiten sich auf die gesamte Familie aus und manch ein Elternteil benutzt die Kinder, um die eigene Position zu stärken bzw. durchzusetzen. Merken jedoch die Kinder, daß die Eltern in der Lage sind, Konflikte gemeinsam zu lösen, lernen sie für ihr späteres Leben.

Sind die Eltern zu autoritär, läuft die gesamte Erziehung auf das Sieger-Verlierer-Muster hinaus, bei dem das Kind automatisch den Kürzeren zieht. Weitaus überzeugender wirken Eltern, wenn sie in gemeinsamen Überlegungen mit dem Kind nach Lösungsmöglichkeiten suchen.

Ebenso kann die Geschwisterkonstellation problematisch werden. Denn welche Position das einzelne hat, ist von Bedeutung und prägt für das weitere Leben Einstellung und Verhalten.

2.6.5 Konflikte in der Ehe

Die Individualität und Einmaligkeit eines jeden Menschen birgt bereits Konfliktpotential in sich. Die von Gott gewollte und geschaffene Unterschiedlichkeit zwischen Mann und Frau ist auf gegenseitige Ergänzung hin angelegt. Nach der Bibel (1. Mose 1,27) ist der geschlechtsspezifische Unterschied völlig wertfrei, d. h. keiner steht über dem anderen, sondern beide stehen gleichberechtigt als Geschöpfe nebeneinander.

Das Frau-Sein und das Mann-Sein an sich bilden noch kein Spannungspotential, durch das Konflikte entstehen könnten. Im Gegenteil, sie ergänzen sich zunächst in ihrer Unterschiedlichkeit. Doch die Konflikte, welche in einer Ehe auftreten können, sind zwischenmenschliche Beziehungskonflikte. Das bedeutet, daß alle Konflikte, welche zwischen Menschen möglich sind, auch in einer Ehe vorkommen können.

Ehekonflikte entstehen besonders dort, wo ein unterschiedliches Eheverständnis und zu hohe, unrealistische Erwartungen an den anderen oder unterschiedliche Bedürfnisse von Distanz und Nähe, Ordnung und Freiheit vorhanden sind: z. B. hat ein Ehepartner oft die Vorstellung, daß man ständig alle Dinge auf allen Gebieten bis zum Lebensende gemeinsam tun muß, um ein ideales Paar zu sein. Wird aber diese unrealistische Erwartung vom anderen Partner nicht erfüllt, bahnt sich ein Konflikt an. Selbst wenn diese Vorstellung von der totalen Einheit von beiden angestrebt wird, muß doch einer immer den Vorstellungen des anderen folgen, da die Bedürfnisse zweier eigenständiger Menschen natürlicherweise voneinander abweichen. Sehr schnell kann hier das Sieger-Verlierer-Muster entstehen (wer gibt wem nach?)

Ehe ist auf Wechselseitigkeit hin angelegt. So kann auch nicht der eine immer der Empfangende und der andere immer der Gebende sein. Dies stellt auch eine besondere Gefahr für alle christlichen Ehen dar. Oft ist die Vorstellung noch vorhanden, daß die Frau in dem Mann »aufgehen« sollte, sich ihm völlig anpassen und ihm dienen müsse. Dies ist ein falsches Verständnis von 1. Mose 2,18.

Auf Einseitigkeit hin angelegte Beziehungen haben keine Chance auf Erfüllung. Denn der Mensch, der nicht geliebt wird, kann nicht lieben; und derjenige, der nicht bekommt, kann nicht geben. Beider Bedürfnisse sollten erfüllt werden.

Durch die Heirat wird der Lebensraum eines jeden Individuums nicht aufgegeben, sondern geöffnet. Freiwillig könnten beide ihren ureigenen Lebensraum öffnen, um den anderen teilhaben zu lassen an seinem Leben. Sind die Vorstellungen von einer Ehe aber schon zu festgefahren, und man ist zu verankert in seinem eigenen Lebensmuster, kann keine echte Zweisamkeit entstehen, man bleibt sich fremd.

Um eine gesunde Partnerschaft zu leben, müssen beide bereit sein, ihren gemeinsamen Lebensraum zu »erarbeiten« und zu gestalten, ohne den anderen dabei zu vereinnahmen. Es gibt immer Bereiche, die der andere behalten *muß,* um nicht seine eigene Individualität zu verlieren. Muß der Partner aber erst diese kleinen Freiräume erkämpfen oder ertrotzen, ist dort ein ständiges Konfliktpotential vorhanden.

Über solche Konfliktpunkte sollten immer wieder Gespräche geführt werden und nach Lösungsmöglichkeiten gesucht werden.

Ehekonflikte können auch bei Veränderungen äußerlicher Art entstehen (z. B. Umzug, Arbeitslosigkeit, Krankheit). Wenn in diesen Situationen keine Absprache erfolgt und man nicht über seine Empfindungen und Wünsche offen miteinander redet, kann eine Mauer entstehen.

Mittelpunkt für beide Partner dürfen nicht immer und immer zuerst die Kinder sein, sondern die Einheit der Ehe muß an erster Stelle stehen. Sonst besteht die Gefahr, daß sich Ehepartner auseinanderleben und aufkommende Konflikte zu spät bemerken.

2.6.6 Konflikte in der Gemeinde

Da auch eine Gemeinde aus Menschen besteht, die mit all ihren bewußten und unbewußten Erwartungen zusammentreffen, und somit nicht am Ziel, sondern ganz »irdisch« ist, entstehen auch hier Konflikte. Man ist wohl »eines Geistes«, aber nicht immer »einer Meinung«. Aber je unterschiedlicher eine Gemeinschaft ist, um so tragfähiger und fruchtbarer kann sie werden.

Oft werden die Erwartungen an die Gemeinde selbst, seine Glieder und die Führung – sprich Gemeindeleitung und Pastor – zu hoch angesiedelt, Erfahrungen und Erlebnisse mit anderen Christen sowie anderen Gemeinden (vielleicht der Heimatgemeinde) werden übertragen auf die gegenwärtige Situation. Hat man oft Negatives erlebt in christlichen Kreisen, erwartet man nichts Neues mehr. Hat man einen aktiven, lebendigen, missionarischen Gemeindehintergrund, ist man oft bodenlos enttäuscht von der nunmehrigen Gemeindesituation. Beide Grundeinstellungen müssen zu inneren und äußeren Konflikten führen.

Ebenso führen unterschiedliche Erkenntnisse im Glauben zu regelrechten »Glaubenskriegen«. Dabei wäre es fruchtbarer, wenn man sich in den Kernfragen (Lehrfragen) einig wäre, in den zweitrangigen Fragen (Struktur, Organisation usw.) aber gegenseitige Freiheit und Vielfalt zugesteht. Auch die Art, wie jeder seinen Glauben zum Ausdruck bringt, sollte mit Toleranz, Gelassenheit und Großzügigkeit gesehen werden, um nicht ständig an die Grenzen der Belastbarkeit der einzelnen zu kommen.

Wird gestritten, um die Wahrheit herauszufinden, ist dies eine biblische Weise, miteinander nach Lösungen zu suchen und eine gemeinsame Basis zu finden. Aber nie kann Streiten in der Gemeinde so gemeint sein, daß wir den Nächsten – unseren Bruder und unsere Schwester – fertigmachen wollen! Bleibt man in Lehr- und Erkenntnisfragen unversöhnlich, kann dies zum Zerbruch einer Gemeinde führen.

Ebenso Kompetenzfragen und unklare, undurchsichtige Strukturfragen können sich zu Machtfragen ausweiten. Dabei ist die Kompetenz nicht unbedingt eine Altersfrage, sondern eine Frage der persönlichen Reife. So kann auch ein junger Mensch in seinem Amt, seiner Mitarbeit ernst genommen werden.

Übt aber ein Mitarbeiter, der Leitungskreis, der Pastor seine Autorität »qua Amt« – also aufgrund seiner Berufung, seines Amtes – aus, kann dies zu erheblichen Spannungen innerhalb einer Gemeinde führen.

Sechs wichtige Schritte zur Einheit der Gemeinde nach dem Neuen Testament:

1) Der Führungsstil der Gemeindeleitung sollte durchsichtig und erkennbar für die Gemeinde sein. Daraus erwächst Vertrauen.
2) Möglichst jeder in der Gemeinde sollte den Platz erhalten, der seinen Gaben und Fähigkeiten entspricht.
3) Die Bruderschaft und Schwesternschaft darf keinem aberkannt werden und sollten die Unterschiede noch so groß sein.

4) Gegenseitige Anerkennung und Wertschätzung helfen zu einem »Wir-Gefühl« (Zusammengehörigkeitsgefühl). Dies ist für das Überleben einer Gemeinde von immenser Wichtigkeit.
5) Die persönliche Anteilnahme und der Austausch sollten neben aller (Mit-)Arbeit möglich sein, Freude und Leid können am ehesten in der Gemeinde Jesu geteilt werden.
6) Ein klares gemeinsames Ziel relativiert viele Konflikte.

2.7 Umgang mit Konflikten – oder Vermeidungsmöglichkeiten von Konflikten

Manche Konflikte können vermieden werden, wenn man weiß, wie sie entstehen. Von daher kann man über Erwartungen und Bedürfnisse, die wir aneinander haben, nicht genug reden und darüber austauschen. Dies gilt für jede Art von Gemeinschaft. Wichtig ist auch, die Anlagen eines jeden zu erkennen und bei wachsender Beziehung darüber ins Gespräch zu kommen. So können die Stärken und Schwächen des Gegenübers besser herausgefunden und zugeordnet werden. Besseres gegenseitiges Verständnis für die Ansichten und Reaktionen des anderen sind die Folge.
Aber nicht Konfliktvermeidung um jeden Preis ist das Ziel, sondern der richtige Umgang mit Konflikten. Denn ein Konflikt, der geleugnet und umgangen wird, und somit letztlich nicht angenommen wird, blockiert und wird zum Schwelbrand; und es bedarf oft nur eines kleinen Auslösers zum Ausbruch. Läßt man dem Konflikt dann seinen Lauf, kann zweierlei entstehen. Entweder der Konflikt wird zu einem Dauerkonflikt, zu einer Dauerfehde – auch über Generationen hinweg. Oder aber der Konflikt nimmt einen unberechenbaren Verlauf (siehe Punkt 2.2). Meist endet er aber im Sieger-Verlierer-Muster.

Wie sieht die Arbeit an einem Konflikt aus?

1) *Wir gestehen uns ein, daß wir einen Konflikt haben.*
Dabei hilft das Herunterspielen und Vertuschen nicht weiter. Die unterschiedliche Meinung, die Verschiedenartigkeit muß zugestanden werden. Daraus resultiert die Frage: »Worin unterscheiden wir uns im Moment?« Das gegenseitige richtige Zuhören und

klare Absprachen sind hierbei sehr hilfreich und verhelfen zu gemeinsamen Einsichten und Erkenntnissen und können zu einer Einigung führen.

2) *Wir schließen einen Kompromiß*
Gemeint ist nicht der »faule Kompromiß«, – denn dieser liefe unweigerlich auf das Sieger-Verlierer-Muster hinaus. Ein echter Kompromiß bedeutet, daß jeder zugunsten des anderen etwas zurücksteckt und man sich auf dieser Basis finden kann.

3) Kommt man jedoch weder zur Einigung noch zu einem Kompromiß, gibt es die Möglichkeit zur gegenseitigen Akzeptation: *Wir werden uns dessen bewußt und akzeptieren, daß jeder seine eigene Meinung hat und auch vertritt und die Meinung des anderen beim besten Willen nicht übernehmen kann.*
Wir gehen auseinander in dem Wissen, daß wir eine »Basis« des gegenseitigen Akzeptierens und der Begegnungsbereitschaft gefunden haben.

4) Eine letzte Möglichkeit, welche allerdings eine Ausnahme (und dies besonders in der Eheberatung) bleiben sollte, ist die Trennung. *Es kann Trennungen auf Raum und Zeit geben, die nötig sind, damit Wunden heilen können, Dinge entzerrt und entflochten werden und die Lage entspannt wird.* So könnten Dauerschäden vermieden werden. Aber bevor solch ein Schritt in Erwägung gezogen wird, sollten alle nur denkbaren Möglichkeiten (wie Einigung, Kompromiß, gegenseitige Akzeptanz) ausgeschöpft werden.
Es kann möglich sein, daß nach einer Zeit der Trennung, in welcher jeder an sich gearbeitet hat, eine gemeinsame Grundlage wiedergefunden wird.
Manchmal ist aber auch eine Trennung auf Dauer nötig, falls zwischenzeitlich keine Bereitschaft zur Einigung entstanden ist.

2.8 Konfliktbewältigung aus biblischer Sicht

Die Bibel ist voller Begebenheiten, in denen sich Menschen (Einzelne und Gruppen) begegnen und näherkommen. Auch hier geht es ohne Konflikte nicht ab und Lösungen werden gesucht.
Lösungen im Sinne von Punkt 2.7 sind im Alten und Neuen Testa-

ment zur Genüge vorhanden. Beispiele biblischer Konfliktbewältigung:

1) Einigung	=	1. Mose 33,1-16
		1. Mose 45,1-28
		1. Mose 50,15-26
2) Kompromiß	=	Apostelgeschichte 15,1-35
3) Akzeptanz	=	Daniel 6,1-29
4) Trennung	=	Apostelgeschichte 15,36-41
		1. Mose 13,1-13

Gott selbst hat uns den Lösungsweg gezeigt – nämlich die Versöhnung. So haben auch wir den Auftrag, andere anzunehmen (Römer 15,7).
Gott ermöglicht eine Änderung unseres Verhaltens: Er schenkt uns die Bereitschaft zur Versöhnung und zum ersten Schritt. Als Versöhnte können wir schon jetzt diese Versöhnung leben (2. Kor 5,16 ff). Ganz praktisch wird es in Römer 12,9-21, wo Paulus der Gemeinde in Rom eine »Mahnung zur brüderlichen Gemeinschaft« sendet.
Sind wir zur Konfliktlösung bereit, können wir auch den Frieden Gottes in unsere Umgebung weitergeben und glaubhaft vorleben. Dieses Verhalten wird nicht ohne Wirkung bleiben: Sowohl in der Gemeinde als auch bei unseren Mitmenschen (Jesus in seiner Abschiedsrede in Johannes 13,34+35).
Versöhnte Menschen, die bereit sind, neue Verhältnisse zu schaffen, dürfen sich mit der Kraft, Frieden zu schaffen, immer wieder neu beschenken lassen. In der Verbindung mit unserem Herrn können wir, soviel an uns liegt und soweit wir dies wollen, mit anderen Menschen Frieden halten (Röm 15,1-13).
An einer Küchentür in einem Pfarrhaus in Südafrika war ein Zettel mit folgenden Zeilen angeheftet:

Wie Sie Konflikte bewältigen lernen:
1. *Heißen Sie Konflikte willkommen.*
2. *Beten Sie um Führung.*
3. *Finden Sie Gebiete heraus, auf denen es Übereinstimmung gibt.*
4. *Finden Sie die tieferen Gründe für den Konflikt heraus.*
5. *Helfen Sie Ihrem Gegenüber, sich stark zu fühlen.*
6. *Seien Sie nicht aggressiv, sondern stellen Sie Fragen.*
7. *Bleiben Sie humorvoll.*

»Bitte lassen Sie uns die Ehre der Auseinandersetzung geben.«
Eine Äbtissin zu ihrer Klosterschwester

In der Art, wie wir Konflikte austragen, wird erkennbar, wie weit der Geist Jesu uns bestimmt.
Dieter Endres

3 Vorschläge zur Durchführung

Allgemeines
Da das Ziel dieser Stunde darin besteht, Konflikte zu erkennen, sich einzugestehen und die Bereitschaft zur Lösung zu entwickeln, könnte man dies gleich zu Beginn ganz praktisch demonstrieren. An den ganz alltäglichen und oft banalen Konflikten kann man die Auswirkung und den weiteren Verlauf dieser unangenehmen Situation am besten verdeutlichen.
Die Teilnehmerinnen werden gleich vor Betreten des Raumes nach der Begrüßung durch die Gesprächsleiterin ganz bewußt und spontan in einen inneren Konflikt geführt, indem man jeder Frau ein ➡ **Kärtchen** in die Hand gibt mit der Vorbemerkung, daß dies sich nur um ein »Spiel« handelt. So könnte z. B. auf einem Kärtchen stehen: *»Welche Teilnehmerin hat Ihrer Meinung nach die hübscheste Frisur? Nehmen Sie bitte neben ihr Platz!«* Auf anderen Kärtchen könnten u. a. folgende Fragen stehen: *»Welche Teilnehmerin kann Ihrer Meinung nach am besten singen? Nehmen Sie bitte neben ihr Platz!«* oder *»Welche Teilnehmerin begrüßt Sie immer am freundlichsten? Nehmen*

Sie bitte neben ihr Platz!« oder *»Mit welcher Teilnehmerin könnten Sie am ehesten ein Wochenende verleben? Nehmen Sie bitte neben ihr Platz!«* Wichtig ist der *positive* Inhalt der Fragen.
Einzelne Frauen können durch diese Aufgabe in einen – inneren – Konflikt geraten, weil sie sich in Kürze entscheiden müssen, oder weil der Platz, den sie wählen möchten, bereits besetzt ist.
Hat jede einzelne Frau Platz genommen, weiß keine der Nachbarin, aus welchem Grunde sich diese für oder gegen sie entschieden hat. Dies kann zu einer eigenartigen Atmosphäre führen, sie kann gespannt und abwartend oder auch sehr lustig sein.
Nach der offiziellen Begrüßung und der Bekanntgabe des Themas könnte die Gesprächsführerin den Sinn des bewußt provozierten Konflikts erläutern. Um keine unnötigen Spannungen herbeizuführen, sollte noch einmal ganz deutlich darauf hingewiesen werden, daß es sich um ein »Spiel« handelt und daß auf jedem Kärtchen eine andere Frage steht. So nimmt man der Situation gleich die »Spitze«. In Kürze kann man aber gut deutlich machen, daß man oft ganz persönlich in Konflikte geraten kann, die von außen kommen. Wichtig wäre es nur, zu verdeutlichen, daß aus diesen inneren Konflikten große Konflikte und Spannungen entstehen können, wenn nicht über sie gesprochen wird oder man sie über lange Zeit aufschiebt, d. h. verdrängt. Ungute Gedanken, Neid, Mißtrauen und Unterstellungen wären die Folge. Gemeinsam darüber klarwerden, daß auch an diesem Abend *ohne* klärendes Gespräch Konflikte mitgenommen würden. So ist man mitten im Thema.
Danach einen frohen Kanon singen, z. B. »Wo zwei oder drei in meinem Namen versammelt sind ...«.

Einstieg A: Schwerpunkt Einheit

Nachdem man die Frauen gedanklich eingestimmt hat, bittet man sie, sich in zwei Kreisen aufzustellen. Es folgt das **»handgreifliche« Spiel:** »Der gordische Knoten«. Ideal sind Kreise mit acht bis zehn Teilnehmerinnen; sind aber weniger anwesend, kann auch nur ein Kreis gebildet werden.

Spielanleitung:
Die Frauen stellen sich Schulter an Schulter im Kreis auf und reichen sich mit geschlossenen Augen wahllos die Hände.
Wichtig ist, daß die Hände *fest*gehalten werden. Nun treten alle soweit zurück, wie es möglich ist, ohne dabei die Hände loszulassen.
Danach versucht man, den »Knoten« zu entwirren, indem man unter die Hände hindurchsteigt oder darübersteigt.
Nach vielen Versuchen löst sich der Knoten auf, und man steht wieder geschlossen im Kreis zusammen.
Sinn des Spiels ist, zu erkennen, daß man gemeinsam Konflikte durchstehen kann und dadurch auch gemeinsam gewinnen kann.
Macht dieses Spiel Spaß, kann der »gordische Knoten« noch einmal gelöst werden.
Als Übergang zu einem besinnlichen Teil könnte man über die Gefühle und Erfahrungen während des soeben gemeinsam durchlebten Konflikts reden.
Danach könnten vorbereitete Fotokopien des folgenden **Fragebogens** verteilt werden. Jede Teilnehmerin hat die Möglichkeit, in Ruhe diese Fragen anzukreuzen.

Abschluß A

Nach einiger Zeit des Nachdenkens ganz konkret über den Umgang mit Konflikten (Punkt 2.7) reden. Dabei die vier Möglichkeiten der Konfliktbewältigung besonders betonen.
Danach Gebet oder Vorlesen der Meditation: Konfrontation.
Lied zum Abschluß: »Gut, daß wir einander haben ...«.

Liste zum Ankreuzen

Konflikte und Konfliktbewältigung

I. Wie beurteile ich Konflikte grundsätzlich?

☐ Ich finde sie fürchterlich und vermeide sie nach Möglichkeit.
☐ Ich sehe darin eine Chance, zu echten Entscheidungen zu kommen.
☐ Ich brauche sie, um meine geistige Überlegenheit zu demonstrieren.
☐ Ich suche sie, weil dann Leben in die Bude kommt.
☐ Sie sind meine einzige Möglichkeit, mit anderen in Kontakt zu kommen.
☐ Ich sehe sie als Gewinn, damit ich lernen kann, wie unmöglich sich die meisten Menschen verhalten.
☐ Ich rechne mit ihnen und möchte lernen, mit ihnen umzugehen.
☐ Ich sehne mich nach einem konfliktfreien Leben.
☐ Ich hasse Konflikte, weil sie für mich gleichbedeutend sind mit Streit und unguten Gefühlen.
☐ Ich weiß nicht, wie ich sie beurteilen soll.

II. Welche Situationen sind für mich konfliktgeladen?

☐ Wenn mir jemand meine Zeiteinteilung durcheinander bringt.
☐ Wenn ich mich mit Verboten und Normen konfrontiert sehe.
☐ Wenn ein anderer im Mittelpunkt steht.
☐ Wenn ich mich übergangen fühle.
☐ Wenn ich Stellung nehmen muß in einer unangenehmen Sache.
☐ Wenn ich mit Leuten zusammensein muß, die mich sowieso aufregen.
☐ Wenn zu viele Menschen mich beanspruchen.
☐ Wenn ich meine Meinung nicht durchsetzen kann.
☐ Wenn ich meinem Idealbild nicht entspreche.
☐ Wenn mich jemand kritisiert.

III. Wie reagiere ich dann meistens?

☐ Ich werfe dem anderen meine angestauten Aggressionen an den Kopf.
☐ Ich ziehe mich resigniert zurück.
☐ Ich versuche, die Sache ruhig zu überdenken.
☐ Ich »schlucke« alles hinunter, damit es nicht noch schlimmer wird.
☐ Ich bemühe mich um Klärung bzw. Aussprache.
☐ Ich überspiele den Konflikt, damit alles wieder in schöner Harmonie ist.
☐ Ich erzwinge lautstark eine Aussprache bzw. Klarstellung.
☐ Ich warte, daß mich ein anderer aus der Situation befreit.
☐ Ich versuche vor allem, mir selber gegenüber ehrlich zu sein und überprüfe meine Ansprüche.
☐ Ich rede alle in Grund und Boden.

IV. Warum reagiere ich so?

☐ Ich möchte mit allen gut auskommen.

☐ Ich kann gespannte Situationen nicht gut aushalten.
☐ Ich brauche die Zuneigung der anderen um jeden Preis.
☐ Ich will meine Ruhe haben.
☐ Ich fühle mich für die positive Atmosphäre in der Gruppe (Familie usw.) verantwortlich.
☐ Es gibt Dinge, die mich so tief betreffen, daß ich einfach Stellung nehmen muß.
☐ Ich finde es feige, wenn ich einfach still bin.
☐ Ich möchte vor mir selber bestehen können und vor meinem Gewissen.
☐ Ich möchte meine Freunde nicht verlieren.
☐ Ich habe sowieso meistens recht.

VI. Welche »Lösungen« halte ich für echte Konfliktbewältigung?
☐ Wir sprechen seit Tagen nicht mehr miteinander.
☐ Ich schätze die andere/den anderen jetzt mehr als vor dem Konflikt.
☐ Man hat mich wieder mißverstanden.
☐ Ab jetzt sage ich überhaupt nichts mehr.
☐ Ich habe sehr viel eingesehen und bin froh darüber.
☐ Mir graut schon vor der nächsten Auseinandersetzung.
☐ Ich hätte nie gedacht, daß soviel Positives dabei herauskommen kann.
☐ Nächstes Mal werde ich gleich besser hinhören, was die/der andere zu sagen hat.
☐ Konflikte kann man nicht im Alleingang lösen, wenn sie alle betreffen.
☐ Mit der/dem bin ich fertig.

(entnommen aus der ZS Contrapunkt, Bad Salzuflen, Ausgabe 6/1990)

Einstieg B: Schwerpunkt Vielfalt

In dieser Stunde soll anhand eines Bibeltextes verdeutlicht werden, wie man zu unterschiedlichen Konfliktlösungen kommen kann.
An die Teilnehmerinnen wird, nachdem sie mit dem Thema vertraut gemacht wurden, ein abgedruckter Text (Apg 15,36-41) verteilt (evtl. auch Bibeln verteilen).
Danach kann die Gesprächsführerin kurz die Situation des Paulus in Antiochien schildern.
Nun kann sich jede Frau diejenige Person aus der Geschichte aussuchen, mit der sie sich identifiziert. Danach verteilen sich die einzelnen
➡ **Gruppen** (Paulus-Gruppe, Silas-Gruppe usw.) in verschiedene

Räume oder Ecken und suchen nach Argumenten, weshalb sie sich für diese Person entschieden haben. Eine Schriftführerin sollte diese Gedanken in der Gruppe festhalten.
Nach einigen Minuten trifft man sich wieder im Plenum.
Nun geht die Gesprächsführerin nach folgenden Gesichtspunkten vor:

1) Im **Plenum** bringt jede Gruppe nacheinander ihre Argumente vor, ohne dabei von den anderen unterbrochen zu werden. Erst danach dürfen die einzelnen Gruppen nach der Frage: *»Wie haben Sie dieses Argument verstanden? Sind noch Fragen dazu offen?«* auf das Vorgetragene reagieren. ←
2) Es sollte ein **»offener Schlagabtausch«** in der Weise erfolgen, daß man das Für und Wider der einzelnen biblischen Gestalten zu verstehen versucht. Dabei darf auch Überzeugungsarbeit geleistet werden. ←
3) Die Gesprächsführerin sollte nach geraumer Zeit der **Diskussion** die Frage in den Raum werfen: *»Wie geht es uns jetzt nach dem Gespräch? Sind wir in unserer Haltung bestätigt oder verunsichert worden? Können wir nun den anderen besser verstehen?«* ←
4) Nach einiger Zeit des persönlichen Nachdenkens und anschließenden **Austausches** hierüber kann man sich *gemeinsam* auf die Suche nach Lösungsmöglichkeiten begeben. Es wird die Frage gestellt: *»Ist eine Einigung denkbar?«* ←
5) Die Gruppen suchen *gemeinsam* nach einer Einigung.
6) Ist absolut keine Einigung zu erkennen, sollten andere Lösungsmöglichkeiten in Erwägung gezogen werden. Hier die Frage: *»Ist ein Kompromiß denkbar? Wenn ja, wie sollte er aussehen?«*
7) Ein Ende der biblischen Geschichte *gemeinsam* ausarbeiten. Es sollte zu einer Lösung kommen, mit der *alle* einverstanden, mit der alle gut weiterleben können.

Abschluß B

➡ Danach folgt eine **Zeit der Stille** und Besinnung mit dem Ziel, wo und wie jeder einzelne in nächster Zeit seine »Grundeinstellung« dem anderen gegenüber verändern kann (siehe Punkt 2.6.2).
Meditation: Vorlesen des Liedtextes »Gott baut sein Haus Stein auf Stein …«.
Anschließend zur Gebetsgemeinschaft ermutigen.
Zum Abschluß das Lied: »Ein jeder trage die Last des andern …«.

Einstieg C: Schwerpunkt Versöhnung

Da Kompromisse oft dort entstehen, wo die echten Gefühle und wahren Empfindungen vertuscht oder vorenthalten werden, könnte diese Stunde den Schwerpunkt »Ehrlichkeit, Vergebung und Versöhnung« beinhalten.
Nach einem gemeinsamen Einstieg (Vorbereitung auf das Thema) bilden sich Vierer- oder Fünfer-Gruppen. In diesen **Kleingruppen** betrachtet sich jede Teilnehmerin die Karikatur (4.4.1).
➡ Nun können sich die Frauen dazu äußern und man überlegt gemeinsam, ob dies nicht eine ganz alltägliche Situation sein könnte, in der wir uns wiederfinden.
➡ Jede Gruppe bekommt nun ein eigenes Thema gestellt und sollte hierzu ein kleines Anspiel erarbeiten. Die vier Themenbereiche wären: Ehe, Familie, Beruf und Gemeinde.
Die Kurzszenen sollten nur Konfliktsituationen darstellen, aber noch nicht den Lösungsweg aufzeigen!

➡ Abschluß C

Nacheinander alle vier **Kurzszenen** vorspielen lassen und *gemeinsam* nach Lösungen suchen (auch hier wieder nach Punkt 2.7 vorgehen und die vier Vermeidungsmöglichkeiten beachten).

Beim Themenbereich »Ehe« könnte man zur Demonstration **»Russische Puppen«** aufstellen, um aufzuzeigen, daß dieses »Ineinanderaufgehen« niemals eine Lösung sein kann, da immer einer dabei verschwindet (siehe Punkt 2.6.5).

Nach dem Versuch, **Lösungen** zu finden, teilt die Gesprächsführerin **Zettelstreifen** aus (Maße: ca. 20 x 8 cm). Auf dem schmalen oberen Feld steht die Frage: *»Wo muß ich in Konfliktsituationen an mir arbeiten?«*
Die Frauen können nun einige Zeit darüber nachdenken und ihre persönlichen Ziele aufschreiben. Nach cirka fünf Minuten der **Stille** fordert die Gesprächsführerin nun die Frauen auf, den oberen Teil des Zettels bis zur Linie umzuknicken, so daß die Frage nicht mehr sichtbar ist, sondern nur die Notizen. Es erscheinen die Worte: MEINE GEBETSANLIEGEN.
Diese Worte wurden schon vorher auf die Rückseite der Zettelstreifen geschrieben.
Nun hat jeder seine eigenen Gebetsanliegen und kann sie mitnehmen.
Danach **Gebet** oder **Meditation.**
Zum Abschluß das Lied »So ist Versöhnung ...«

4 Weitere Bausteine zum Thema

4.1 Lieder

- Wo zwei oder drei in meinem Namen versammelt sind, in: Ich will dir danken, Nr. 127, Hänssler
- Gut, daß wir einander haben, in: Ich will dir danken, Nr. 407, Hänssler
- Gott baut sein Haus Stein auf Stein, in: Ich will dir danken, Nr. 410, Hänssler
- Ein jeder trage die Last des andern, in: Ich will dir danken, Nr. 408, Hänssler
- So ist Versöhnung (Wie ein Fest nach langer Trauer), in: Ich will dir danken, Nr. 249, Hänssler

verziehn und vergessen

aug um auge
zahn um zahn
wie du mir so ich dir
mit zinsen und zinseszinsen und
schmerzensgeld

aufgeschoben ist nicht
aufgehoben
steht alles zu buch und die rechnung
wird präsentiert
am tag des gerichtes am
tag deiner endlichen rache.

»verzeihen? – vielleicht ...
doch vergessen?
bin ich denn blöd?
haut mich übers ohr
und seift mir den bart und meint
wirklich
daß ich so dumm bin ...
vergessen?«

wenn du ein
christ sein willst
vergiß das verzeihen
verzeih das vergessen

der alles weiß
um all dies weiß
hat auch dir
hat dir eh schon und trotzdem
verziehn und vergessen.

Linus David

konfrontation

weiche nicht aus
wo wir auf einander prallen
wo wir uns korrigieren
wo redensarten aufhören
und die arbeit an einander beginnt

denn durch deine offene meinung sehe ich meine fehler
und durch meine sicht wirst du lernen
beide werden wir unseren stand überprüfen

wir können es uns nicht leisten
allein weiter wachsen zu wollen
weiter vor uns hin zu buttern
schlecht und recht zu handeln
in vielen kritischen bereichen des lebens:
in fragen der kindererziehung
in liebe freundschaft und ehe
im wachsen in christus
in politischen überlegungen
in fragen die unsere freizeit betreffen
in geldlichen fragen
in unserer stellung zur kunst
und zum allgemeinen geschmack
alles ohne die hilfe des andern
ohne seine einsicht und erfahrung
das können wir uns einfach nicht mehr leisten

gerade durch fragen und nöte in diesen bereichen
will uns gott zum andern führen
will uns den reichtum unserer gemeinschaft zeigen
und unser stümpern ohne diese gemeinschaft
und will uns zeigen wie wir wachsen können
durch diese konfrontation

Ulrich Schaffer, in: Kreise schlagen,
Oncken Verlag Wuppertal und Kassel

4.3 Eine Beispielgeschichte

Für zwei Tage schwerhörig ... andere Mittel, auf Zoff zu reagieren

Die Fete am Freitag will ich bis zu ihrem absoluten Ende erleben. Bisher haben meine Eltern da immer total abgeblockt: »Um elf bist du daheim!!!« Also wird's Zoff geben, wenn ich mit meinem Wunsch ankomme.

Vorgestern ging Mamas Laune schon deshalb in den Keller, weil sie mitbekam, daß Klassenfete ist. Ab sofort war sie kurz angebunden und bevorzugte Kommandoton. Dieses eisige Gesprächsklima macht es mir schwer, die Fete anzusprechen. Mamas Tonfall verunsichert mich, und dadurch werde ich bockig und stur. Trotzdem will ich mal versuchen, die Sache ganz freundlich und ruhig auf den Tisch zu bringen. Vielleicht gelingt es mir damit, Mamas Stimmung ein wenig zu heben. Am besten frage ich gleich heute beim Abendessen. Dann sind alle dabei und können ihre Meinung sagen. Außerdem bleiben so bis Freitag noch zwei Tage, an denen Mama und Pa sich ihre endgültige Meinung überlegen können.

Was ich aber nicht mehr ab kann und wogegen ich mich diesmal wehren werde, ist Pa's ständiges Herumreiten auf meinen »Fehlern«. Das ist nämlich seine Art, eine sachliche Diskussion zu verhindern. Er erspart es sich so, Argumente zu finden und meine anzuhören. Habe ich zum Beispiel gesagt: »Ich möchte auf die und die Fete, weil ich mich mit dem und dem treffen will«, dann kommt Pa mit Sprüchen wie: »Statt der Fete solltest du besser mal dein Zimmer aufräumen.« Ich finde, daß Fete und ein unaufgeräumtes Zimmer nichts miteinander zu tun haben. Die Fete hat nämlich nur was mit meiner Freizeit zu tun und die Unordnung ist halt so ein persönlicher Tick von mir. Nobody is perfect – oder? Und wenn Pa will, kann er gerne mit mir über beides reden – nur unabhängig voneinander. Eventuell könnte er mich ja sogar zu einem Tauschhandel breitschlagen: Fete gegen Aufräumen.

Aber genau da liegt das Problem: Knallhart beharren die lieben Eltern auf ihrer Position. »Entweder du bist um elf zurück oder du bleibst gleich hier!« Wenn sie mich vor diese Alternative stellen, machen sie mich nur wütend. Da bleibt mir überhaupt keine Wahl. Ich muß klein beigeben, ohne daß wir um eine faire Lösung gestritten haben. Pa und Mama werden sozusagen kampflos Sieger. Doch das Siegersein mache ich ihnen ziemlich bitter. Ich lasse sie wenigstens zwei Tage lang spüren, wie wütend ich bin. Wenn ich um elf von der Fete zurückkehre, schalte ich zu Hause für zwei Tage auf schwerhörig. Egal, was Pa und Mama von mir wollen, sie müssen mir alles zweimal sagen, und ob ich dann mache, was sie verlangen, steht auf einem anderen Blatt geschrieben.

Wenn ich so reagiere, versaut das für eine halbe Woche die Stimmung. Und ich vermute, Pa und Mama denken sofort an dieses Familientief, wenn sie das Wort Fete nur entfernt hören. Aber irgendwie muß ich meine Wut und Ohnmacht ja rauslassen. Ob ich gleich im Gespräch mit meinen Eltern über meinen Frust und meine Wut reden soll? Und vielleicht sage ich ihnen auch, wie enttäuscht ich über ihre geringe Verhandlungsbereitschaft bin. Daß sie es einsehen, kann ich nur hoffen. Und Verständnis für meine Situation fände ich auch ganz gut. Na klar, wenn ich sie darauf anspreche, wird's gleich heißen: »Verständnis ist immer gegenseitig.« Ist es ja auch; und ich bemühe mich tatsächlich, ihre Situation zu verstehen. Sie machen sich halt Sorgen, ob ich nach der Fete gesund und heil heimkomme. Außerdem wollen sie am Wochenende ihre Kinder bei sich haben. Das ist alles okay, doch kollidiert es mit meinen Vorstellungen vom Wochenende – aber eigentlich nur, was den Freitagabend angeht. Vielleicht ist es geschickt, ihnen zu sagen, daß ich ihre Sorgen und Wünsche sehe. Und daß ich ihnen klar mache, daß die Fete nur den Freitagabend und nicht das ganze Familienwochenende ausmacht. Mama und Pa brauchen sich also gar nicht zu denken, ich wolle am Wochenende nichts unternehmen mit ihnen. Vermutlich liegt da ihre Befürchtung! Die muß und kann ich ihnen ja nehmen. Wahrscheinlich werden sie dann beruhigt sein und sachlicher mit mir diskutieren. Wenn sie das doch nur endlich mal tun würden! Mir bliebe eine Riesenportion Frust und Wut erspart und den Eltern meine anschließende »Schwerhörigkeit«.

Wenn ich ehrlich bin, erscheint mir ein Uhr als prima Kompromiß. Und wenn ich Pa oder Mama überreden könnte, mich abzuholen, wäre das ideal. Denn dann hätten die lieben Eltern die Sicherheit, daß ich gesund und heil heimkomme. Und mit dem frühen Feten-Ende um eins mache ich mir keine Probleme. Denn ganz an ihrem Ende wird die Klassenfete genauso schlaff und müde sein wie die Leute, die dann noch da sind. Ich werde also nichts verpassen. Außerdem ist die Superstimmung sowieso dann, wenn ich dabei bin. Zu meinem Vergnügen komme ich also und auf der anderen Seite könnten Pa und Mama zufrieden sein. Ein Uhr wäre okay – aber ich will mich im Moment nicht auf eine Lösung festlegen. Sonst versuche ich nachher, sie rücksichtslos durchzuboxen. Statt dessen will ich erstmal hören, was Pa und Mama zu bieten haben. Eventuell fällt uns gemeinsam noch etwas besseres ein.

Burkhard R. Knipping, in: ZS Contrapunkt, Bad Salzuflen, Ausgabe 6/1990

4.4. Karikatur

»Eine großartige Predigt, Pastor!«
»Wie schön, Sie zu sehen, Bruder Walter!«

Thomas Lardon, in: »Alle Menschen werden Brüder, Brockhaus

5 Weiterführende Literatur

Thomas A. Harris: Ich bin o.k., Du bist o.k., Rowohlt, Reinbek, 1975
Friedemann Schulz von Thun: Miteinander reden 1+2, Rowohlt, Reinbek 1: 1981 2: 1989
Zuschlag / Thielke: Konfliktsituationen im Alltag, Hogrefe + Huber Publishers, Göttingen, 1992
Fritz Riemann: Grundformen der Angst, Ernst Reinhard Verlag München 1994
Barbara Sullivan: Warum bin ich so?, Editions Trobisch, Kehl 1984

6 Vorbereitungsliste

für jede Frau

☐ Kärtchen mit Fragen für den Beginn vorbereiten
☐ Liste zum Ankreuzen vorbereiten
☐ Gebetszettel (20 x 8 cm) vorbereiten

»Ich will doch nur das Beste für mein Kind!«

Edelgard Hartmann

1 Ziele für diese Einheit

Sein eigenes Leben und das der anvertrauten Kinder ganz dem Willen Gottes anbefehlen.

2 Informationen zum Thema

2.1 Die meisten Menschen haben ganz bestimmte Vorstellungen, wie sie ihr Leben gestalten wollen. Diese Ziele lauten z. B. Erfolg im Beruf, Ansehen bei Menschen, hoher Lebensstandard und hohe Lebensqualität, harmonische Beziehungen, Lebensglück, Zufriedenheit.
Auch als Christen werden wir von solchen Zielen geleitet – meist unausgesprochen und oft auch unbewußt.
Durch Schule, Ausbildung, Studium, Beruf und Karriere versuchen wir, diese Ziele zu realisieren und wollen einen hohen Stand in der Gesellschaft erreichen, wollen Ansehen bei Menschen und möglichst perfekt sein. Oft erliegen wir dem Irrtum, nur die Besten hätten noch Chancen.
Auf diese Weise geraten wir häufig in die Gefahr, daß wir die selbst gestellten oder vom Umfeld manipulierten Vorstellungen als Lebenssinn und Lebensziel übernehmen.

2.2 Eltern werden oft von gesellschaftlich anerkannten Werten geleitet und lassen sich in dem, was aus ihren Kindern werden soll, von falschen Zielen vereinnahmen:

– sie sollen es besser haben als die Eltern.
– sie sollen ein hohes Lebensniveau erreichen.

Diese oft unausgesprochenen und unreflektierten Ziele führen dann oft dazu, daß wir unsere Kinder bestmöglichst fördern wollen und ihnen dabei ein Stück ihrer Kindheit und des kindgemäßen Spielens vorenthalten.

So hat z. B. teures Spielzeug in unseren Augen oft einen höheren Wert als Spielen im Freien und die Beschäftigung mit Naturmaterialien. Die Angst vor Dreck und kaputter Kleidung führt oft zur Maßregelung und Einschränkung der Kinder.

Gleichzeitig werden unsere Kinder heute schon viel zu früh verplant und von Anfang an in eine bestimmte Richtung getrimmt. Frühzeitig werden alle möglichen Angebote wahrgenommen, die auf dem Markt sind. Terminjagd schon im Kindergarten ist heute keine Seltenheit mehr. Manche Mütter sind den ganzen Nachmittag beschäftigt mit dem Chauffieren ihrer Kinder. Die Zeit des gemeinsamen Spielens dagegen und der unverplanten Zeit wird immer mehr zur Seltenheit. Zeitlücken werden dann oft vom Fernsehprogramm ausgefüllt.

2.3 Häufig vergessen wir über unserer elterlichen Aktivität und unserem Eifer, alles perfekt zu machen, danach zu fragen, was Gottes Wille ist und wie sich dieser in der Erziehung auswirken könnte.

»Du brauchst nicht zu denken, daß dein Wille der Wille Gottes ist.« Diese Bemerkung unserer zweiten Tochter brachte mich sehr zum Nachdenken. Bei der Wahl ihres Berufes machte ich ihr natürlich Vorschläge, – aber war das auch der Wille Gottes mit ihr?

Es ist wichtig, wenn wir nach dem Willen Gottes für unsere Kinder fragen, auch danach zu sehen, was die ureigensten Gaben und Anlagen eines Kindes sind und das ursprüngliche Wesen des Kindes zu beachten. Oft sind wir in der Gefahr, Kinder in eine höhere Schule zu stecken und mit Druck das Kind zum Abitur oder Studium zu drän-

gen, auch wenn es etwa überhaupt keine Freude am Stillsitzen und Lernen hat und durch bestimmte Lerninhalte dauernd überfordert ist.
Ist es das Beste, aus einem Kind das zu machen, was die Eltern gerne sein wollen und nicht erreichten?

2.4 Oft sind die Enttäuschungen groß, wenn die Vorstellungen der Eltern mit ihren Kindern zunichte werden. Wenn unsere Kinder nicht die gleichen Leistungen bringen, wie etwa Nachbarskinder oder Kinder von Verwandten oder Freunden, sind wir manches Mal in der Gefahr, unsere eigenen Kinder abzuqualifizieren und sie als wertlos oder geringer einzuschätzen.
Auch bei uns Eltern stellt sich dann oft das Gefühl ein, versagt zu haben und in der Erziehungsleistung minderwertiger als andere zu sein.
Andersherum kann es auch sein, daß ein Kind nach langem Ausbildungsweg und Studium keinen Arbeitsplatz bekommt. Ist sein Lebensziel nun verfehlt, sein Leben sinnlos?

2.5 Gottes Wille für uns als Eltern und Erzieher ist klar: Wir sollen etwas sein zum Lob seiner Herrlichkeit. Wir sind beauftragt unseren Kindern Geborgenheit, Liebe und Wertschätzung zu geben. Darin sind wir nicht unfehlbar, und wir brauchen die Korrektur durch den Heiligen Geist und die Abhängigkeit von Jesus.
Diese Ziele haben wir leider oft aus den Augen verloren. Viele Mißerfolge wären zu vermeiden, wenn wir mehr an Jesus orientiert wären, anstatt menschliche und gesellschaftlich vorherrschende Maßstäbe zu sehr in den Vordergrund zu stellen.

- Ehrlicher Austausch unter Eltern ist sehr hilfreich! Wie oft sind Mütter erleichtert, wenn ich ihnen erzähle, daß unser Kind auf der Hauptschule war. Wenn jemand aus einer guten bürgerlichen Familie sein Kind nicht unbedingt auf die höhere Schule schicken kann, ist der »Makel« für andere nur noch halb so schlimm. Viele Kinder sind »Spätzünder« auch diesen stehen noch alle Türen offen.
- Bitten wir Jesus um gute Schulnoten und schreiben ihm vor, wie er zu handeln habe? Oder bitten wir ihn um Befähigung, das

zu erreichen, was notwendig ist für ein Leben mit ihm und für ihn?

– Geborgenheit und Liebe geben bleibt oft auf der Strecke, man will auf die Leistungen seiner Kinder stolz sein, will sie vorzeigen.

2.6 Biblische Beispiele von Lebensführung können uns Orientierung für unsere Erziehung geben

1. Mose 3, 4: Eva fällt auf die Verlockung herein, zu sein wie Gott. Die Folge davon war der Sündenfall (1. Mose 3, 14 ff).
1. Mose 12, 4: Abram zog aus, wie der Herr zu ihm gesagt hatte, die Folge: In dir sollen gesegnet werden alle Geschlechter.
Matthäus 10, 5-10; 19, 27-30: Jesus schickt seine Jünger
Lukas 1, 38: Maria, des Herrn Magd, sagt Ja zu Gottes Willen mit ihr.
Johannes 1, 23: Johannes, der Täufer, lebt nach Gottes Berufung.
Lukas 8, 3: Johanna und Susanna dienten Jesus mit ihrer Habe
Johannes 13, 12-15: Fußwaschung: Wer unter euch der Größte sein will, der sei ein Diener aller.
Lukas 12, 22 ff: vom Sorgen: Das dürfen wir in Gottes Gegenwart loslassen.
Epheser 6, 4: Ermahnung, so zu erziehen, daß ein Leben in der Beziehung zu Christus das Wichtigste ist.

3 Vorschläge zur Durchführung

Einstieg A

Als Einstieg eignet sich entweder das **Lied** von Manfred Siebald (siehe 4.1), das man entweder vorlesen oder auch mit einem Kassettenrecorder vorspielen kann. Geeignet als Aufreißer zu diesem Thema ist das **Anspiel** »Macht oder Dienst« (siehe 4.4).
Danach kann man einen **Fragebogen** verteilen mit folgenden Fragen, um sich selber über seine eigenen Gedanken und Ziele klar zu werden.

Fragebogen

1) Ist unser Kind unser Eigentum?
2) Ist es irgendwo in der Bibel begründet, daß wir aus ihm machen können, was wir wollen?
3) Was ist mein persönliches Lebensziel?
   Worin besteht für mich sinnvolles Leben?
4) Was stelle ich mir als Lebenssinn oder Ziel für mein Kind vor?
5) Wo hole ich mir Orientierung für die Erziehung?
6) Wofür setze ich meine Gaben ein?
   Wofür mein Geld?

Heinz Giebeler, Mozartstr. 9, 72555 Metzingen

Einstieg B

➡ Nach dem Musikstück oder gelesenem Lied eine **offene Gesprächsrunde**, wenn es sich um einen kleineren Kreis handelt. Bei einer größeren Gruppe **Gruppengespräche** unter folgenden Fragen:

1) Welche negativen Erinnerungen haben wir an unsere eigene Erziehung, woran leiden wir heute?
2) Machen wir bei unseren Kindern dieselben Fehler? Was tun, wenn wir dies entdecken?
3) Hatte ich bisher irgend jemand, mit dem ich offen über meine Probleme mit den Kindern sprechen konnte?
4) Wie bin ich mit offensichtlichen Fehlern in der Erziehung umgegangen?

Beide Einstiegsmöglichkeiten sollten in einem offenen Austausch oder einem Plenumsgespräch münden, bei dem man anhand der Thesen 2.1 bis 2.4 hinführen kann zu Punkt 2.5.

Vertiefung des Themas anhand einer Bibelarbeit über Matthäus 20,25-27

Zur Vertiefung des Themas und als Überleitung zur Bibelarbeit bietet sich das **Anspiel** »Macht oder Dienst – was sind lohnende Lebensziele?« an.
Auch im Anschluß an das Anspiel könnte man nochmals ins Gespräch kommen über die Fragen unter Vorschlag A.

1) Jesus, unser Vorbild
Jesus kam in die Welt, um zu dienen; ja er gab sogar sein Leben für uns, zu unserer Erlösung. Er wusch seinen Jüngern die Füße. Einen sehr niedrigen Dienst tat er da. Herrschen und unterdrücken ist ein gängiges gesellschaftliches Muster, bei seinen Jüngern will Jesus andere Eigenschaften prägen. Es geht ihm nicht um Macht, sondern um Dienst. Dies kann auch für unsere Erziehung ein wichtiges Leitmotiv werden: unsere Kinder mit Jesus bekannt zu machen, dessen oberstes Ziel das Dienen war. Sie lehren, daß Macht nicht das oberste Leitmotiv werden soll, sondern das liebende Dienen.

2) Jesus hat die Menschen angenommen, wie sie zu ihm kamen. Er hat sie mit den Augen der Liebe angesehen. Könnte es auch nicht hilfreich für uns als Eltern sein, uns diesen liebenden Blick Jesu unseren Kindern gegenüber wieder anzugewöhnen? Uns freuen an unseren Kindern und ihren Gaben und nicht immer nur Leistung fordern?

3) Jesus lebte in der Abhängigkeit zum Vater (Joh 10,30). Er war gehorsam bis zum Tod. Wir dürfen eins sein mit dem Vater durch Jesus. Das macht uns so wertvoll – und auch unsere Kinder.

4) Jesus befähigt uns. Jesus will, daß Menschen aus der Gewalt des Bösen befreit werden. Auch uns als Mütter will er dazu gebrauchen. Dieser Auftrag an unseren Kindern ist eine hohe Auszeichnung. Die Gefahr des Mutter-Seins besteht darin, daß wir diesen Auftrag aus den Augen verlieren und uns in Machtkämpfe mit unseren Kindern verlieren, Kräfte vergeuden, wo sie anders sinnvoller einzusetzen wären.

Als Mütter haben wir den Auftrag, unseren Kindern Gott groß zu machen. Darum ist es wichtig, daß wir uns immer wieder fragen, ob uns die Anerkennung bei Menschen mehr bedeutet als das Ansehen bei Gott (Joh 12, 43). Unsere Orientierung ist die Bibel. Das ermutigt uns zu mutigem Ausscheren aus momentanen Modewellen.

5) Jesus rüstet uns aus mit den Früchten des Geistes – Galater 5, 22: Liebe, Freude, Frieden, Geduld, Freundlichkeit, Güte, Treue, Besonnenheit und Selbstbeherrschung. Es ist wahr: Wer zu Christus gehört, der hat sein selbstsüchtiges Wesen mit allen Leidenschaften und Begierden an das Kreuz geschlagen. Durch den Heiligen Geist haben wir neues Leben, und das soll jetzt auch bei uns sichtbar werden. Blinder Ehrgeiz, der nur unsere Eitelkeit befriedigt, gegenseitige Kränkungen und Neid dürfen bei uns keine Rolle mehr spielen (Gal 5, 24 - 26) und uns bei den Erziehungszielen für unsere Kinder nicht leiten.

Jesus hat während seines Wirkens auf der Erde nie in ein menschliches Schema gepaßt. Er tat Wunder, damit der Vater verherrlicht werde. Obwohl ihm alle Macht gegeben ist im Himmel und auf Erden, hat er sie nicht für menschliche Erfolge eingesetzt.

Jesus folgten Menschen aus allen Gesellschaftsschichten nach: Zöllner, hohe Gelehrte, Fischer, Reiche, Arme. Der »Stand« der Menschen, die Begegnungen mit ihm hatten, war nicht entscheidend für sein Handeln. Nur das aufrichtige Herz zählte.
Auch Menschen mit hoher Bildung, großem Ansehen, bester Karriere oder höchsten Titeln haben ihre Gaben nur als anvertraute Pfunde erhalten. Alle Gaben sind von Gott ausgeteilt, wir sind Glieder an einem Leib. Aber die Köpfe sollen nicht gering denken von den Füßen und Händen. Wir haben nichts erhalten zum Selbstzweck, nichts zu unserer eigenen Ehre. Ich bin dankbar, daß an entscheidenden Stellen in Politik, Wirtschaft oder Bildungseinfluß gläubige Christen das Sagen haben, die an ihrem Platz gefordert sind, von Jesus befähigt, in seinem Auftrag zu handeln: Ihre Kollegen mit Jesus bekanntmachen, daß sie nicht verlorengehen, ihre Stimme erheben, wenn Unrecht zu verhindern ist. Jeder hat an seinem Platz zu handeln. Das Motto bleibt: Dienet einander, ein jeder mit der Gabe, die er empfangen hat (1. Petr 4,10).
Lassen wir uns nicht entmutigen von den Zeitströmungen. Wir entziehen uns ihrem Einfluß, wenn wir die Bibel als unsere Orientierung gebrauchen.

Abschluß

Gebet vorlesen oder die Teilnehmerinnen selbst Gebete vorbereiten lassen.

5 Weitere Bausteine zum Thema

5.1 Lieder

- Wer Gott folgt, riskiert seine Träume, in: Ich will dir danken, Nr. 381, Hänssler
- Nimm du mich ganz hin, o Gottes Sohn, du bist der Töpfer, ich bin der Ton, in: Ich will dir danken, Nr. 212, Hänssler
- Laß mir das Ziel vor Augen bleiben, zu dem du mich berufen hast, in: Ich will dir danken, Nr. 204, Hänssler
- Nimm mein Leben, Jesus, dir übergeb ich's für und für, in: Ich will dir danken, Nr. 207, Hänssler
- Viele suchen dies und das, wissen nicht wozu und was, fragen hier und fragen dort, in: Ich will dir danken, Nr. 240, Hänssler
- Du bist mein Ziel, mein Gott, in: Ich will dir danken, Nr. 368, Hänssler

5.2 Siehste, Elvira

Daß Herdplatten heiß sind und Steine steinhart
und daß man an Messern sich schneiden kann –
das hörte ihr Ohr zwar, doch erst mit der Hand
fing sie alles das zu begreifen an.
Und suchte sie Trost dann, von Schmerzen gequält,
bekam sie nur immer das eine erzählt:

Siehste, Elvira – was hab ich gesagt?
Du wolltest nicht hören;
ich ahnte das schon.
Siehste, Elvira – geschieht dir ganz recht!
Jetzt mußt du halt fühlen;
das hast du davon.

Daß Busse nicht warten, daß Geld sich verbraucht,
daß Schreiben und Rechnen geübt sein will –
das sagten ihr andre, doch klug wurde sie

erst, wenn sie dann aus allen Wolken fiel.
Und stand sie dann hilflos daheim in der Tür,
dann sagte man nichts als das eine zu ihr:

Siehste, Elvira …

Daß mancher nur lügt, wenn er sagt, daß er liebt,
daß Leidenschaft oft nichts als Leiden schafft:
das fiel ihr ein paarmal erst hinterher ein.
Nun sitzt sie allein ohne Mut und Kraft.
Nur selten vertraut sie sich Menschen noch an.
Sie ahnt schon, sie hört es dann doch irgendwann:

Siehste, Elvira …

Mensch, sagt ihr denn keiner, daß Gott sich doch sehnt,
ihr Tröster und Helfer und Freund zu sein?
Daß er sich nicht freut, wenn jemand versagt?
Er reibt nicht noch Salz in die Wunden ein.
Läßt keiner sie spüren, wie sehr Gott sie liebt?
Gibt keiner die Hand ihr, wie Gott sie ihr gibt?

Komm her, Elvira,
wein dich bei mir aus,
und was dich bedrückt, das laß einfach bei mir.
Und dann, Elvira,
zeig ich dir den Schritt,
den du von hier tun kannst, und geh ihn mit dir.

Manfred Siebald, Rechte beim Hänssler-Verlag

5.3 Gebete

Danke, Herr Jesus, daß unser Leben und unsere Kinder ganz dir gehören. Wir wollen sie als Leihgabe, die du uns anvertraut hast, in deine Obhut geben. Sie entgleiten unserem Einfluß, du aber siehst sie auf jedem Schritt. Bewahre sie vor Einflüssen, welchen sie in ihrem Alltag ausgesetzt sind, die dir nicht gefallen. Mache du sie fähig, das zu lernen und zu begreifen, was sie für den Platz in der Welt brauchen, an den du sie stellen willst. Schenke uns Eltern die Einsicht, daß es nicht nach unserem Willen gehen muß, sondern dein Wille geschehe! Bewahre uns vor den Zeitströmungen, damit wir nicht mitschwimmen und schenke uns den Mut, nach deinem Willen zu handeln, auch wenn Menschen anderes von uns erwarten. Wir erwarten alles von dir. Danke, daß du uns nicht enttäuschst. Amen.

Gebet einer Mutter

Lieber Herr, was für Leute mache ich aus meinen Kindern? Wenn ich sie ständig kritisiere, werden sie selber Kritiker. Wenn ich ihr Wertbewußtsein unterhöhle, werden sie unwert. Wenn ich ungeduldig bin, lehre ich Ungeduld.

Vieles von dem, was sie werden, ist mein Tun oder Vertun. Daran denke ich oft nicht, Herr. Ich stolpere nur so durchs Heute, suche die Dinge für heute zu schaffen, wenigstens einen Teil der Pflichten heute zu tun. Ich erziehe nicht recht, sondern wurstle mich durch, lasse sie aufwachsen und vergeude unwiederbringliche Möglichkeiten.

Herr, du weißt, was ich aus ihnen machen möchte – wertvolle Erwachsene, wirkliche Menschen, deren Hände, deren Worte, deren Leben denen Segen spenden, die um sie sind. Ich möchte, daß sie Menschen werden, die ihren Weg und ihr Ziel vor sich sehen.

Eine Hand in der ihren, Herr, die andere Hand in der deinen – so, nur so kann ich sie leiten. Amen.

Jo Carr: entnommen aus Stimme des Glaubens, Konstanz

5.4 Karikatur

Claudia u. Eberhard Mühlan, Warum gleich in die Luft gehen, Schulte & Gerth, Asslar 1993

5.5 Anspiel (Macht oder Dienst – was sind lohnende Lebensziele?)

Eine Mutter setzt sich für ihre Kinder ein!
Auf dem Weg nach Jerusalem pilgert mit Jesus eine Schar anderer Festteilnehmer, unter ihnen die Eltern des Johannes und Jakobus.

1. Szene

Mutter: Auf unsere Buben können wir wirklich stolz sein, Zebedäus, findest du nicht auch?

Vater: Ja, aus ihnen sind tüchtige Männer geworden. Als Fischer waren sie recht geschickt, sie konnten zupacken, aber etwas Besonderes war das ja nicht gerade, tüchtige Fischer gibt's bei uns viele.

Mutter: Daß der große Rabbi sie angesprochen hat und sie bei sich haben wollte als seine Schüler, das macht sie eben so besonders. Prächtig haben sie sich entwickelt, sie sind schon etwas besseres geworden als die gewöhnlichen Fischer.

Vater: Der Meinung bin ich auch.

Mutter: Ich werde bei Gelegenheit mit Jesus reden, ich werde mich bei ihm für die beiden einsetzen, vielleicht läßt sich was machen, daß sie ganz nach oben kommen!

2. Szene

Vater: Erzähle! Wie war dein Gespräch mit dem Meister?

Mutter (enttäuscht): Am besten fange ich ganz von vorne an. Ich stehe so vor dem Herrn, dann falle ich voll Ehrfurcht vor ihm nieder. Etwas mulmig war mir schon zumute, als er mich fragte, was ich wolle. Dann nahm ich meinen ganzen Mut zusammen und brachte mein Anliegen vor: »Gib meinen beiden Söhnen in deinem Königreich die Ehrenplätze direkt neben dir!« – Schweigen –

Vater: Nun sag schon, was hat er dir geantwortet?

Mutter: Die Antwort, die er an Jakobus und Johannes richtete, war äußerst komisch! »Ihr wißt ja gar nicht, was ihr da verlangt. Könnt ihr denn das schwere Leiden ertragen, das auf mich wartet?« Natürlich haben die zwei die richtige Antwort gegeben: »Jawohl, das können wir!« Darauf erwiderte ihnen Jesus: »Ganz gewiß werdet ihr leiden müssen, aber ich kann nicht bestimmen, wer einmal neben mir sitzen wird. Wer diese Plätze einnehmen wird, bestimmt allein mein Vater!« Kannst du mit dieser Antwort etwas anfangen?

Vater: Wir haben doch bis jetzt immer gehofft, daß er bald die Herrschaft im Land übernimmt und die Römer die längste Zeit ihre Macht über uns hatten, aber seine Äußerungen deuten nicht darauf hin, daß das so kommt. Ein König kann doch selber bestimmen, wem er die Ehrenplätze neben sich gibt!

Mutter: Nun hättest du noch die Reaktion der anderen Zehn erleben sollen! Die haben noch gar nicht kapiert, was für wertvolle Kollegen sie da mit unseren Söhnen haben. Der Rabbi hat gleich eingegriffen, mich durchzuckte es, und ich dachte, daß er mir jetzt eine klare Zusage geben würde.

Vater: Klar, Jesus muß doch deine gute Absicht anerkannt haben, wer kümmert und sorgt sich so um die Zukunft seiner Kinder wie du? Kaum eine Mutter ist so auf das Wohl ihrer Söhne bedacht, das gehört belohnt!

Mutter: Eben nicht! Was er da erklärte, konnte ich wieder in keiner Weise begreifen.

Vater: Was denn, du spannst mich auf die Folter!

Mutter: Zu der ganzen entrüsteten Schar sagte er: »Die Könige herrschen über die Völker wie Tyrannen, und die Machthaber unterdrücken, wen sie können. Aber gerade so darf es bei euch nicht sein. Wer groß sein will, der soll den anderen dienen, und wer der Erste sein will, der soll sich allen unterordnen. Auch der Menschensohn ist nicht gekommen, um sich dienen zu lassen, er kam, um selbst zu dienen und mit seinem Leben dafür zu bezahlen, daß viele Menschen aus der Gewalt des Bösen befreit werden.«

Vater: Da hast du nun allerdings nichts erreicht, aber wer soll das verstehen, was Jesus da aussagt. Damit kann ich nichts anfangen, das paßt nicht in unsere Erwartungen, die wir vom Leben haben: leiden, dienen, sein Leben geben für andere, sich unterordnen. Wer kann das begreifen?

Mutter: Bei Jesus ist eben alles ganz anders!

Bibelzitate aus Mt 20,20-28, »Hoffnung für Alle«

5.6 Persönlicher Bericht über Erfahrungen zum Thema »Ziele bei der Erziehung«

Erfahrungen mit unseren Kindern möchte ich als Ermutigung weitergeben. Sehr früh habe ich gelernt, die Kinder loszulassen und meine Pläne mit ihnen aufzugeben. Eine unserer Töchter, die inzwischen als erwachsene junge Frau ihren Platz gefunden hat, ist ein Beispiel für Gottes Führung.

Am Bücherlesen hatte sie als Kind keine große Freude. Ihrem Bewegungsdrang zufolge verbrachte sie viel Zeit im Freien beim Spielen. Langeweile kannte sie nie. Ihre Phantasie brachte sie immer wieder auf neue Ideen, die ihrem Spiel Abwechslung verliehen.

In der Schule hatte sie viel Spaß, weil sie dort nette Leute um sich hatte und »was los« war, obwohl sie mit den Zahlen auf dem Kriegsfuß stand. Wir drängten sie nicht, nur auf gute Noten zu achten, was für ihre Entwicklung sehr vorteilhaft war. Von der ersten Klasse an gab es Mitschülerinnen, die sie beschützte und ermunterte. Schon damals hatte sie die Gabe, mit Menschen umzugehen. Eine Lehrerin gab mir den Rat: »Setzen Sie das Kind nicht unter Lerndruck, sie ist so ein munteres Geschöpfchen, nehmen Sie ihr das nicht!«

Für dieses Verständnis war ich sehr dankbar.

Die notwendigen Prüfungen waren für uns alle große Glaubenserfahrungen, es reichte immer für das nächste Ziel. Gott rüstet seine Kinder aus mit all dem, was sie für den Platz brauchen, an den er sie stellt; das zeigte er uns sehr deutlich. Ziel unserer Erziehung ist, unsere Kinder darauf vorzubereiten, daß sie nach dem Willen Gottes leben.

Wir beteten um Weisheit in den anstehenden Entscheidungen und um Führung in allen Situationen. Auf wunderbare Weise kam die klare Anweisung zur rechten Zeit. Die Liebe zu ihrem Beruf und die Liebe und Geduld, mit der sie ihn ausübt, machen sie zu einem fröhlichen Menschen, der an dem von Gott zugewiesenen Platz durch seine natürliche, frische Art wohltuend für die anderen wirkt. In meinem Bekanntenkreis habe ich zwei Frauen, die so wertvolle Mitarbeiterinnen im Dienst für Jesus sind. Sie setzen ihre Fähigkeiten in einem praktischen Beruf ein. Sie wurden durch ihre vertrauenerweckende Art und ihr frohes, ausgeglichenes Wesen schon für viele Menschen zum Segen. Beide haben keine höhere Schulbildung, aber sie wurden danach noch nie gefragt, wenn sie sich um Menschen angenommen hatten, die mit ihren Problemen zu ihnen kommen.

Jesus sagte zu den einfachen, ungebildeten Fischern: »Folgt mir nach!« Paulus, der gebildete Gelehrte lebte nach seiner Begegnung mit Jesus nicht mehr sich selbst. Er setzte seine Gaben ganz ein für seinen Auftrag. Das ist auch für mich persönlich zum Lebenssinn geworden, mich von Jesus an den Platz stellen zu lassen, an dem er mich haben will. Diese Treue im Kleinen will ich auch an der Familie praktizieren. Die Kinder sollen auf ein Leben mit Jesus hingewiesen werden. Wir können natürlich nur ausstreuen; entscheiden müssen unsere Kinder selbst! Alle Begabungen sind Geschenk und müssen als anvertraute Pfunde gesehen werden, die der Herr von jedem Menschen zurückfordert. Also sollen die Begabten ihr Können und Wissen nicht für sich selber zur eigenen Ehre ver(sch)wenden!

Ich habe oft den Eindruck, daß auch Christen ihre Kinder ganz nach den Maßstäben der »Welt« erziehen. Wenn dann ihre Pläne nicht gelingen, kommt die Anklage, daß Gott sie im Stich gelassen habe.

Unser letztes Ziel ist ewiges Leben zu erhalten, das unser Herr Jesus Christus uns schenkt. Diese frohe Nachricht anderen Menschen weiterzusagen, damit auch sie gerettet werden vom ewigen Tod, ist unsere wichtigste Aufgabe. Weil wir von Jesus angenommen sind, hat unser Leben Sinn und Wert, ganz egal, in welcher Position wir in der Welt stehen.

Mit ganzer Hingabe gehören wir Jesus und dürfen unseren Lebensweg in allen Bereichen ihm unterstellen. Das erlebe ich als Mutter immer wieder und darüber freue ich mich.

6 Weiterführende Literatur

James Dobson, Unsere Kinder sind unmöglich, Johannis, Lahr 1992
Reinhold Ruthe, Elternbuch, Brockhaus, Wuppertal 1986

7 Vorbereitungsliste

☐ einige Frauen beauftragen mit der Vorbereitung eines Anspiels

für jede Frau
☐ Fragebogen vorbereiten

Sind Mütter wirklich immer daran schuld?

Hannelore Risch

1 Ziele für diese Einheit

Versöhnung mit der Vergangenheit, Vertrauen im Blick auf die Zukunft, Gelassenheit und Sicherheit für die Gegenwart gewinnen.

2 Informationen zum Thema

2.1 Häufig haben Mütter Schuldgefühle im Blick auf ihre Erziehungsarbeit. Das zeigt sich dann in Redewendungen wie: *»Ich hätte eine geduldigere Mutter sein sollen, hätte noch viel mehr Zeit für meine Kinder investieren müssen.« »Ich habe mein Kind zu wenig gefordert, hätte es nicht so sehr verwöhnen sollen . . . !«*, und andere Selbstanklagen. *»Ich habe es damals nicht besser gewußt!«*, fügen manche Mütter entschuldigend hinzu.

»Wie kommen Sie darauf, solche Selbstvorwürfe zu haben?«, frage ich zurück und erfahre: *»Die Klassenlehrerin hat mich darauf gebracht. Der Schulpsychologe hat mit Schuldzuweisungen nicht gespart. Meine Teenager sagen es mir unverblümt, was ich alles falsch mache. Dazu lese ich in Zeitschriften: ›Wenn Kinder versagen, sind die Mütter daran schuld‹!«*

Ältere Mütter berichten mir: *»Meine längst erwachsenen Kinder, die selbst noch kein Kind haben, aber dafür viele Probleme, schieben mir alle Schuld in die Schuhe: ich sei daran schuld, wenn sie nicht bindungs- und ehefähig sind, die Ausbildung abbrechen, suchtgebunden sind oder sonstige Pleiten haben. Seltsamerweise suchen sie nicht die Schuld bei* *sich, sondern bei den Mängeln ihrer Kindheit. Mit großem Zeitaufwand und einer psychologischen Lupe fischen sie in der Vergangenheit einige unglückliche Erlebnisse heraus und vergrößern sie. All die unzähligen glücklichen Zeiten haben sie vergessen. Mir kommt das eingeübt krankhaft vor! Durch diese Fixierung fehlt ihnen die nötige Tatkraft für die Gegenwart.«*

Seit solchen Gesprächen denke ich vermehrt über diesen Modetrend nach: Wer ist schuld am Versagen und Unglück der Kinder? Immer die Mutter. Sie ist ja auch die prägende Person am Lebensanfang. Der Vater ist in der Regel mehr oder weniger abwesend. Andere Personen, gewisse Umstände und individuelle Erbanlagen werden kaum erwähnt.

Das ist eine bedrückende Tatsache: Mütter stehen im Trommelfeuer der Kritik. Bleiben sie zu Hause, wirft man ihnen vor, daß sie ihre Kinder zu sehr kontrollieren und überbehüten. Üben sie einen Beruf aus, verdächtigt man sie, ihre Kinder zu vernachlässigen, um sich selbst zu verwirklichen.

Das Idealbild einer perfekten Mutter ist so hochgestellt, daß es wohl kaum eine erreichen kann. So entstehen mütterliche Schuldgefühle, wenn der Nachwuchs in Schwierigkeiten ist. Und das vielgepriesene Mutterglück bleibt auf der Strecke. Traurigkeit und Verletzbarkeit erfaßt manche bisher ausgeglichene Mutter. Um sich zu schützen zieht sie sich zurück. Sogar negative Gefühle gegen vorwurfsvolle Kinder und richtende Personen tauchen jetzt bei den Müttern aus der Tiefe auf.

Selbst in der Bibel gibt es keine Supermütter. Und wir sollen heute solche sein? Das ist unmöglich! Wir Mütter sind doch ganz normale Menschen, haben Stärken und Schwächen, Gaben und Grenzen. Wir erziehen unsere Kinder nach bestem Wissen und Gewissen, mit allen vorhandenen Kräften. Wir lieben sie und versuchen, sie glücklich zu machen – sind aber leider keine Glücksfee.

Es gab viele Jahre in meinem Mutterdasein, wo ich im 24-Stunden-Job meine ganze Kraft für meine sechs Kinder eingesetzt habe, bis ich mich restlos ausgelaugt fühlte. Endlich habe ich ein gutes Gewissen bekommen, mein Eigenleben und auch meine anderen Gaben nicht völlig aufzugeben, was mit Einschränkungen auch den Kindern letztlich wieder zugute kam.

In ihrem Buch »Mütter sind nicht immer schuld« schreibt Annemarie Pfeifer, daß gewisse Ergebnisse der Psychologen vor einigen Jahrzehnten den heutigen Anforderungen an seriöse Studien nicht mehr entsprechen. Liest man diese frühere psychologische Literatur, z. B. Alice Miller, dann wären Mütter entweder allmächtige, verschlingende Überwesen oder vernachlässigende Egoisten, manchmal sogar beides in einem.
Solche Analytiker haben ihre Beobachtungen nur bei kranken Menschen, die bei ihnen auf der Couch lagen, gemacht. Und diese machen nicht einmal zehn Prozent der Bevölkerung aus.
Obwohl nicht bewiesen, gilt heute immer noch der Satz: *»Mutter ist an allem schuld!«* So ist ein neues psychologisches Fachwort entstanden »Mother-Blaming«, Verurteilung der Mütter. Zur Zeit ist es geradezu Mode, Mütter zu Sündenböcken zu stempeln.
Als meine Kinder erwachsen waren, also über 18 bzw. 21 Jahre alt, sagte ich zu ihnen: »Ihr habt euch bisher ziemlich selbst modelliert. Doch jetzt seid ihr auch selbst verantwortlich. Ihr habt nun vor Gott und Menschen zu verantworten, was ihr aus eurem Leben macht. Ohne Zweifel habt ihr genügend Baumaterial für euer Lebenshaus mitbekommen. Da sind zum Beispiel meine leider nicht perfekte Erziehung, auch eure Kindheit im Geschwisterkreis ohne Vater – eure ganze bunte Vergangenheit in Elternhaus, Schule, Freundeskreis, Garten, Wald und Feld. Ebenso wichtige Bausteine sind eure Erbanlagen, wie Gesundheit, viele Begabungen, Temperament und eine gute Portion Intelligenz. Jetzt ist es allein eure Entscheidung, in der Gegenwart und für die Zukunft mit diesen Bausteinen etwas Gutes zu gestalten. Wenn ihr mich dabei ein wenig braucht, bin ich immer für euch da. Doch ich nehme keine Schuldzuweisungen von euch mehr an! Wenn ihr die Schuld für Versagen bei euch selbst sucht, werdet ihr entsprechend eurer Lebensjahre reif und mündig. Auf diese Weise lernt ihr, wie ihr's immer besser machen könnt.« So ähnlich sagte ich bei passender Gelegenheit meinen erwachsenen Kindern.

2.2 Es gibt Schuldgefühle ohne wirkliche Schuld, aber auch Schuld ohne die geringsten Schuldgefühle. Für uns Mütter gilt nun zu sortieren:

Wodurch bin ich konkret schuldig geworden? Welches sind unangebrachte Beschuldigungen und Überforderungen? Und welches sind pingelige, grundlose Schuldgefühle?

Bei dieser Klärung will uns Gott helfen. Wir benötigen dazu Aufrichtigkeit und manche stille Stunde. Natürlich können wir auch Erfahrene um Rat fragen.
Mein Erziehungsziel war u. a., Jesus Christus meinen Kindern bekannt zu machen; denn was mir in meinem Leben am meisten geholfen hat, das will ich natürlich auch ihnen vermitteln. Da brauche ich nichts zu bereuen. Doch wie waren meine bewußten und unbewußten Erziehungsmethoden? Bekanntlich wechseln sie im Laufe der Zeit alle paar Jahre. Wenn ich damals gewußt hätte, was heute die jungen Mütter wissen, hätte ich manches anders gemacht. Doch die heutigen Mütter werden in zehn Jahren das Gleiche sagen.
Rückblickende Mütter erkennen sicher, daß sie im einen und anderen Erleben konkret an ihren Kindern schuldig geworden sind. Vielleicht war sogar ihre Haltung falsch. Das tut uns leid. Wir empfinden Reue. Reue ist eine »göttliche« Traurigkeit über unser wirkliches Versagen. Wir sind um so trauriger, wenn unser Fehlverhalten negative Folgen im Leben unserer Kinder bewirkt hat. Tränen und schlaflose Stunden bleiben uns nicht erspart. Aber aus Tränen werden Perlen; denn die gute Nachricht heißt: Für Reue schenkt Gott uns immer 100prozentige Vergebung. Das ist so wahr, wie Jesus am Kreuz für uns gestorben ist. Unsere Schuld, auch mütterliches Versagen, ist restlos durch ihn bezahlt. Sogar ausgelöscht im Gedächtnis Gottes, als wäre sie nie gewesen! Ist das nicht wunderbar?
Die belastende Vergangenheit ist bereinigt. Befreit können wir jetzt Gegenwart und Zukunft gestalten. Wir brauchen unsere seelischen Kräfte nicht mehr im Vergangenen zu vergeuden, sondern können sie kreativ im Hier und Jetzt einsetzen. Wenn wir in dieser Haltung auch unsere Kinder um Vergebung bitten, verzeihen sie uns allermeist. Nun können auf beiden Seiten die alten Verletzungen heilen; denn Vergebung verändert die negativen Gefühle: Ablehnung und Verbitterung werden geringer und verschwinden mit der Zeit, neues Vertrauen keimt.

Weil wir unverdienterweise Gottes Vergebung erhalten haben, deshalb können wir auch denen vergeben, die uns enttäuscht und verletzt haben. Wir befreien sie aus dem Schuldturm unserer Vorwürfe – die Eltern ihre Kinder und die Kinder ihre Eltern, die Frau ihren Mann und der Mann seine Frau. Aus den Fehlern wollen wir lernen und ein partnerschaftliches Miteinander gestalten. Diese Erfahrung haben unzählige Familien gemacht.
Wenn Vergebung für beide Seiten eine solche Wohltat ist, warum geschieht sie trotzdem viel zu wenig? Ich denke, daß Stolz ein Hindernis sein kann. Manche erwachsenen Kinder sagen: *»Ich will meinen Eltern nicht vergeben, damit ich etwas gegen sie in der Hand habe!«* Es ist ein Irrtum zu meinen, daß Vergeben ein Ausdruck von Schwäche sei. In Wirklichkeit erfordert Vergebungsbereitschaft Reife und innere Größe. Rachsüchtigen Personen fehlen sie. Doch es gibt auch Mütter, die trotz Gottes Vergebung sich im Spiegel nicht wohlwollend in die Augen schauen können. Irgendwie verurteilen sie sich immer noch. Dann müssen sie lernen, sich selbst zu vergeben, vielleicht sogar im Beisein einer Zeugin. Lassen wir uns doch wie ein Brunnen vollaufen von der reinigenden Vergebung, bis sie überläuft! Gott schenkt sie uns in überfließender Fülle! Dann haben wir immer genug zum Weitergeben an die, die uns gekränkt haben. Wir sprechen: *»Wie Gott mir, so ich dir!«*

2.3 Wir Mütter sind nicht für alle Probleme unserer Kinder verantwortlich, auch wenn wir im Rückblick heute manches besser machen würden. Es ist vorbei. Die Vergangenheit ist nicht mehr zu ändern, aber Gegenwart und Zukunft sind zu meistern.
Doch etwas sehr Wirkungsvolles können wir heute für unsere Kinder und Enkel tun: durch unsere Fürbitte schicken wir sie in Gottes Schule. Da lernen sie in Haupt- und Nebenfächern eine Menge dazu und werden reif; denn für Gott gibt es kein »zu spät«.

3 Vorschläge zur Durchführung

➡ Zur Vorbereitung in einem kleineren Team kann man folgende Texte miteinander lesen und diskutieren und aktuelle Beispiele dazu sammeln, eventuell auch ein Anspiel daraus entwickeln.

Arzt warnt vor Hysterie

MAINZ (dpa) – Lange Gerichtsverfahren können sexuell mißbrauchten Kindern schwer schaden. Grund seien die häufigen Befragungen und Kreuzverhöre, sagte der leitende Oberarzt der Psychosomatischen Uniklinik in Mainz, Ulrich Egle, Freitag abend am Rande einer Fachtagung. In der Wissenschaft seien die generellen Entwicklungsaussichten der Opfer aber umstritten. „Nur die Hälfte der in der Kindheit von sexuellem Mißbrauch Betroffenen zeigt Langzeitfolgen." Der Oberarzt warnte im Zusammenhang mit Kindesmißbrauch vor einer Hysterie und meinte, falsche Anschuldigungen seien an der Tagesordnung. Er kritisierte selbsternannte Experten, die in Wochenendseminaren falsche Hinweise zu dem Thema gäben. Daraufhin fänden Sozialarbeiter plötzlich überall in ihren Einrichtungen sexuell mißbrauchte Kinder. Die Zahl der Falschanschuldigungen sei hoch.
(Sonntag-aktuell 13/17)

Liebevolles Verhältnis zum Kind

Die Beziehung zwischen Mutter und Kind stehe unter einem Wiederholungszwang, war bisher der weitverbreitete Glaube. Eine Mutter könne nur dann eine innige und liebevolle Beziehung zu ihrem Kind aufbauen, wenn sie das gleiche bei ihrer eigenen Mutter erfahren habe. Diese These wurde jetzt von zwei Wissenschaftlerinnen des Fachbereichs Psychologie an der Universität Marburg widerlegt. Dr. Hiltrud Lugt-Tappeser und Bettina Wiese kamen in ihrer Studie zu ganz anderen Ergebnissen: Danach gingen Frauen, die von ihrer eigenen Mutter eher kühl und abweisend behandelt wurden, genauso liebevoll und zärtlich mit ihren Kindern um wie die Mütter mit glücklichen Kindheitserinnerungen.
fib

(Sonntag-aktuell 13/17)

Einstieg ins Thema – Möglichkeit A

Ein **Anspiel** von einigen Frauen vorbereitet und vorgespielt.
Mögliches Thema:
- ein Teenager oder eine Tochter, die bereits selber wieder Mutter ist, macht seiner/ihrer Mutter Vorwürfe im Blick auf deren Erziehung;
- zwei Frauen sind miteinander im Gespräch und halten kritische Rückschau auf ihre Erziehung und was daraus geworden ist.

Einstieg ins Thema – Möglichkeit B

Die Teilnehmerinnen werden zu Beginn in kleine **Gruppen** von etwa vier bis fünf Personen aufgeteilt und mit Plakat, Zeitschriften, Zeitungen, Schere und Klebstoff ausgerüstet und sollen zu verschiedenen Themen Collagen anfertigen.
Mögliche Themen könnten sein:
- wenn Mütter zu sehr lieben
- heimliche Gewalt in Familien
- Schuldgefühle bei Müttern
- die »perfekte« Mutter
- »unsere Kinder machen uns Schande«

Nach der Fertigstellung der Collagen kann man einen Austausch über Gedanken und Erfahrungen der Mütter anschließen, auch über die Gespräche bei der Entstehung der jeweiligen Collagen.
Nachgespräch: Folgende Fragen können für die **Gesprächsrunde** oder auch für eine **Zeit der persönlichen Stille** leitend sein:

1) Welche Erziehungsfehler beschäftigen mich immer wieder?
2) Wo bin ich den Auseinandersetzungen mit meinem Teenager aus dem Weg gegangen?
3) Wo war ich zu hart und abweisend?
4) Wo reagiere ich den Vorwürfen meiner (erwachsenen) Kinder gegenüber überempfindlich?

5) Wo habe ich heimliche oder offene Vorwürfe gegenüber meinen Eltern?
6) Gibt es Bitterkeiten in meinem Herzen gegenüber meinem Mann?

Einstieg ins Thema – Möglichkeit C

Die Frauen erhalten eine Kopie der **Karikatur** und sollen sich Gedanken dazu machen mit folgenden Fragen:
Fühle ich mich auch wie der Hampelmann meiner Kinder?
Wie reagiere ich auf Vorwürfe meiner Kinder?

Heinz Giebeler, Mozartstr. 9, 72555 Metzingen

Vertiefung des Themas

2.1 mit guter Betonung und mit Denkpausen vorlesen
Gesprächsrunde darüber (siehe Fragen zu »Nachgespräch«)
2.2 vorlesen
Gesprächsrunde darüber
Gebet um Vergebung austeilen
längere Stille Zeit
eventuell beten einzelne laut
2.3 vorlesen

Abschluß

Jede Teilnehmerin erhält das Gebet als Kopie (siehe 4.2) und soll sich einige Minuten Zeit nehmen, dieses Gebet in der Stille für sich selber zu beten und auch eventuell selber schriftlich zu ergänzen.
Danach liest eine Leiterin das Gebet laut und läßt an den entsprechenden Stellen einige Momente Pause, damit die Frauen ihre Gedanken in der Stille nochmals aussprechen können.
Danach singen alle miteinander aus »Großer Gott, wir loben dich«, Vers 11.
Mit dem Segensgruß von Franz von Sales die Einheit beschließen.

4 Weitere Bausteine zum Thema

4.1 Lieder

- Vergiß nicht zu danken, in: Ich will dir danken, Nr. 59, Hänssler
- Herr, erbarm, erbarme dich, EKG 331, Vers 11 (neues Gesangbuch)

4.2 Gebet und Meditationen

Lieber himmlischer Vater, als Mutter habe ich in manchem versagt und Erziehungsfehler gemacht. Folgende Begebenheit fällt mir ein: ...

Manchmal war ich zu beschäftigt, ungeduldig, ungerecht ... Auseinandersetzungen mit den Teenagern bin ich aus dem Wege gegangen. Gegen die Vorwürfe der erwachsenen Kinder reagierte ich überempfindlich. Herr, du weißt, daß ich das Beste wollte, es aber nicht zustande brachte. Das tut mir von Herzen leid.

Bitte vergib mir! Ich weiß, daß dein Sohn meine Schuld mit seinem Blut bezahlt hat. Darum kann ich jetzt deine volle Vergebung annehmen. Ich danke dir dafür. Nie mehr rechnest du mir diese Schuld an. Dafür vertraue ich mich dir wieder neu an. Nun hilf mir bitte, daß ich deine Vergebung weitergebe an die, die mich verletzt haben. Ich will sie aus dem Schuldturm meiner Vorwürfe befreien. Auch, wenn mich niemand um Vergebung bittet, will ich trotzdem verzeihen, weil du mir vergeben hast.

Herr, ich will meinem Sohn/meiner Tochter vergeben ...

Ich will meinem Mann vergeben ...

Herr, ich will auch meiner Mutter vergeben, weil sie ...

und meinem Vater, daß er ...

Weil du, lieber Vater, meine bereute Schuld in deinem Gedächtnis gelöscht hast, will auch ich ihnen nichts mehr nachtragen. Erinnere mich immer daran, wenn bittere Gedanken hochsteigen.

Du heilst mit der Zeit unsere Verletzungen und schenkst uns ein neues Miteinander. Ich verlasse mich auf dich. Du wirst mich nicht enttäuschen.

Amen.

Meine *Vergangenheit*
kümmert mich nicht mehr.
Sie gehört dem *Erbarmen Gottes*.

Meine *Zukunft*
kümmert mich noch nicht.
Sie gehört der Vorsehung Gottes.

Was mich kümmert ist
das *Hier* und *Jetzt* und Heute.
Das aber gehört der **Gnade Gottes**
und der Hingabe meines guten Willens.

Franz von Sales (1567-1622)

4.3 Persönliches Zeugnis

Die Jahre nach dem Tod meines Mannes waren für mich sehr schwer. Doch fast genauso schwierig, nur anders gelagert, waren für mich die Ablösungsphasen meiner Kinder. Mein Verstand sagte mir zwar immer wieder: »Es ist ganz natürlich, daß sich Kinder von ihren Eltern mehr oder weniger dramatisch loslösen. Nur so können sie eigenständige, selbstverantwortliche Persönlichkeiten werden!« Doch in meinem Fall war diese Phase besonders lang und schwierig, teils weil es sechs Kinder waren, teils weil der Vater fehlte. Als Alleinerziehende entbehrte ich die Unterstützung meines Mannes. Das wurde mir besonders deutlich, als einer meiner Ältesten zum jüngsten Bruder energisch sagte: »Wie redest du mit deiner Mutter?« Dieser Satz wirkte Monate lang!
Krisen sind Chancen für einen Neuanfang. Das habe ich immer wieder in meinem Leben erfahren. Das Beste an ihnen ist, daß sie Ratlose und Bekümmerte ins Gespräch mit Gott, dem Vater, treiben. Ich kann bezeugen, daß diese Möglichkeit entlastend und ermutigend wirkt.
(hr)

5 Weiterführende Literatur

Annemarie Pfeifer, Mütter sind nicht immer schuld, Brockhaus, Haan 1995
John White, Eltern im Schmerz, Francke, Marburg 1989

6 Vorbereitungsliste

☐ Anspiel vorbereiten lassen

für jede Frau
☐ Gebet
☐ Segensgruß von Franz von Sales schön gestaltet zum Verteilen
☐ Karikatur mit Fragen vorbereiten

Meine Zeit in deinen Händen

Cornelia Mack / Brigitte Stabe

1 Ziele für diese Einheit

Die eigene Zeit unter neuen Prioritäten und Horizonten sehen und von daher zu einer besseren Zeitgestaltung und Zeiteinteilung finden.

2 Informationen zum Thema

2.1 Wir alle erleben unsere Zeit verschieden.

Bei bestimmten Dingen vergeht die Zeit wie im Flug, z. B. bei

- angenehmen Dingen
- Dingen, die uns ganz gefangen nehmen
- Arbeiten, die uns intensiv beschäftigen
- Hobbys, die uns Freude machen

Bei anderen Beschäftigungen vergeht uns die Zeit quälend langsam, z. B. bei:

- unangenehmen Dingen (etwa Zahnarztbesuch)
- Schmerzen
- peinlichen Situationen
- Tätigkeiten, in denen wir uns überfordert fühlen

Mit zunehmendem Alter verändert sich unser Zeitempfinden. Je älter wir werden, desto mehr erleben wir die Zeit als »zerfließend«, als dahinrasend. Am Lebensende erscheint das Vergangene, die erlebte Zeit oft, als sei sie auf wenige Minuten komprimiert. Ein

Mann sagte auf dem Sterbebett: »Mein Leben kommt mir vor, als sei ich einmal die Straße, in der ich wohne, hin und zurück gelaufen – und nun ist es schon vorbei.«

2.2 Zeit und Zeitgestaltung ist für viele Menschen zu einem Problem geworden

Manche Menschen haben zu viel Zeit

Kennzeichen davon sind:

- Langeweile
- Suche nach Ablenkungen
- Gefühl der Sinnlosigkeit
- Ohnmacht
- niedrige Selbsteinschätzung

Andere Menschen haben zu wenig Zeit

Kennzeichen davon sind:

- vieles bleibt unerledigt
- unbewältigte Berge von Arbeit, die man vor sich herschiebt
- Gehetzt- und Gestreßt-Sein
- innere Abwesenheit
- in Gedanken dauernd schon beim nächsten
- nicht »gegenwärtig« sein

2.3 Wir versuchen, unsere Zeit in den Griff zu bekommen

Der Mensch hat keine Macht über die vergehende Zeit. Die Vergangenheit kann nicht nochmals erlebt oder wiederholt werden.

Um der Zeit nicht hilflos ausgeliefert zu sein, versucht der Mensch, sich seine Zeit in Abschnitte zu unterteilen: Arbeitszeit, Freizeit, Urlaubszeit, Schlafenszeit, Essenszeit usw.

Bereits im Alten Testament haben Menschen ihre Zeit so eingeteilt (Prediger 3,1: »Alles hat seine Zeit, und alles Vorhaben unter dem Himmel hat seine Stunde).

2.4 »Ich habe keine Zeit«

Diesen Satz sagen wir alle wohl mehrmals täglich. Damit meinen wir entweder:

Ich kann *jetzt* nicht, dafür aber später, oder:
Ich will *dafür* keine Zeit verwenden, oder:
Ich habe kein Interesse *daran* oder *an dir.*
Mit dem Satz »Ich habe keine Zeit« machen wir deutlich, daß wir bestimmte Prioritäten in unserem Leben gesetzt haben. Wir geben einer Sache Vorrang vor einer anderen. Das eine ist uns wichtiger als das andere und leitet uns in unseren Aussagen und Entscheidungen. Die so gesetzten Prioritäten sind uns oft nicht bewußt. Wir handeln instinktiv, intuitiv oder von unreflektierten Zwängen bestimmt.
»Ich habe keine Zeit« – mit diesem Satz sollten wir behutsam umgehen. Die wichtigste Zeit ist der Augenblick, in dem ich gerade lebe und der Mensch an meiner Seite.

2.5 Jeder Mensch hat gleich viel Zeit pro Tag

Wir alle haben jeden Tag 24 Stunden, 1440 Minuten, 86 400 Sekunden Zeit. Was für ein Reichtum, – denn unser Leben ist unsere Zeit. Ein Geschenk von Gott. Wie lange dauert dieses Geschenk? Was mache ich damit?
In der Kirche in Annaberg befinden sich an der Empore Reliefs, die das Leben der Menschen darstellen. Sie sind eingebettet zwischen Gott-Vater, dem Schöpfer, und Gott-Sohn, dem Weltenrichter, ausgerichtet auf Jesus Christus, den Gekreuzigten. Er ist die Mitte unserer Zeit. Er nimmt uns jeden Tag in seine Schule, wie wir mit dem Geschenk der Zeit umzugehen haben.
Wie wir unsere Zeit füllen, hängt davon ab, was wir für wichtig erachten und was nicht. Im Hören auf Gott können wir lernen, das Wichtige vom Unwichtigen unterscheiden zu lernen. Gott wirft manchmal unsere Zeiteinteilung ganz schön durcheinander. Hören wir auf ihn, bringt er unsere Zeit immer in die richtige Reihenfolge: Stille Zeit für Gott – Zeit für den anderen – Zeit für mich.

2.6 Es gibt vertane und vergeudete Zeit

Zeit kommt nicht wieder – in unserem Leben gibt es immer wieder auch ein zu spät – ich hätte – ich sollte – aber ich habe es nicht getan. Zeit ist ein kostbares Gut. Gott fordert auch über unsere Zeit Rechenschaft. Laß die Sonne nicht über deinem Zorn untergehen!

Lebe bewußter, denn du weißt nie, ob deine Zeit bald abgelaufen ist. Schenke Menschen an deiner Seite etwas von deiner Zeit, sie brauchen sie oft nötig. Gott schenkt sie dir wieder.

2.7 Zeit ist Geschenk aus Gottes Hand
Der Mensch soll Herrscher sein über die Zeit, aber durch den Sündenfall erfährt unsere Zeit eine Grenze durch den Tod.
Der Mensch ist von Gott dazu geschaffen, sich die Zeit dienstbar zu machen. Nicht ich muß der Zeit dienen, sondern die Zeit muß mir dienen. Wir können unsere Zeit so gestalten, daß dadurch und darin etwas zum Lob Gottes geschieht.

3 Vorschläge zur Durchführung

Einstieg ins Thema – Möglichkeit A

➧ Jede Teilnehmerin bekommt eine **Uhrschablone** und einen Buntstift. Die liebste Zeit des Tages wird dann dort eingetragen. Jede nennt und erklärt, warum gerade diese Zeit für sie wichtig ist.

Einstieg ins Thema – Möglichkeit B

➧ Die Teilnehmerinnen werden in **Gruppen** aufgeteilt.
Jede Gruppe soll sich unterhalten und ein **Stegreifspiel** vorbereiten zu jeweils einem der folgenden Themen:
– ich habe keine Zeit
– vertane Zeit
– sinnvoll gestaltete Zeit

Einstieg ins Thema – Möglichkeit C

➧ Auf einem Tisch liegen verschiedene **Karikaturen** (s. 4.4). Jede Karikatur sollte mehrfach vorhanden sein. Jede Frau soll sich die Karikatur aussuchen, die sie am meisten anspricht (im positiven oder negativen Sinn).

Danach ordnen sich die Frauen mit den gleichen Karikaturen einander zu und unterhalten sich einige Minuten lang darüber, warum sie gerade diese Karikatur gewählt haben.

Vertiefung des Themas – Vorschlag A

Alle drei Einstiegsmöglichkeiten können eine hilfreiche Hinführung zur Vertiefung des Themas sein, entweder im **Gespräch** anhand der Thesen unter Punkt 2 miteinander zu reden oder ein **Referat** anhand der Thesen zu halten.
Wichtig bei der Vertiefung ist, daß positive Aspekte und Gesichtspunkte zur Zeitgestaltung nicht zu kurz kommen.
Konkrete Hilfestellungen wie Zeitplanung und Zeitspartricks sollten nicht vergessen werden.
Marabel Morgan erzählt in ihrem Buch »Die totale Frau« von einem Unternehmensberater, der von einem Spitzenmanager die Summe von 25 000 Dollar für folgende Grundsätze erhielt:

1) Nimm dir jeden Abend einen Augenblick Zeit und schreibe dir alles auf, was du morgen zu erledigen hast.
2) Stufe auf deiner Liste die einzelnen Aufgaben nach ihrer Wichtigkeit ein.
3) Fange am Morgen mit Punkt 1 an und höre nicht eher damit auf, bis er erledigt ist. – Führe jede Arbeit zu Ende.
4) Verwende zum Aufschreiben deines Tagesprogrammes am besten ein Ringbuch oder einen Kalender mit genügend Zwischenraum für Notizen.
5) Nimm dir nicht zu viel auf einmal vor, lieber weniger machen und das richtig zu Ende führen.

Über diese Punkte könnte man ins Gespräch kommen:

Stimmen diese Tips?
Welche finde ich hilfreich und welche nicht?
Wo habe ich am meisten Probleme bei der Zeitplanung?
Wie gehe ich mit unvorhergesehenen Ereignissen um?

➡ Ein **Wochenplan** kann für einige Frauen ein hilfreicher Zeitplaner sein. Aber nicht alle Frauen können damit arbeiten!
Bevor Sie einen Wochenplan ausarbeiten, noch einige wichtige Grundsätze:

A. Plane deine Zeit, sonst planen sie andere für dich.
B. Laß dir immer genügend Zeit für Unerwartetes.
C. Plane dein Mittagessen für eine ganze Woche im voraus, so sparst du Geld und viel Gedankenarbeit.
D. Lerne, »Nein« zu sagen.
E. Lerne, dich schnell zu entscheiden.
F. Vertrödle keine Zeit.
G. Überdenke deine Aktivitäten von Zeit zu Zeit, werte aus und plane neu.

aus: Barbara Jakob, Mit uns Frauen fängt alles an, Francke, Marburg

Fragen zum Nachdenken:
Habe ich den Satz »Ich habe keine Zeit« nur als Ausrede benutzt?
Stelle ich meine Probleme nur in den Mittelpunkt und sehe nicht den Menschen, der meine Zeit auch braucht?
Bin ich der Meinung, andere stehlen mir die Zeit?

Vertiefung des Themas – Vorschlag B

➡ Zur Vertiefung des Themas kann auch das Märchen von Tolstoi gelesen werden. Danach bietet sich ein **Gespräch** über Lebensprioritäten an.

Wofür nehmen wir uns Zeit?
Was scheint uns wichtig und was nicht?
Sind meine Prioritäten richtig gesetzt?
Lebe ich so, wie ich mir das zutiefst eigentlich wünsche oder werde ich verplant?

Danach eventuell weiter wie unter Vorschlag A.

Vertiefung des Themas – Vorschlag C

»Das Märchen« (4.3) vorlesen und über die Fragen austauschen:

Wie kann unsere Zeit eigentlich in Ewigkeit umgewandelt werden?
Wie bekommt meine jeweils gelebte Zeit eine Gültigkeit, die bleibt?
Wie versuche ich in den einzelnen Bereichen ich selber zu sein oder mir selber treu zu bleiben?
In welcher Weise lasse ich mich in diesen Bereichen von Gott führen?

Danach eventuell weiter wie unter Vorschlag A.

Abschluß mit Psalm 31

Der Psalm 31 ist ein Gebet in der Not. Wenn Menschen vor Gericht erscheinen mußten, wurde ihnen dieser Psalm Hilfe und Kraft. Wie die meisten Psalmen ist auch er von David geschrieben. David – jüngster Sohn Isais – war Hütejunge auf den Feldern von Bethlehem. Er kannte das Gebirge Juda so gut wie kein anderer. Sein Leben war eine steile Karriere. Von Gott gesegnet, von Menschen verehrt und beneidet. David aber bleibt der Gesegnete Gottes ohne Starallüren. Auch Leid und Not blieben ihm nicht erspart. Sein Leben war oft in Gefahr durch König Saul, aber auch durch seine eigenen Söhne. Es gab auch Schuld in seinem Leben, und es war wie eine Kettenreaktion: Bequemlichkeit – Begierde – Ehebruch – Mord. Auf diesem ganzen Hintergrund läßt sich dieser Psalm gut verstehen.
Gliederung:

Vers 1-3	In meiner Zeit bin ich bedrängt
Vers 10-14	In meiner Zeit werde ich bedrückt
Vers 4-9 u. 15-25	In meiner Zeit werde ich aber nicht besiegt

1) *In meiner Zeit bin ich bedrängt*

Der Beter klagt – er hat Angst um sein Leben, vor dem Tod, vor der Herausforderung, vor Krankheit usw. Angst lähmt die Kraft und das Denken. Er ist einsam und hilflos – seine Kraft reicht nicht mehr. Er ist am Ende. Er sucht Hilfe. Die drohende Gefahr ist zu groß geworden. Wie eine Flut scheint Schlimmes auf ihn hereinzubrechen. Aber er weiß für seine Klage die richtige Adresse.

Zum Nachdenken:

Bestimmen wir unser Leben selbst und lassen es von Gott nur absegnen?
Ist Gott unsere Adresse in Freud und Leid?
Wie hat Jesus reagiert, als er von seinen Feinden so bedrängt wurde?

2) *In meiner Zeit werde ich bedrückt*

Bedrückung erfaßt den ganzen Menschen. Die Seele und der Leib werden krank. Es ist eine große Last – wie zugedeckt – fast lebendig begraben. Wie ein Toter fühlt sich der Mensch. Die Schmerzen der Seele tun genauso weh wie körperliche Schmerzen. Unschuldig ist David kaputtgespielt worden. Ausgestoßen, auf der Flucht ist er. David hatte Grund zur Klage.

Zum Nachdenken:

Wo haben wir heute Grund zur Klage?
Wo fühle ich mich bedrängt oder verspottet?
Wo fühle ich mein Leben als Last?

3) *In meiner Zeit werde ich aber nicht besiegt*

Der Beter weiß um seine Hilfe – er hält sich in seinem Leid daran fest. Noch in der Klage spricht er sein ABER. In schweren Stunden ist Gott ganz nah – immer zur rechten Zeit. Im Vertrauen auf Gott wird uns Hilfe zuteil. Gott trägt durch. Bei Jesus können wir lernen, wie er bis in den Tod hinein trägt. Jesus hat es uns vorgelebt. Mit seiner Kraft werden wir gestärkt.

Am Schluß steht das Dankgebet. David steckt noch in Not. Er kann aber schon danken, daß Gott ihn hält und bewahrt. So, wie im Skansen-Park in Stockholm eine übergroße Hand auf zwei Fingern eine kleine Menschenfigur hält – und nicht fallen läßt.

4 Weitere Bausteine zum Thema

4.1 Lieder

- Der du die Zeit in Händen hast, EKG 45
- Von guten Mächten, in: Ich will dir danken, Nr. 166, Hänssler
  In allen meinen Taten, EKG 368

4.2 Gebete und Meditationen

Gebet um rechten Gebrauch der Zeit

Herr, meine Uhr hat
mich erschreckt.
Mein Blick fiel auf
den Sekundenzeiger.
Mit leisem Ticken
rechnet er
die Sekunden meines
Lebens ab.
Herr, sie machen mir angst,
die unzähligen
Augenblicke meines Lebens,
die ich vertan und
verdorben habe.
Denn keiner
kehrt zurück,
daß ich ihn noch einmal,
daß ich ihn besser
leben könnte.

Ein Wort im rechten Augenblick,
ein schweigendes
Zuhören zur rechten Zeit,
ein Händedruck,
ein Geschenk,
ein Gebet –
sie können ein ganzes
Leben ändern.
Das Richtige im rechten Augenblick
zu erkennen und aus Liebe zu tun,
das, Herr,
erbitte ich mir von dir.

Paul Roth

Geschenkte Zeit

Herr meiner Stunden und meiner Jahre

Du hast mir viel Zeit gegeben.
Ich habe sie von dir.
Ich danke dir für jeden Schlag der Uhr
und für jeden Morgen, den ich sehe.
Ich bitte dich nicht,
mir mehr Zeit zu geben.
Ich bitte dich um viel Gelassenheit,
jede Stunde zu füllen.
Ich bitte dich, daß ich ein wenig dieser Zeit
freihalten darf von Befehl und Pflicht,
ein wenig für Stille, ein wenig für das Spiel,
ein wenig für die Menschen am Rande meines Lebens,
die einen Tröster brauchen.
Ich bitte dich um Sorgfalt, daß ich meine Zeit nicht töte,
nicht vertreibe, nicht verderbe.
Jede Stunde ist ein Streifen Land.
Ich möchte ihn aufreißen mit dem Pflug,
ich möchte deine Liebe hineinwerfen,
Gedanken und Gespräche, damit Frucht wächst.
Segne Du meinen Tag!

Jörg Zink, in: Wie wir beten können, Herr meiner Stunden und Jahre, Kreuz-Verlag

Herr, Du mußt Dich getäuscht haben in den Berechnungen.
Es muß ein Grundfehler darin sein.
Die Stunden sind zu kurz.
Die Tage sind zu kurz.
Die Lebenszeiten sind zu kurz.
Du, der Du außerhalb der Zeit stehst, Du lächelst, Herr, wenn Du siehst, wie wir uns mit ihr herumschlagen,
und Du weißt, was Du tust.
Du täuschst Dich nicht, wenn Du den Menschen die Zeiten zuteilst,
Du gibst jedem die Zeit zu tun, was Du willst, daß er tun soll.
Aber man darf keine Zeit verlieren,
keine Zeit vergeuden,
die Zeit nicht totschlagen.
Denn die Zeit ist ein Geschenk, das Du uns machst.
Aber ein vergängliches Geschenk,
ein Geschenk, das sich nicht aufbewahren läßt.

Herr, ich habe Zeit,
ich habe meine Zeit für mich,
alle Zeit, die Du mir gibst,
die Jahre meines Lebens,
die Tage meiner Jahre,
die Stunden meiner Tage,
sie gehören alle mir.
An mir ist es, sie zu füllen, ruhig und gelassen,
aber sie ganz zu füllen, bis zum Rande,
um sie Dir darzubringen, damit Du aus ihrem schalen Wasser
einen edlen Wein machst, wie Du es einst tatest, zu Kana,
für die Hochzeit der Menschen.

Herr, ich bitte Dich heute abend nicht um die Zeit, dieses und dann noch jenes zu tun,
Ich bitte Dich um die Gnade, in der Zeit, die Du mir gibst,
gewissenhaft das zu tun, was Du willst, daß ich tun soll.

Michel Quoist, Herkunft unbekannt

4.3 Kurzgeschichten, Märchen, Anekdoten, Parabeln

Zeit ist Gnade

Ein Uhrmachermeister, der an einer unheilbaren Krankheit litt, entwarf eine neue Uhr, auf deren Zifferblatt anstelle der Zahlen Buchstaben waren, rundum zwölf Buchstaben. Las man sie der Reihe nach, ergab sich der Satz: »Zeit ist Gnade.« Dieser Mann war sich bewußt, daß jede Stunde, die er noch zu leben hatte, ein Geschenk, Gnade war.
Wir sterben nicht, weil unser Körper abgenutzt und hinfällig geworden ist, sondern weil Gott es so bestimmt hat.
»Es ist den Menschen gesetzt, einmal zu sterben, danach aber das Gericht« (Hebr 9,27).

Herkunft unbekannt

Das Märchen

Es war einmal ein Mann, der sich durch nichts von seinen Mitmenschen unterschied. Wie die meisten lebte er mehr oder weniger gedankenlos vor sich hin. Eines Tages aber sprach ihn ein Unbekannter an und fragte, ob er »Zeitgutscheine« wolle. Weil der Mann gerade nichts zu tun hatte und ohnehin eine gewisse Langeweile spürte, ließ er sich auf ein Gespräch ein und wollte wissen, was denn diese Zeitgutscheine seien. Statt einer Antwort zog der Unbekannte ein Bündel verschieden großer Scheine hervor, die wie Banknoten und doch ganz anders aussahen: »Deine Lebenszeit«, erklärte der geheimnisvolle Fremde kurz. »Wenn du alle Gutscheine investiert hast, ist es Zeit zu sterben.«
Bevor der überraschte Mann eine Frage stellen konnte, war der andere verschwunden. Neugierig und erstaunt blätterte der Alleingelassene in dem Bündel. Zuerst kam ihm der Gedanke, die genaue Dauer seines Lebens zu errechnen, und ihn schauderte, als er die Zahl der Jahre und Tage vor sich hatte. Dann begann er eine Einteilung zu überlegen, und machte kleine Stöße von Scheinen entsprechend seinen Absichten. Zwar wollte er für Kegelabende und Fernsehen eine große Zahl von Stunden-Scheinen bereitlegen, mußte aber zu seinem Bedauern bald feststellen, daß allein durch Essen und Schlafen eine unglaubliche Menge von vornherein gebunden war.

Tagelang war er damit beschäftigt, seine Zuwendungen an Lebenszeit immer neu zusammenzustellen, um sie bestmöglich zu nützen. Jedesmal, wenn jemand ihn dabei störte oder gar etwas von ihm wollte, sah er im Geiste einen seiner kostbaren Scheine verlorengehen und sagte »nein«; seine Zeit hatte er nicht zu verschenken!
So wachte er eifersüchtig und geizig über die Gutscheine. Als ihm endlich eine perfekte Widmung der Stunden, Tage und Jahre gelungen zu sein schien, war plötzlich der Unbekannte wieder da: Ob er denn von Sinnen sei, fragte er, nahm einen der Scheine, drehte ihn um und hielt ihn dem erstaunten Mann vor die Augen. Zum erstenmal entdeckte dieser einen Hinweis auf der Rückseite, daß die Zeitgutscheine in Ewigkeit umgewandelt werden können. Wer sie jedoch nicht in diesem Sinne umsetzte, verspiele sein Leben.
Aber da war der Fremde auch schon wieder verschwunden und der Mann neuerlich allein mit einem erregenden Geheimnis – auf welche Weise war der begrenzte Schatz an Zeit in grenzenlose Ewigkeit zu verwandeln? …

Herkunft unbekannt

4.4 Karikaturen

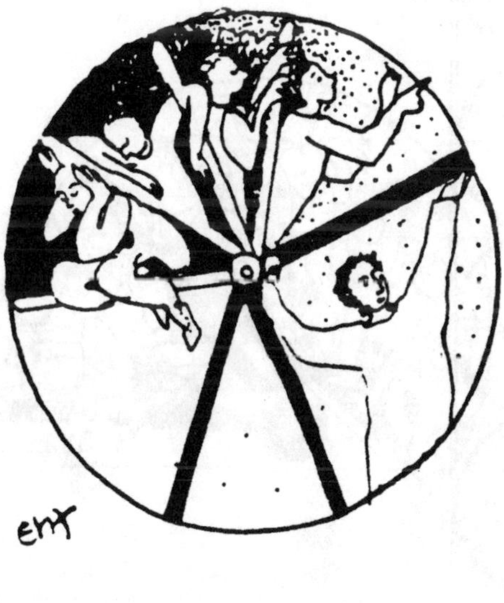

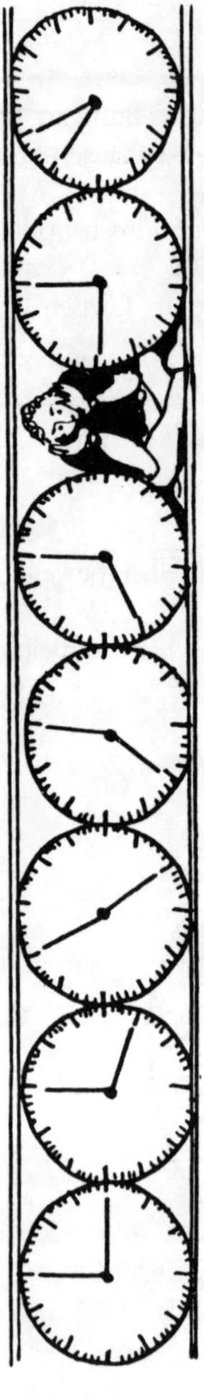

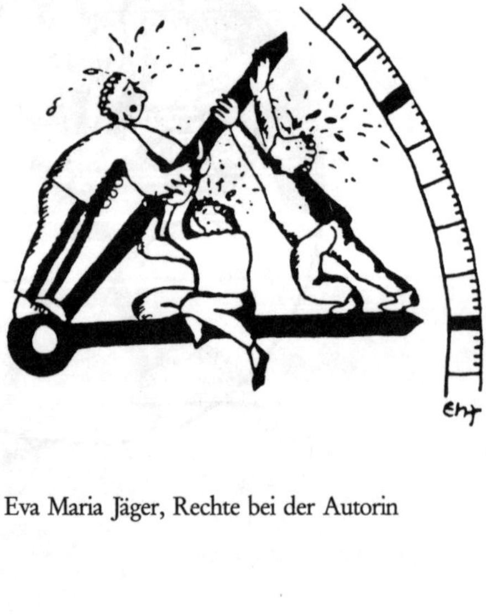

Eva Maria Jäger, Rechte bei der Autorin

5 Weiterführende Literatur

Kurt Scherer, Mit Streß leben, Hänssler, Neuhausen-Stuttgart 1991
Frank Minirth u. a., Streßbewältigung, Hänssler, Neuhausen-Stuttgart 1990
Erich Scheurmann, Der Papalagi, Die Reden eines Südseehäuptlings Tniavii aus Tiavea, Tamer + Staekelin, Zürich 1991
Norbert Vogel, Ich habe keine Zeit, Brunnen-Verlag, Gießen 1993

6 Vorbereitungsliste

für jede Frau

- ☐ Uhrenschablone
- ☐ Karikaturen in ausreichender Anzahl bereitstellen (jeweils in mehrfacher Ausführung)
- ☐ eventuell Wochenplan vorbereiten zur persönlichen Erarbeitung eines Wochenplans

Herkunft unbekannt

Wie erkenne ich den Willen Gottes?

Dorothea Güssow

1 Ziele

Biblische Aussagen zum Willen Gottes kennenlernen.
Hilfestellung erfahren zum erkennen der persönlichen Führung Gottes im eigenen Leben.

2 Informationen zum Thema

2.1 Allgemeines über den Willen Gottes

Gott hat seinen Willen ausdrücklich erklärt. In den Zehn Geboten macht Gott seinen Willen deutlich – ebenso an vielen anderen Stellen des Alten und Neuen Testamentes.

Gott will
unsere Heiligung, 1. Thessalonicher 4,3:
»Das ist der Wille Gottes, eure Heiligung« (zu Gott gehören, von Gott beauftragt sein, Gott ergeben sein).
unsere Haltung, 1. Thessalonicher 5,18:
»Seid dankbar in allen Dingen, denn das ist der Wille Gottes in Christus Jesus.«
unsere Verkündigung, 1. Timotheus 2,4:
»Gott will, daß allen Menschen geholfen werde und sie zur Erkenntnis der Wahrheit kommen.«
unsere Veränderung, Römer 12,2:
»Und stellt euch nicht dieser Welt gleich, sondern ändert euch durch Erneuerung eures Sinnes, damit ihr prüfen möget, was der Wille Gottes ist, nämlich das Gute und Wohlgefällige und Vollkommene.«

Dies alles sind sozusagen **Daueraufträge Gottes,** die immer gelten. Sie sind Hilfen, seinen Willen zu erkennen.

A. Es ist Gottes ausgesprochener Wille, uns zu leiten (Ps 32,8). Ich will dich unterweisen und dir den Weg zeigen ... Jesaja 58,11. Wir brauchen nicht zu betteln, daß er es tun soll. Wir dürfen statt dessen schon danken, daß er es tun wird.
Epheser 5,17: »Der Herr wird dich immerdar führen.« Gott wird uns unterweisen, führen und uns lehren. Gott möchte, daß wir Speise, Nahrung, Lebenskraft durch sein Wort bekommen (Joh 4,34). Er gibt uns die Offenbarung seines Willens in seinem Wort. **Gottes Wille ist in erster Linie eine Beziehung.** Er möchte mit uns Gemeinschaft haben. Dafür sind nicht ein bestimmter Ort, Raum, eine Kirche oder eine bestimmte Zeit notwendig. Gott will, daß wir ihm Tag für Tag vertrauen. Gott wird zunächst seinen Willen für die Gegenwart zeigen. Sein Wille für morgen, für die Zukunft baut auf dem erfüllten Willen Gottes von heute auf. Z.B. mußte sich Israel erst auf die Reise ins verheißene Land in Bewegung setzen, bevor sich weitere Türen öffneten.

B. Wie erkenne ich die persönliche Führung Gottes?
Manchmal wäre es uns lieb, wenn Gott uns eindeutige Anweisungen geben würde, z.B. *»Luise, fahre mit Gerda nach Sizilien in Urlaub«* oder *»Herbert, du sollst Geographie studieren in München«.*
In der Bibel finden wir an einigen Stellen genaue Weisungen:
Apostelgeschichte 8,26: Philippus wird zum Kämmerer geschickt.
Apostelgeschichte 9,10 ff: Hananias wird zu Paulus geschickt.
Matthäus 1,19.20.24: Der Engel begegnet Joseph im Traum.
Der Wille Gottes ist immer in Übereinstimmung mit seinem Wort zu sehen (Ps 119,9-11). Beispiel: Wenn ich einen ungläubigen Freund habe, brauche ich nicht darum zu beten, ob ich ihn heiraten soll. Gottes Wille ist darin grundsätzlich klar. Oder, wenn ich im Supermarkt heimlich etwas einstecke, brauche ich nicht um Klarheit zu beten.
Gott kann auch durch Träume, Visionen, Stimmen, Offenbarungen führen. Wir werden in 2. Petrus 1,16-21 allerdings darauf

hingewiesen, daß das geschriebene Wort Gottes über diesen besonderen subjektiven Offenbarungen stehen muß. Wir sollen die Geister prüfen, ob sie von Gott sind.

Es gibt vier Quellen für Eindrücke: Gott, Satan, andere Menschen und unsere eigenen Gefühle. Die Stimme Gottes ist stets gut. Satan ist stets schlecht. Die anderen beiden Quellen können gut und schlecht sein.

Um den Willen Gottes erkennen zu können, gibt es einige Voraussetzungen:

1) Ich **will** den Willen Gottes tun. Ausschlaggebend ist meine Entscheidung, ihn zu tun, egal wie er aussieht; nicht, ob ich ihn schon weiß. Der reiche Jüngling z. B. hatte keine Vorentscheidung getroffen; es heißt: »... und er ging traurig hinweg, denn er hatte viele Güter« (Mt 19,16-22).
   Oder Abraham – Isaak. Abraham **TAT** den Willen Gottes. Er war bereit, seinen Sohn zu opfern, weil Gott es ihm aufgetragen hatte. In dem Prozeß des Opferns griff Gott ein. Wäre Abraham nicht *beständig* mit Gott in Kontakt geblieben, hätte er Isaak umgebracht.
   Wenn wir unsere Wünsche freiwillig Gottes Willen unterordnen, wird uns allmählich bewußt werden, daß sein Wille für uns letztlich das Beste ist.
2) Wenn wir Gottes Willen erkennen wollen, müssen wir ihm erlauben, uns mit jedem von ihm auserwählten Mitteln zu führen.
3) Wir müssen alle unsere bewußte Sünde bekennen (1. Joh 1,9), um überhaupt hörbereit zu sein.
4) Konsequente Nachfolge ausleben, d. h. nicht nur Antworten suchen, sondern Gott im Gebet und Bibellesen für alle Aspekte unseres Lebens suchen. Oftmals offenbart sich Gott gerade in solchen Stunden. Mein Sein und meine Haltung sind Gott gegenüber immer am wichtigsten. Ich kann die richtige Umgebung haben, den richtigen Partner und doch durch eine falsche Haltung außerhalb des Willens Gottes sein.
5) In der Kraft des Heiligen Geistes leben, uns ihm ganz unterstellen mit jeder »Kammer unseres Herzens«. Man kann das geistliche Leben mit einem Haus vergleichen: ob Wohn-, Schlaf- oder Abstellraum, ist jedes Zimmer offen für Jesus?
6) Römer 2,1-2: Erneuerung unserer Gesinnung ausleben. Wenn wir uns Gott hingeben, von ihm erneuert sind, reinigt er auch unser Denken und Fühlen. Wir können unsere gereinigte/geheiligte Vernunft benutzen.
7) Wir dürfen Gott bitten, uns zu zeigen, ob Hindernisse in uns sind, die uns blockieren, seinen Willen zu erkennen. Das kann zum Beispiel eine tiefsitzende Angst sein; oder die Anfrage: Liebt er mich wirklich? Vielleicht tut er etwas Schlimmes mit mir. Ist er wirklich vertrauenswürdig?

C. Praktische Schritte um Gottes Führung zu erkennen.

1) Wort Gottes. Nicht das Losungsbuch als »Orakelhilfe« benutzen. Die Bibel muß ein Teil unserer täglichen Nahrung sein. 1. Petrus 2,2-3 und Apostelgeschichte 17,11: »... sie forschten täglich in der Schrift, ob es sich also verhielte.« Gott kann auch einzelne Worte in der Bibel besonders herausheben und uns damit ansprechen. Aber das allein ist zu wenig. Es müssen andere Faktoren hinzukommen. Da sprach Jesus zu den Juden, die an ihn glaubten: »Wenn ihr bleiben werdet an meinem Wort, so seid ihr wahrhaftig meine Jünger« (Joh 8,31).
2) Das Gebet (Phil 4,6-7). Lob, Dank, Bitte und Fürbitte sind Elemente für ein lebendiges Gebetsleben. Ebenso auch das Hören auf Gott und das sinnende Nachdenken.
3) Rat von erfahrenen Christen suchen (Spr 12,15). Dabei nicht von einer Person zur anderen laufen, sondern jemanden aufsuchen, der einfühlsam und objektiv mit dem Anliegen umgehen kann. Ein Ratgeber sollte Informationen, Gedankenanstöße geben und Fragen stellen. Keinen fertigen Vorschlag geben. Die Entscheidung für die Sache liegt bei mir.
4) Umstände beachten. Diese müssen aber geprüft werden, denn es können Glaubensprüfsteine sein. Gott kann »verschlossene Türen« benutzen, darf aber nicht als Methode benutzt werden.
5) Gesunden Menschenverstand benutzen. Wenn unser Leben mit dem Heiligen Geist erfüllt ist (Eph 5,18), spielen unser Denken, die Jahre unseres Glaubenslebens auch eine wichtige Rolle. Ebenfalls die persönliche Begabung, Entwicklung, Ausbildung.
6) Der Wille Gottes kann in uns auch prozeßartig zur Entfaltung kommen. Jesus Christus zum Beispiel ging in Gethsemane durch einen Prozeß, bis er sich für den Willen Gottes entscheiden konnte. Für ihn war diese Auseinandersetzung mit Kampf verbunden, bis er sagen konnte: »Nicht mein Wille, sondern dein Wille geschehe« (Lk 22,42).
7) Hilfreich zur Klärung bei Entscheidungen kann eine Für- und Wider-Liste sein.
   Was spricht dafür? Was spricht dagegen?

Seelsorge-Ausbildung		Neue Wohnung		Vollzeitlicher christlicher Dienst	
Für	Wider	Für	Wider	Für	Wider
fachlich helfen mich selbst besser kennenlernen besser Gespräche führen lernen andere anleiten	zu viel Geld viel Zeit- u. Krafteinsatz				

Ehrlich und gründlich auflisten. Ergebnisse betend betrachten.

Wie komme ich zu innerer Gewißheit und Frieden?
– Indem ich eine Entscheidung nach allen Kriterien treffe.
– Warten und vertrauen, daß Gott mich in meiner Entscheidung lenkt.
– Den ersten Schritt tun: ein fahrendes Auto kann gelenkt werden, ein stehendes nicht.

D. Gottes Wille in biblischen Prinzipien ausgedrückt

1) Prinzip der hemmenden Last (Hebr 12,1)
   Testfrage: Verringert es die Schärfe meiner Wirksamkeit und Ausdauer?
2) Prinzip der versklavten Gewohnheit (1. Kor 6,12)
   Testfrage: Wird es zu etwas werden, ohne das ich nicht mehr leben kann?
3) Prinzip des körperlichen Schadens (1. Kor 5,9 f)
   Testfrage: Wird es mein physisches Wohlergehen beeinträchtigen?
4) Prinzip des klaren Gewissens (Röm 14,22 f)
   Testfrage: Kann ich es ohne Bedenken tun?
5) Prinzip des großen Vorbildes (1. Joh 2,6)
   Testfrage: Kann ich mir vorstellen, daß Jesus Christus es tun würde?
6) Prinzip der ungeteilten Hingabe (1. Joh 2,15)
   Testfrage: Bringt es mich näher zu Gott?
7) Prinzip der freudigen Erwartung (1. Joh 2,28)
   Testfrage: Würde ich es gerne in dem Moment tun, wenn Christus wiederkommt?
8) Prinzip des göttlichen Segens (Kol 3,17)
   Testfrage: Kann ich Gott aufrichtig darum bitten, daß er mich dabei segnet?
9) Prinzip der praktischen Anwendung (Jak 4,16)
   Testfrage: Lebe ich *allem* geistlichen Wissen gemäß, das ich jetzt habe?
10) Prinzip des göttlichen Maßstabes (1. Thess 5,21-22)
    Testfrage: Scheint es mit Gottes Maßstab übereinzustimmen?
11) Prinzip des Nicht-Nachgebens (Röm 13,14)
    Testfrage: Füttert es meine alte sündige Natur?
12) Prinzip der brüderlichen Achtung (1. Kor 8,1-13)
    Testfrage: Veranlaßt es einen schwächeren Bruder zu stolpern?
13) Prinzip des wirksamen Zeugnisses (1. Kor 10,23-33)
    Testfrage: Hindert es mein Zeugnis vor Nichtchristen?
14) Prinzip der zur Schau gestellten Herrlichkeit (1. Kor 10,31)
    Testfrage: Spiegelt es Gottes Herrlichkeit wider?

3 Vorschläge zur Durchführung

Einstieg ins Thema

➡ Eine Frau macht ein kurzes **Anspiel** mit einer dicken Bibel in der Hand und aufgeregter Haltung. Sie macht deutlich, daß sie den Willen Gottes für eine bestimmte Situation wissen will.
Sie schlägt die Bibel irgendwo auf und liest: »Judas ging hin und erhängte sich.« Dann schlägt sie eine weitere Stelle auf, um mehr Klarheit zu bekommen: »Gehe hin und tue desgleichen.« Glücklicherweise folgt sie diesen Anweisungen nicht.
Ein solches Anspiel trägt gleich zu Beginn zu einer lockeren Atmosphäre bei.
Über das Anspiel kann man dann entweder in Kleingruppen oder im Plenum ins **Gespräch** kommen, etwa unter der Fragestellung:
Wie kann man den Willen Gottes eigentlich erkennen?
Welche Erfahrungen und Erlebnisse kennen Sie dazu?

Vertiefung des Themas

Zur Vertiefung des Themas kann man ein **Arbeitsblatt** verteilen. Zunächst sollte das Blatt für sich alleine ausgefüllt werden. Dazu sollte man mindestens 15 Minuten Zeit geben.
➡ Daran kann ein **Gespräch** in Kleingruppen oder im Plenum anschließen, das man anhand der Thesen unter 2 steuern könnte.

Arbeitsblatt
Welche allgemeinen Aussagen über den Willen Gottes kenne ich?
Was ist der Wille Gottes?
Wie erkenne ich die persönliche Führung Gottes?
Gibt es praktische Schritte zum Erkennen der Führung Gottes?
Lesen Sie Apostelgeschichte 6,1-5: Wie wird der Wille Gottes hier erkannt und getan?
In welchen Situationen habe ich Gottes klare Führung erlebt?
Wo habe ich Schwierigkeiten, Gottes Führung zu erfahren?

Abschluß

Als Abschluß bietet sich eine Bibelarbeit über Apostelgeschichte 6,1-5 an.

Wie haben die Jünger das Problem der Gemeinde gelöst?
Wie haben sie den Willen Gottes erkannt?

Folgende Schritte waren dazu notwendig:
- Sie haben das Problem erkannt.
- Sie haben Prioritäten gesetzt (Apostel lehren an erster Stelle)
- Sie haben vernunftgemäße Entscheidungen getroffen.
- Ihre Entscheidung bewirkte Einheit im Glauben in der Gemeinde und führte ins Gebet und in neue Aufträge.

Die Meditationen und Gebete (4.2) bieten sich ebenfalls zum Abschluß an.

4 Weitere Bausteine zum Thema

4.1 Lieder

- Du gibst das Leben, in: Ich will dir danken, Nr. 331, Hänssler
- Herr, weil mich festhält deine starke Hand, in: Ich will dir danken, Nr. 378, Hänssler

4.2 Gebet, Meditation

Herr Jesus Christus, ich danke Dir,
daß Du jeden Tag
und alle Augenblicke bereit bist, mich zu führen
und mit Deiner Liebe zu beschenken.
Nur höre ich oft nicht, wenn Du redest, das ist meine Not.
Erbarme Dich meiner, o Jesu,
und laß mich erfahren,
wie unendlich beglückend es ist,
Dir nicht zu entlaufen, wenn Deine Liebe ruft,
Dir stille zu halten, wenn Deine Gnade als das helle Licht
über mein Leben fluten will.
Herr, ich bete Dich an und bitte Dich,
schenke mir neu die Bereitschaft,
mich von Dir führen und leiten zu lassen,
denn Du meinst es unendlich gut mit mir.
Kyrie eleison.

Herr Jesus Christus,
Du hast mich bis zur Stunde durchgetragen
mit Deinen Weisungen, mit Deinen Führungen.
Ich vertraue mich Dir an, denn nicht mein Verstand,
nicht mein Wissen, nicht mein Denken
bestimmt und leitet mich im Tiefsten,
sondern Du allein, der Du über allem der Herrschende bist.
Ich danke Dir, daß wir Menschen
nicht Spielball der Politiker sind,
sondern allein von Dir abhängig,
und in Deiner Führung ans Ziel gelangen.
Du hilfst mir, daß ich nicht vom Weg abirre
auf Seitenwege, sondern allein in Deiner Spur bleibe.
Deine Spur führt ans Kreuz.
Deine Spur führt zum Sieg.

Christusbruderschaft, Selbitz (Hg.): Hanna Hümmer, Es ist ein Raum bei mir, Gebete, Selbitz 1975

... damit ich weise würde ...

Ich bat Gott um Stärke,
aber er machte mich schwach,
damit ich *bescheiden* würde
und *demütig.*

Ich erbat seine Hilfe,
um große Taten
zu vollbringen,
aber er machte mich
kleinmütig, damit ich *gute* Taten
vollbrächte.

Ich bat um Reichtum und Güter,
um glücklich zu werden
und sorglos zu sein;
er machte mich arm,
damit ich *weise* würde
und *unabhängig*
und *frei.*

Ich bat um alle Dinge dieser Welt,
damit ich das Leben genießen könne.
Er aber gab mir das Leben,
damit ich mich *freute – an den*
Dingen der Welt.

Ich erhielt nichts von dem, was ich erbat,
aber alles, *was gut war für*
mich.

Gegen mich selbst wurden meine
Gebete erhört; *ich bin unter allen*
Menschen ein gesegneter Mensch.

Von einem unbekannten Soldaten aus dem
amerikanischen Bürgerkrieg

Ich will umkehren

Zu dir zurückkehren,
wenn ich mich verirrt
und letzte Erfüllung
in Vorläufigem gesucht habe.
Zu dir zurückkehren,
wenn ich das Dürsten meiner Seele
zu betäuben gesucht habe,
indem ich mein Herz an Dinge hängte
und meinen Wünschen zu besitzen,
keine Grenzen setzte.
Zu dir zurückkehren,
wenn ich mich aufgelehnt habe
gegen deinen Willen
und dir insgeheim unterstellte,
du wolltest mir Begehrtes nicht gönnen.
Zu dir zurückkehren,
wenn mein Gebet verstummt ist
und ich mich glauben gemacht habe,
du nähmest keinen Anteil an meiner Not.
Zu dir zurückkehren,
wenn ich dem Alltag erlaubt habe,
mich zu versklaven,
und keine Zeit mehr fand
für die Stille vor dir.
Zu dir zurückkehren,
wenn ich den Sorgen und Ängsten
die Herrschaft überlassen habe,
statt dir zu vertrauen und mich dir zu lassen.
Zu dir zurückkehren, Herr,
nicht, um wieder und wieder zu fliehen,
sondern um endlich zu bleiben.
Das erbitte ich.

Sabine Naegeli, Du machst mein Dunkel hell,
Herder, Freiburg

Meditation

Nein, es gibt keinen Augenblick in unserem Leben, wo wir wirklich sagen können: »Jetzt kann ich nichts mehr tun.« Egal in welcher Lage Sie und ich jetzt sind, wir können Satan besiegen und Gott Ehre bringen. Wie? Erstens dadurch, daß wir ihm zuflüstern: »Ich liebe dich und vertraue dir« und ihn bitten, diese Liebe und das Vertrauen noch zu vermehren. Und zweitens dadurch, daß wir sagen: *»Nicht mein Wille geschehe, sondern deiner«* – auch jetzt, in *diesem* Augenblick, *dieser* Angst, *dieser* Nervenkrise, in *diesem* Gefängnis, *diesem* Rollstuhl, *diesem* Unfall, in *dieser* Enttäuschung, *dieser* unaufgeräumten Küche, *diesem* Alltagsgrau, *dieser* unerträglichen Hektik. Wie immer unser »Jetzt« auch aussieht, unsere Gelegenheit, Gott zu dienen und zu verherrlichen, ist nicht »nachher«, nicht »wenn dies überstanden ist«, – sondern jetzt!

Edith Schaeffer

4.3 Persönliches Zeugnis

Meine Freundin ist mit einem indischen Pastorenehepaar befreundet und wollte sie schon seit Jahren in ihrer Heimat besuchen. So planten wir eine Reise, die möglichst billig sein sollte. Kein Hotel, keine Reisegesellschaft, sondern alternativ mit Inlandbussen und Eisenbahn. Als ich diesen Plan meinen gläubigen Freunden mitteilte, hatten sie Schwierigkeiten, das zu akzeptieren.
In meinem Alter (56 Jahre), meinem angeschlagenen Gesundheitszustand, und ohne sichtbaren Zusammenhang zu meinem Leben, meinen Interessen, meinen Aufgabenbereichen wollte ich in ein Entwicklungsland reisen …
Dieses Vorhaben schien ihnen nicht durchdacht zu sein. »Ist das wirklich vor Gott in Ordnung? Hast Du das auch ehrlich vor Gott geprüft?« Ihre Fragen verunsicherten mich. Ich versuchte meine Begründungen darzulegen, aber sie überzeugten sie nicht. Außerdem merkte ich selber, daß ich die grundsätzliche Frage nicht intensiv vor Gott bewegt hatte. Ich kam ins Zweifeln darüber, was denn wohl Gottes Wille für mich sein könnte.

Nach einigen Tagen faßte ich Mut und betete ehrlich und ausgiebig. Ich bat Gott, mir seinen Willen in dieser Situation klar zu machen, egal wie dieser aussehen würde.
Interessante Dinge passierten im täglichen Einerlei. Es war, als ob Gott meine Augen überall auf dieses Land richtete: in menschlichen Begegnungen, in Büchern, in Bemerkungen von Bekannten, in der Werbung unserer Stadt usw. Offensichtlich zeigte Gott mir, daß ich diese Reise unternehmen sollte. Ich erfuhr eine tiefe Gewißheit und erlebte, daß meine Angst vor diesem Abenteuer in Zuversicht und innere Freiheit verändert wurde.
Diese letzten inneren Bedenken verschwanden auf dem Flug von Köln nach Neu Delhi.
Gott hat uns sehr deutlich seine Führung, seinen Schutz und Hilfe in diesen dreieinhalb Wochen geschenkt.
(dg)

4.4 Karikatur

Charles M. Schulz, Ob du's glaubst oder nicht, Charlie Brown, Brunnen, Gießen 1993

5 Weiterführende Literatur

Dwight I. Carlson, So erkenne ich den Willen Gottes für mein Leben, Verlag der Liebenzeller Mission, Bad Liebenzell

Floyd McClung, Entdecke deine Berufung, Wie erkenne ich Gottes Willen für mein Leben, Jugend mit einer Mission Verlag, CH-2504 Biel 1994

Schulungsmaterial von Campus für Christus, Gießen

6 Vorbereitungsliste

- ☐ Eine Frau suchen, die bereit ist, am Anfang eine kurze Szene vorzuspielen.

Für jede Frau

- ☐ Arbeitsblätter vorbereiten
- ☐ eventuell Für-und-Wider-Liste vorbereiten

Leid und seine Bewältigung

Cornelia Mack

1 Ziele für diese Einheit

Eigenes Leid oder Leid anderer Menschen erkennen, darüber sprechen lernen und Wege zur Bewältigung entdecken.

2 Informationen zum Thema

2.1 Die Leiderfahrungen in dieser Welt sind sehr vielfältig: zum Beispiel Krankheit, chronisches Leiden, eigene Behinderung; ein behindertes Kind, ein Unfall, der das Leben verändert, aber auch das Leiden unter dem Temperament oder Charakter eines nahestehenden Menschen (oder von sich selbst), Leiden an Erfahrungen oder Erinnerungen einer schweren Kindheit, Trennungserfahrungen (Scheidung bei nahestehenden Menschen oder in der eigenen Ehe) und wohl das schlimmste von allem: der Tod eines geliebten Menschen.

2.2 Leiderfahrungen betreffen uns unterschiedlich stark, – und werden darum auch sehr unterschiedlich bewältigt.
Es kommt darauf an,
- wie schwer mich die Leiderfahrung persönlich trifft oder aus der Bahn wirft.
- wieviel Personen aus meinem Umfeld mit betroffen sind von diesem konkreten Leid.
- wie stark ich emotional betroffen bin.
- ob ich Menschen habe, die mit mir darüber zu reden bereit sind.

– ob ich ähnliche Situationen schon einmal erlebt habe, die mir jetzt helfen können.
– ob andere Menschen mich mittragen und mir konkret Hilfestellung geben.

Eine der schlimmsten Leiderfahrungen ist etwa der Verlust eines Menschen, mit dem man eine sehr intensive emotionale Beziehung gelebt hat. Leiderfahrungen, die mich weniger berühren, sind Krankheiten oder Unglücksfälle von Menschen, die ich wenig oder gar nicht kenne. In dem Moment aber, wo ich Linien zu meinem persönlichen Leben ziehe und beginne, mich zu sorgen oder zu ängstigen, kann auch Leid fremder Menschen plötzlich sehr nahe werden.

2.3 Leid löst Reaktionen in uns aus und hat Konsequenzen für unser Leben. Reaktionen auf Leid laufen in verschiedenen Phasen ab.

1. Phase: Begegnungen mit dem Leid lösen in der Regel Angst aus bis hin zu einem persönlichen Schock – je nachdem wie stark wir betroffen sind. Zeugen von oder Helfer bei schweren Unfällen erleiden öfters einen Schock und müssen stationär behandelt werden. Allerdings halten solche Schockzustände normalerweise nicht sehr lange an.
Bei einem Todesfall können die Angehörigen sich im ersten Moment emotional nicht äußern, keine Gefühle zeigen. Dieser Zustand kann in Ausnahmefällen auch anhalten. Das äußert sich dann darin, daß der Tod des geliebten Menschen auf Dauer einfach geleugnet wird.

2. Phase: Wir wollen auf das Leid reagieren, es kontrollieren und in den Griff bekommen.
Dies gelingt nicht immer.
Bei einem Todesfall dauert diese Phase meistens nur über den Zeitraum der Beerdigungsvorbereitungen bis zur Beerdigung selber an. In dieser Zeit kann die Trauer, können die Gefühle eher kontrolliert werden. Die Vorbereitungen und das Erleben der Beerdigung sind noch wie ein Gerüst, das die Seele des Trauernden festhält. Die Betroffenen spüren die Anteilnahme, das Getragensein, das Mit-

tragen und Mitleiden der anderen. Auch die Dankbarkeit, daß man den Verstorbenen hatte, daß man ihn/sie gekannt hat, ist in dieser Zeit besonders bestimmend.
Was in der Bibel steht im Blick auf Trauer, Leid, Tod ist in diesen Momenten sehr wichtig:
Trauer ist erlaubt, Trauer muß auch erlebt und erlitten werden, aber die Trauer hat auch eine Begrenzung. Gott will uns nicht im Chaos unserer Gefühle lassen, sondern uns Halt, Trost, Getragensein schenken. Er will uns auch durch die Gemeinde/Gemeinschaft mit anderen Christen Trost und Hilfe schenken, Menschen, die mit uns gehen ohne die Trauer des anderen von sich zu weisen durch billige Trostworte.

3. Phase: Wir ziehen uns zurück, um das Leid verarbeiten zu können.
Diese Phase ist für die Bewältigung von Trauer die entscheidende. Wer hier vorschnell in fromme Phrasen flieht, scheut sich vor echten Auseinandersetzungen mit Leid und den persönlichen Gefühlen. Wer ernsthafte und gültige Antworten auf seine persönlichen Leiderfahrungen sucht, muß sich auch seinen Gefühlen in der Tiefe stellen, seiner Verzweiflung, seiner Hoffnungslosigkeit, seiner Traurigkeit. Bei einem Todesfall kommt nach der Beerdigung oft erst der eigentliche Zusammenbruch der Persönlichkeit: Der/die Trauernde fühlt sich, als ob er mitgestorben wäre, fühlt sich apathisch. Vieles ist zerbrochen, was dem normalen Leben Struktur, Inhalt, Sinn, Freude gegeben hat. Die Sterblichkeitsrate Verwitweter ist in dieser Phase besonders hoch. Und auch die Selbstmordgefährdung. Die Frage beschäftigt einen solchen Menschen ganz existentiell, wozu und wofür es sich eigentlich noch zu leben lohnt. Er/sie zieht sich zurück von der Öffentlichkeit. Jede Begegnung mit anderen Menschen wird zu einer ungeheuren Kraftanstrengung – ob im Gottesdienst oder beim Einkaufen oder beim Spazierengehen. Jedes Angesprochen-Werden weckt wieder Erinnerungen an den Verstorbenen, das die Trauer nur noch verschlimmert, und man hat das Gefühl, daß man den Schmerz nicht aushalten kann. Es ist sicher gut zu wissen, daß Rückzug in dieser Phase normal und notwendig ist. Es ist eine Zeit, die die Seele braucht, um mit diesem ganzen Umbruch und all den

Veränderungen zurecht zu kommen. Und es ist eine Zeit, in der der/die Trauernde in höchster Weise aktiv ist. Sie/er leistet eine ganz schwere Arbeit: Trauerarbeit.
Auch bei anderen Leiderfahrungen brauchen Menschen oft die Phase des Rückzugs, um Gedanken und Gefühle neu zu ordnen und zu sortieren und neue Lebensperspektiven zu entwickeln.

4. Phase: Wir nehmen das Geschehene an und integrieren es neu in unser Leben.

Gute Trauerarbeit bedeutet:
- Schmerz und Tränen wurden zugelassen.
- positive und negative Erinnerungen sind bleibend integriert in unserem Denken und Empfinden.
- Zurückschauen ist möglich, ohne in einem emotionalen Chaos zu landen.
- Loslassen ist möglich.
- Vertrauen ist wieder möglich in einen liebenden Gott.

So ganz allmählich lernt der/die Trauernde sich wieder zu öffnen für andere Menschen, für die Umwelt, für Aufgaben in der Gemeinde. Der/die Trauernde bekommt eine neue Perspektive für das eigene Leben, für das Alleinleben, für die Gestaltung der Zukunft.
Auch Freude an Gott kann wieder tiefer in das Erleben aufgenommen werden und auch an andere weitergegeben werden.
In der Regel braucht man beim Verlust des Ehepartners wohl mindestens ein Jahr, um in gewisser Weise den Schmerz zu verarbeiten. Die Trauer selber dauert natürlich länger, die kann ein Leben lang anhalten. Aber oft ist man nach einem Jahr an dem Punkt, wo man sagen kann: *»Es gibt wieder Dinge, über die ich mich freuen kann.«* Oder: *»Ich habe wieder Hoffnung« oder »Ich kann wieder nach vorne schauen, die Zukunft planen« oder »Ich kann mir etwas vornehmen, das mir Freude macht«.*

3 Vorschläge zur Durchführung

Vorbemerkung:
In Gesprächen mit Menschen, die vom Leid betroffen sind, sind folgende Punkte wichtig:

1) Es gibt keine Rezepte, welche Sätze helfen und welche nicht. Was den einen stört, hilft dem anderen weiter.
Was mit Sicherheit allen weiterhilft, die im Leid sind, ist, wenn sie **echtes Interesse** spüren bei ihrem Gesprächspartner und die **Bereitschaft, ein Stück Weg mit ihm zu gehen, ein Teil des Leidens mitzutragen.** Nicht so sehr, was wir sagen, sondern was wir tun mit und für solche Menschen ist entscheidend: Tatsachen der Liebe und der Fürsorge und der Fürbitte. Wenn die Gesprächspartnerin merkt, daß das ehrlich gemeint ist und aus echtem Interesse geboren wurde, dann kann das eine Ermutigung sein, eine Hilfe: Da ist jemand, dem bin ich nicht egal. Da ist ein Hoffnungsschimmer für mein Leben.

2) **Keine vorschnellen Antworten oder Erklärungen,** warum das alles jetzt so hat kommen müssen. Als ob wir das so genau wüßten! Wir sagen schnell: *»Gott hat etwas vor mit dir, darum schickt er dich ins Leiden«* oder *»Gott macht keine Fehler«*. So ein Satz kann sicher manchmal sehr hilfreich sein, wenn wir über längere Zeit zugehört haben, oder über längere Zeit einen Menschen auf seinem Weg begleiten.
Aber wenn er vorschnell dahingesagt wird, dann kann das sehr lieblos wirken, sehr abschreckend. Und wir sollten uns auch selber prüfen. Was steckt hinter den schnellen Antworten? Ist es nicht manchmal auch eine gewisse *Überheblichkeit?* Wir wissen ja ganz genau, warum Gott so etwas tut und stellen uns damit über den anderen. Aber wissen wir es denn wirklich so genau? Das Leiden eines Menschen und das, was Gott damit bewirken möchte, ist ein Geheimnis, das wir von außen nur ganz selten ergründen können.
Und zum zweiten steckt dahinter auch die *Abgrenzung gegenüber dem anderen.* Wir schützen uns selbst davor, mitbetroffen zu sein, mitleiden zu müssen, indem wir das Leiden des anderen gar nicht an uns heranlassen und uns mit vorschnellen Antworten zurückziehen

und abgrenzen. Wir vermitteln dem anderen damit, daß es uns eigentlich nicht interessiert, wie es ihm wirklich geht oder daß wir nicht bereit oder nicht fähig sind, mit ihm zu leiden, weil wir selbst vielleicht noch nie durch Leid hindurch gegangen sind.
In der Bibel sind die Freunde Hiobs dafür ein Paradebeispiel. Sie wissen ganz genau, was Hiob alles falsch gemacht hat und was er tun müßte, um wieder bei Gott angenommen zu sein.

3) Es kann eine Hilfe sein, wenn wir die Frauen, die selbst persönlich betroffen sind, **ermutigen, wirklich und echt zu trauern, Gefühle zuzulassen.** Das Leben gewinnt dadurch an Tiefe und wird reicher. Wer nicht weinen kann, wird auf die Dauer hart und verkrampft. Aber Weinen dagegen öffnet die Seele. Und wenn eine Frau anfängt zu weinen, dann können wir ihr zeigen, daß uns das nicht peinlich ist. Weinen ist erlaubt und weinen ist gut. Selbst Jesus hat immer wieder geweint. In der Bibel wird immer wieder davon berichtet. Auch von anderen Menschen, die in der Gegenwart Jesu geweint haben.

4) Es ist gut und hilfreich zu wissen für unsere Gespräche als Mitarbeiter, daß es Zeiten des Leids gibt. Sie haben ihren tiefen Sinn für uns Menschen, diesen Sinn können wir von außen nur selten erfassen. Oft ist es ein Reden Gottes in unser Leben hinein, um uns abhängiger von ihm zu machen, um uns tiefer an Jesus zu binden, um uns fester zu gründen in unserem Glauben, und um unser Leben neu zu prüfen auf das hin, was wirklich lebenswert ist und was nicht. Oft ist es allein die Frage: Was zählt das angesichts der Ewigkeit? Wofür lohnt es sich wirklich zu leben? Durch das Leid möchte Gott unser Leben in die Tiefe führen, weg von der Leichtfertigkeit und Oberflächlichkeit.

Einstieg

Einige Frauen werden in der Vorbereitungsphase dieses Abends gebeten, über ihre persönlichen Leiderfahrungen zu berichten (Verlust eines geliebten Menschen durch Tod oder Scheidung, chronische Krankheit, traumatische Erlebnisse wie Unfall oder Einbruch o. ä.).

Erlebnisberichte dieser Art, Konfrontation mit Leid und Bewältigung solcher Situationen schaffen gleich zu Beginn eine sehr persönliche und offene Atmosphäre.
Nach den jeweiligen Berichten kann man miteinander singen, eventuell sind auch einige aus dem Kreis bereit, selbst zu musizieren. Man kann sich auch getragenere Musik von einer Kassette anhören, um das gehörte zu verarbeiten und sich selbst Gedanken zu machen. Falls niemand zu einem persönlichen Bericht bereit ist, kann man auch einen der Berichte unter 4.3 vorlesen.

Vertiefung des Themas – Möglichkeit A

Verschiedene Bibeltexte miteinander lesen oder vorstellen, ein **Arbeitsblatt (s. u.)** verteilen und anhand der angegebenen Bibelstellen sich einige Gedanken und Kommentare zu den angegebenen Stellen machen unter der Frage:
Was sagt dieser Text zum Thema Leid?

Anschließend **Austausch** darüber und **Zusammenfassung**
Biblische Aussagen zum Leid:
1. Mose 3: Die Menschen werden aus dem Paradies vertrieben. Das größte Leid, das Menschen seither kennen, ist die eigene Sterblichkeit und das Leid durch den Tod.
Römer 6,23: Der Tod ist der Sünde Sold. Durch den Ungehorsam der Menschen kam das Leid und damit auch der Tod in die Welt. Der Zustand des Getrenntseins von Gott hat darin seine Wurzel. Aber: Die Gabe Gottes ist das ewige Leben in Christus Jesus. Jesus hat darum das Leben in die Welt gebracht. Er hat das Leid auf seine Schultern genommen.
Johannes 9,1-3: Jesus wehrt sich gegen einen direkten kausalen Zusammenhang zwischen Schuld und Leid. Leid kann aber dazu dienen, daß Gott verherrlicht wird.
Jesaja 53,3: Die Strafe liegt auf ihm, und durch seine Wunden sind wir geheilt. Leid ist keine Strafe Gottes für den, der leidet, sondern höchstens eine Schule Gottes, um den, der leidet, näher zu sich zu ziehen.

Weil Jesus für unsere Sünden ans Kreuz geschlagen wurde, ist jetzt Gnadenzeit.

Römer 8,18: Wenn wir unser Leid in den Horizont von Gottes Ewigkeit stellen, verliert es seine bedrohliche Macht.

Es gibt noch viele Beispiele in der Bibel von Menschen in konkreten Leidsituationen, einige Beispiele:

1. Mose 37,34-35: Jakob war untröstlich über den Verlust seines Sohnes Josef.

2. Samuel 11,1-5: David bringt durch seinen Ehebruch mit Batseba und dem Mord an deren Mann Uria Leid über »sein ganzes Haus«.

Psalm 51: David tut Buße über seiner Schuld.

Ruth 1,16-21: Naemi verliert zwei Söhne und ihren Mann. In Betlehem angekommen sagt sie: Nennt mich Mara, die Bittere, der Herr hat mich gedemütigt und der Allmächtige betrübt mich.

Aus dieser Linie stammt Jesus ab – also auch in der Vorgeschichte von Jesus Leid und Schuld.

Matthäus 2,16-18: Mit Jesu Kommen hört das Leid nicht auf. Der Kindermord von Bethlehem geschieht in Folge der Geburt Jesu.

Matthäus 15,30: Lahme, Krüppel, Blinde, Stumme – das ganze Elend der Welt auf einem Haufen. Jesus heilt sie und macht damit etwas deutlich von Gottes Herrschaft. Wo Menschen in die Gegenwart Gottes treten, können sie »Schalom« erleben, ganzheitliches Heilwerden.

Markus 5,39: Jesus weckt die Tochter des Jairus zu neuem Leben, ebenso in

Lukas 7,11-17: weckt Jesus den einzigen Sohn einer Witwe zu neuem Leben und schenkt ihr damit die Möglichkeit eines würdigen Lebens. Als Witwe wäre sie immer auf andere Menschen und deren Gunst angewiesen. Nun hat sie ihren Sohn wieder, der für sie auch im Alter sorgen wird.

Zusammenfassung:

- In der Bibel wird Leid nicht verschwiegen.
- Leid hat auch in der Bibel viele verschiedene Gesichter.
- Manchmal scheint Leid nicht in das Bild vom liebenden Vater zu passen. Deshalb vertreten manche Christen die Fehlmeinung:

»Wer leidet, der glaubt nicht richtig. Und wenn schon Leid, dann trage es bitte mit einer fröhlichen Haltung.« Dies führt oft zu einem unechten und falschen Glaubensleben.

– Leiden will uns letztlich reifen lassen für die Ewigkeit. Oft nimmt Gott uns etwas, um uns dafür noch größeres zu schenken (Hiob).

Vertiefung des Themas – Möglichkeit B

Anhand der persönlichen Berichte über unsere Reaktionen auf Leid und Phasen der Trauer sprechen (siehe Thesen unter 2). Mut machen, sich der Trauer zu stellen.
Hilfreich kann es sein, nach der Vorstellung der Trauer-Phasen Zeit zum **Gruppen-Gespräch** zu geben. Die Gruppen könnten unter verschiedenen Themenbereichen gebildet werden:

- *Ich wurde schon mit dem Tod konfrontiert. Und wie habe ich darauf reagiert?*
- *Ich kenne Zeiten der Krankheit und der Ungewißheit über mein körperliches Befinden. Wie bin ich damit umgegangen?*
- *Ich habe schon ein schlimmes Erlebnis gehabt, das mich zutiefst schokkiert hat (Unfall, Überfall, Zeuge eines Unfalls etc.). Was hat mir geholfen, damit fertig zu werden?*
- *Menschen, die ich liebe, erleben schweres Leid, und ich weiß nicht, wie ich helfen kann.*

Falls sich mehr als fünf oder sechs Frauen für das gleiche Thema interessieren, kann es hilfreich sein, mehrere Gruppen zu bilden unter dem selben Thema.
Je nachdem wie gut sich die Gruppe kennt, könnte man sich überlegen, einzelnen Frauen die Gelegenheit zu geben, in der großen Gruppe nochmals davon zu berichten; eine andere Möglichkeit, alle an den »Ergebnissen« oder Berichten teilhaben zu lassen, wäre die Form eines **»Protokolls«**. Eine Frau schreibt alle wichtigen Stichpunkte auf und erzählt nachher – nochmals das Wichtigste aus dem Gruppengespräch. Der Vorteil dieser Form besteht darin, daß einzelne Frauen mit ihren persönlichen Berichten anonym bleiben können.

Abschluß

➧ Als Abschluß bietet sich die **Bildmeditation** von Werner Habdanks »Totentanz« an (4.2). Jede Frau erhält eine Kopie des Holzschnittes oder das Bild wird über den Tageslichtprojektor an die Wand geworfen. Die Gedanken dazu vorlesen oder die Frauen selber zusammentragen lassen, was sie darauf entdecken.
Danach Gebet oder Gebetsgemeinschaft.

4 Weitere Bausteine zum Thema

4.1 Lieder

- Wenn die Last der Welt dir zu schaffen macht, in: Jesu Name 6, Nr. 1797, Hänssler
- Von guten Mächten, in: Ich will dir danken, Nr. 166, Hänssler
- Siehe, ich habe dir geboten, daß du getrost und freudig seist, in: Ich will dir danken, Nr. 255, Hänssler
- Seid nicht bekümmert, in: Ich will dir danken, Nr. 191, Hänssler

4.2 Meditationen und Gebete

Ich danke dir von Herzen, o Jesu, liebster Freund, für deines Todes Schmerzen, da du's so gut gemeint. Ach gib, daß ich mich halte zu dir und deiner Treu und, wenn ich nun erkalte, in dir mein Ende sei.

Wenn ich einmal soll scheiden, so scheide nicht von mir; wenn ich den Tod soll leiden, so tritt du dann herfür; wenn mir am allerbängsten wird um das Herze sein, so reiß mich aus den Ängsten kraft deiner Angst und Pein.

Erscheine mir zum Schilde, zum Trost in meinem Tod und laß mich sehn dein Bilde in deiner Kreuzesnot. Da will ich nach dir blicken, da will ich glaubensvoll dich fest an mein Herz drükken. Wer so stirbt, der stirbt wohl.

nach dem lateinischen Salve, caput cruentatum des Arnulf von Löwen (um 1195-1251) von Paul Gerhardt (1607-1676); O Haupt voll Blut und Wunden – EKG 63, Strophen 8-10

Leben lernen, heißt sterben lernen

Es gibt nur eine Weise, recht zu sterben: nämlich recht zu leben. Sterbekunst ist Lebenskunst. Im Sterben kommt heraus, was schon im Leben da war. Leben lernen bedeutet zu lernen »mit Christus zu sterben«, meint Christus ähnlicher werden, loslassen können – uns selbst mit unserer egoistischen oder gesetzlichen Selbstverkrampfung. Sterbekunst als Lebenskunst meint, mit unserem Leben wesentlicher zu werden. Wer im Leben gelernt hat, mit Christus zu sterben, der kann im Sterben mit Christus leben. Sterbekunst als Lebenskunst meint Liebenlernen. Mitten im Leben an Unwesentlichem abnehmen, das Unwesentliche lassen und das Wesentliche lernen: wachsen in der Liebe. Im Loslassen gewinne ich jene Gelassenheit, die keine Furcht mehr kennt. Die Christusliebe ist es dann, die mich hingeführt hat zur Bejahung meines Todes, die mich dann auch fähig macht, mein Leben in die Hand Gottes hinein loszulassen. Jetzt schon im Leben und dann einst im Sterben. Wer im Leben das Loslassen, das Sterben eingeübt hat, der kann im Tod dann leben.

nach Paul Schütz

Wenn ich gestorben bin und verloren,
wird man mich senken in Deine Erde.

Wenn ich verloren bin und verlassen,
wirst Du mich halten in Deinen Händen.

Wenn ich verlassen bin und vergessen,
wirst Du mich nennen bei meinem Namen.

Wenn ich vergessen bin und vergangen,
wirst Du mich bergen in Deiner Treue.

Weder Tod noch Leben trennen uns von
Gottes Liebe, die in Jesus Christus ist.

Lothar Zenetti, in: Stimme des Glaubens 11/93, Konstanz

... Dann beginne ich zu verstehen

Wenn ich mir vorstelle, was für furchtbare Schmerzen du ausgehalten hast, als die Dornenkrone auf deinem Haupt lag und die Stacheln sich in deine Stirn bohrten – und daran denke, wie ich schon zusammenzucke, wenn ich mich nur an einem einzigen Dorn geritzt habe ...

Wenn ich mir vorstelle, wie entsetzlich es für dich gewesen sein muß, als du ausgepeitscht wurdest und das Blut aus deinen Wunden strömte und über dein Gewand lief – und mir klarmache, wie sehr schon ein abgerissener Fingernagel, eine Blase am Fuß oder irgendeine belanglose Wunde mich ganz in Anspruch nimmt.
Wenn ich mir vorstelle, wie unsagbar du gelitten hast, als man das schwere Kreuz auf dich legte – und mir vor Augen halte, wie schnell ich schon unter einer ungleich leichteren Last keuche und sie abwerfen möchte ...
Wenn ich mir vorstelle, wie dein gequälter Körper an deinen durchbohrten Händen und Füßen hing und du in dieser verzweifelten Situation noch nicht einmal etwas zu trinken hattest, daß man dir nichts gab, um deine Lage auch nur geringfügig zu erleichtern – und mir bewußt mache, daß Durst für mich nur bedeutet, an einem heißen Sommertag vorübergehend ohne Erfrischung zu sein, und ich mir körperliche Erquickung rasch verschaffen kann, indem ich eine Weile ruhe ...
Wenn ich mir vorstelle, daß du um Vergebung gebeten hast für alle, die dir diese Schmerzen und Qualen zufügten – während ich mich schon ungerecht behandelt fühle, wenn mir nur die geringste Kleinigkeit angetan wird ...
Wenn ich mir diesen dunklen Augenblick vorstelle, wo du mit deinem Sterben am Kreuz alle Sünden auf dich genommen hast – und dann die Schwere meiner eigenen Sünde fühle, bevor ich sie auf dich lege ...
... Dann beginne ich, einen Bruchteil von dem zu verstehen, was du für mich ertragen hast. Ich habe nicht Worte, dir zu danken, daß du das alles auf dich genommen hast. Damit ich durch dein Leben, dein Leiden, deinen Tod und deine Auferstehung erkenne, was es wirklich bedeutet – zu leben.

Phoebe B. Honig, in: Stimme des Glaubens 4/94

Habdank, Hesekiel 65; Rechte beim Künstler

Der Geist macht lebendig

Totentanz

Am rechten Bildrand gleiten meine Augen entlang. Senkrecht von oben nach unten wandert der Blick, wird dann im rechten Winkel umgelenkt, läuft nun am Boden entlang bis ganz nach links.

Was ich dabei sehe? Einen schaurigen *Totentanz*! Oben stehen sie, aufrechte, lebendige Gestalten, Männer und Frauen mit sprechenden Augen und Händen. Doch dann beginnt ein Fallen und Gleiten, ein Zer-fallen und Sich-Auflösen. Skelette werden sichtbar, am Boden ausgestreckt, hingemäht. Sie gehen zu Bruch, werden zu Trümmern. Verstreutes Gebein liegt verloren herum.

Der Lauf dieser Welt ist das: Dies Fallen und Gleiten, dies Zerfallen und Verwesen ist ihr Gefälle. Mein eigenes Geschick ist darin eingeschlossen. In diesem Strom treibe auch ich. Unfehlbar ist das Ende, todsicher der Tod. One Way, Einbahnstraße!

Girlande des Lebens

Doch ist mein Blick den rechten Weg gewandert? Habe ich das Bild richtig herum gelesen?

Da drängt sich mir in der Mitte eine mächtige Gestalt entgegen, schiebt sich nach vorn wie einer, der durchs Fenster hereinschaut, ja wie einer, der ein Loch durch die Mauer bricht. Gewaltsam schafft er sich Gehör. Ein *Deuter,* einer, der den Weg weist.

Unzufrieden scheint er mit meinen Beobachtungen, ganz und gar nicht einverstanden. Seine rechte Hand hat sich geöffnet, will mich von links nach rechts schieben, mich umleiten: »Andersherum lesen, andersherum wandern!« Die andere, die linke Hand reißt meinen Blick gebieterisch nach oben, verlangt, daß ich dem Arm folge vom Ellenbogen bis zur Fingerspitze. *»Umdenken* mußt du, *umkehren*!«

Ich folge. Doch nun, welch ein seltsamer Vorgang: Der Totentanz wandelt sich in einen fröhlichen Reigen, bekränzt den

Bildrand mit einer *Girlande des Lebens:* Verstreutes Gebein fügt sich zusammen.
Fleisch überzieht die Knochen. Ein Sich-Aufrichten beginnt, ein fröhlicher Aufstand. Ein Wirbel von Leben reißt die Leiber empor, Leben bricht aus dem Tod. Oben stehen sie: Männer und Frauen mit sprechenden Augen und redenden Händen, grenzenloses Staunen in Gesicht und Gebärde.

Der Zeuge

Staunen erfaßt nun auch mich. Hoffen, gemischt mit zweifelnder Frage: »Hör, du Deuter, ist das mehr als ein Traum? Darf ich dieser Wende trauen, dieser Revolution aller Revolutionen, dem Wunder aller Wunder? Girlande des Lebens, Reigen statt Totentanz? Wer deckt deine Botschaft, wer gibt ihr Bestand?«
Nun erst bemerke ich es: Der Mann in der Mitte ist nicht ein Zaungast und Fenstergucker. Er steht selbst mitten drin im Geschehen, steckt selbst bis zur Brust im Erdreich.
Ist er dabei, zu versinken wie einer, der sich im Moor verirrte? Geht er unter wie einer, den das Meer verschluckte? Nein, seine Gesten erlauben keinen Zweifel. *Heraus* kommt er, heraus aus der Erde. *Aufwärts* heißt hier die Parole. Aufwärts! Das bezeugen die Augen im leuchtenden Gesicht. Das Unten gilt nicht mehr, rechts und links lohnen nicht. Das Oben ist die einzig mögliche Blickrichtung. Aufwärts! Das kündet die erhobene Linke mit dem ausgestreckten Zeigefinger. Unmißverständlich ist seine Botschaft: »Nicht herausgeklettert bin ich, habe mich nicht emporgearbeitet. Herausgezogen wurde ich, bin ein Emporgerissener, ein Aufgerichteter; ich wurde *auferweckt!* Von oben kam, was mich nach oben zieht! Sieh, was ich künde, ist meine eigene Geschichte. *Zeuge* bin ich, nicht nur Deuter.«

Der Rufer

Die linke Hand mit dem spitzen Zeigefinger will mehr sein als Hinweis. *Befehl* ist sie, *Gebot:* »Hoch mit dir! Aufstehen!« heißt

das Kommando. Dies Geschehen duldet keinen Zuschauer! Ich merke: Der Mann in der Mitte ist mehr als Deuter, auch mehr als Zeuge. Er spielt eine aktive Rolle bei dieser fröhlichen Revolution. Auferweckt ist er zum Aufwecken. *»Mitauferwekker«* heißt sein Beruf. Auch mich meint sein Ruf. Und was er sagt, wird Gestalt, was er kündet, geschieht.
Das linke Ohr – uns verborgen – horcht nach oben, vernimmt ein Brausen, den Gottessturm. Wolkenstreifen lassen die Gestalt einer Taube ahnen: *Gottes Geist* ist am Werk, Gottes mächtiger Lebensatem. Da wird dieser Mann selbst Organ dieses Geistes, wird Gottes Mund und Gottes Hand.

Das neue Lied

Was geschieht, wenn der Schöpferhauch übers Leichenfeld fährt? Der Prophet in der Mitte führt die rechte Hand zum Ohr, will den Schalltrichter vergrößern. Da, ein Rauschen am Boden! Wenn Leben zerrinnt, so geschieht das schweigend, Verwesung ist tonlos. Doch hier vernimmt er im Beinhaus der Welt ein fröhliches Klappern, ein lustiges Lärmen. Es tut sich was im Leichenfeld; *Gott* tut etwas.
»Aus neu wird alt, aus Blüte Fäulnis, aus Leben Tod.« Plärrend monoton ist der Sing-Sang des Totentanzes. Doch hier wird ein anderes Lied angestimmt: »Aus alt wird neu, aus Tod wird Leben.« Melodie für den Lebensreigen, der sich nun formiert: Zu Boden Gestreckte erheben sich, Erschlagene regen die Glieder, Tote stehen auf und strecken die Hände dem neuen Tag entgegen. Dem neuen, dem jüngsten Tag, dem Tot, der das ewige Leben einläutet und an dem Gott sein wird alles in allem.

Siegfried Kettling, Du gibst mich nicht dem Tode preis,
R. Brockhaus Verlag, Wuppertal und Zürich

4.3 Persönliches Zeugnis

Der Knoten

Geschichte einer Erfahrung

Das Zimmer war gerade groß genug, daß vier dieser wuchtigen Krankenhausbetten hineinpaßten. Kaum daß die kleinen weißlackierten Nachttische dazwischen Platz hatten. Der Boden abgetretenes Linoleum, eine Nische mit einem Waschbecken, ein kleines Regal für die Toilettensachen, ein einsamer Stuhl daneben.

Wenn die Besucher kamen, entstand drückende Enge, doch hatte es keinen Sinn, auf den Gang auszuweichen, selbst da reihte sich Bett an Bett an den Wänden.

Von meiner Bettnachbarin wußte ich nicht viel. Ich mochte mich nicht kümmern, mich niemandem mitteilen. Ich war froh, daß ich am Fenster lag. Mein Blick fiel direkt auf einen Ahornbaum. Er war mir ein treuer Begleiter in all den Tagen. Sein grünes Blattwerk hat mir zugefächelt. Oft fand ich es tröstlich, ihn jeden Morgen wieder anzusehen. Er war der einzige Zeuge meiner Trauer, meiner Ohnmacht, meines Zweifels und all meiner Tränen. Ich glaube, er war mir ein Freund geworden.

Manchmal öffnete ich das Fenster und lauschte dem Rascheln und Flüstern. Ja, ich hatte ein Ohr bekommen für diese leisen Töne, und ich hatte endlos viel Zeit, um zu schauen.

Man hatte mich operiert. Sie hatten einen Knoten aus meiner Brust entfernt. Lange Zeit tastete ich ungläubig an den Verband, als müßte ich mich vergewissern, daß mir all das auch wirklich passiert war.

Es hat mein Leben verändert.

Ich hätte mir gern ein Einzelzimmer gewünscht. Ich wollte alleine sein, mich vergraben in meinem Schmerz, niemandem wollte ich mich mitteilen und auch keine dieser anderen Krankengeschichten hören. So wich ich den blassen Gesichtern aus und konzentrierte mich auf ein kleines blaues Stück Himmel und auf meinen Baum.

Eingesponnen war ich in meinen Kokon voll Selbstmitleid. Keine Familie, der einzige Sohn im Ausland. Nein, damit wollte ich niemanden behelligen. So vergrub ich mich in meinem Kissen und starrte lange Stunden auf die chromglänzende Stange meines Krankenbettes.

Dieses Krebsgeschwür war aus meiner Brust entfernt, aber in meinen Gedanken hatten sich schädliche Metastasen gebildet, deren Ausdruck negative Grübeleien waren, Selbstaufgabe und die immer wiederkehrende Frage nach dem Warum.
Eines Nachmittags betrat ein junger Pfarrer unser Krankenzimmer. Außer dem Arzt und den Schwestern hatte ich schon lange mit niemandem gesprochen, und so bat ich ihn auf seine freundliche Frage hin, Platz zu nehmen.
Ich mußte mir eingestehen, direkt froh über etwas Abwechslung zu sein, und so erzählte ich ihm mit knappen Worten meine Krankengeschichte. Der junge Mann antwortete mit keinem frommen Spruch aus seinem Gebetbuch. Er erkundigte sich nach meinem Sohn, und dann berichtete er von seiner Arbeit als Krankenhauspfarrer. Schließlich, als er keines der üblichen Trostworte hören ließ, fühlte ich mich zu der Frage veranlaßt: »Haben Sie eine Antwort auf die Frage nach dem Sinn meines Leidens? Weshalb muß der Mensch krank werden, warum all das aushalten, die Bestrahlungen, die Übelkeit, die Schmerzen?«
Der junge Geistliche hob seinen Blick und schwieg. Der Ahornbaum trennte sich wieder von zweien seiner Blätter. Sie schaukelten erst sachte, bis ein übermütiger Wind sie forthob und in den Park entließ.
Endlich sagte der Mann, wobei er meine Hand in seine Hände nahm: »Ich denke, es ist ein Angebot von Gott, eine Chance.« Mit diesen Worten verließ er mein Zimmer.
Ich war bestürzt, aufgebracht und ärgerlich über diese Antwort. In Gedanken schalt ich den Pfarrer als unverständig und überheblich. Krebs als Chance darzustellen! Starben nicht auch junge Menschen und Kinder an dieser schrecklichen Krankheit? All das überstieg mein Vorstellungsvermögen.
In dieser Nacht ergab ich mich erst spät dem Schlaf. Ich erfuhr mich in wirren, diffusen Träumen, und ich erwachte am frühen Morgen, geweckt von einem Rauschen und Tosen. Ein wilder Sturm riß und zerrte an meinem Baum. Die Zweige in ständiger Bewegung, wie von Sinnen torkelten die Blätter herab. Regen peitschte die halbnackten Äste, fast kahl war der Baum.
Auch in mir herrschte Sturm. Der gleiche Wirbel der Gefühle. Szenen aus meinem Leben fielen mir ein. Worte und Sätze. Zum ersten Mal

wünschte ich mir, Zugang zu meiner Bettnachbarin zu finden und ein Gespräch zu führen, das mich von meinen endlosen Grübeleien ablenkte. Die Tage vergingen in ihrem gleichförmigen Rhythmus. Frühstück, Visite, Mittagessen, Fiebermessen. Man war zufrieden mit mir. Die Behandlung schlug an. Die Ärzte hatten das Ihrige getan. Nun war es Zeit, daß auch ich mich heilte, von meinen falschen Einstellungen, von meiner Negation dem Leben und den Menschen gegenüber.
Der eine Satz des Pfarrers hatte mich auf den Kopf gestellt. Ich kehrte das Innerste nach außen. Ich stieß auf meine Selbstbezogenheit und wagte, sie mir anzusehen, bis ich klein und demütig wurde.
Zum ersten Mal nach vielen Jahren sprach ich ein Gebet aus dem Herzen. Man erlaubte mir einen Spaziergang im Park. Oktoberblauer Himmel, der Morgentau glitzerte in den Grashalmen. In der Ligusterhecke tschilpten die Spatzen.
Mein erster Weg führte mich zu meinem Baum. Ich fühlte seine trockene Rinde und lehnte mich eine Weile an seinen mächtigen Stamm. Da fiel wieder eines der Blätter herunter, und ich hob es auf, um es zu betrachten. Wann hatte ich jemals so aufmerksam ein Blatt betrachtet! Vielleicht in meiner Kinderzeit, wo ich noch neugierig auf alles war und staunen konnte. Ich fuhr mit den Fingerspitzen über die feinen Blattadern. Wie schön es war! Wie vollkommen in seiner Form! Aber es würde welken und den Weg alles Irdischen gehen so wie ich auch.
Ich war ein welkes Blatt, abgestorben, vom Stamm gelöst, hilflos den Lebenswinden ausgesetzt. Mein ganzer Schmerz, mein Alleinsein kamen wie in einer sich überschlagenden Welle aus meiner Brust.
Der Ahornbaum stand neben mir und wich keinen Zentimeter. Keiner sah, wie ich ihn umarmte, daran Halt suchte, mich wie ein Schiffbrüchiger anklammerte.
Mit Scheuklappen war ich durchs Leben gegangen, in meine Einsamkeit hatte ich mich vergraben, allzusehr auf mein Schicksal bezogen.
Allmählich begann ich zu begreifen, was der Pfarrer gemeint haben könnte und worin meine Chance lag.
Eine tiefe Sehnsucht, gesund zu werden und mich mitzuteilen, erfaßte mich. Ich verließ den Baum und ging auf dem Kiesweg zurück. Die Sonne trocknete mein feuchtes Gesicht, und als ich eine andere Patientin auf mich zukommen sah, lächelte ich ihr zu und sagte: »Heute ist ein

besonders schöner Tag.« Die Dame im blauen Morgenrock entgegnete mir: »Die schönen Tage werden rar, bald kommt die kalte Jahreszeit.« Ich nickte ihr zu. Mich machte der Winter nicht bang. Ich scheute nicht die endlose Reihe düsterer Tage, nun da ich eine neue Freude im Herzen trug.

Mein Zimmer empfing mich mit der Gleichgültigkeit aller Krankenräume. Ich ging zum Spiegel, um mein Gesicht zu betrachten, und ich begegnete dem Leid, das sich in meine Züge eingegraben hatte. Aber ich entdeckte auch etwas Neues darin: einen Funken Lebenslust, der – im Herzen geboren – sich in meinen Augen spiegelte. Da übte ich ein Lächeln, und eine tröstende Ruhe kehrte in mir ein, und ich dankte Gott für seine Nachsicht mit mir.

Am nächsten Morgen wurde jemand entlassen, und eine neue Patientin richtete sich neben mir ein. Die Angst stand ihr im Gesicht geschrieben. Im Schutz der Dunkelheit richtete ich das Wort an sie.

In dieser Nacht begriff ich, wie sehr ich mich selbst vom Leben abgeschnitten hatte und wie mir meine Zuwendung zu einem anderen Menschen Erfüllung und Zuversicht gab.

Was auch immer mir geschah, ich würde von nun an mein Geschick in die Hände meines Schöpfers legen, ganz im Vertrauen, daß er den rechten Weg mit mir geht.

Wäre ich ohne mein Kranksein innerlich wie äußerlich so heil geworden?

Marlis Kemptner, in: Sexualethik und Seelsorge 3/91, Weißes Kreuz, Kassel

Christus steht nicht
hinter uns als
unsere Vergangenheit,
sondern vor uns
als unsere Zukunft.

Friedrich v. Bodelschwingh

5 Weiterführende Literatur

Siegfried Kettling, Du gibst mich nicht dem Tode preis, Brockhaus, Haan 1990
James Dobson, Wenn du Gott nicht mehr verstehst, Hänssler, Stuttgart-Neuhausen 1995
Peter Hahne, Leid, Hänssler, Neuhausen-Stuttgart 1995
Else Diehl, Kinder und Tod, in: Michael Dieterich, Seelsorge mit Kindern, Hänssler, Neuhausen-Stuttgart 1993

6 Vorbereitungsliste

☐ einige Frauen im Vorfeld für persönliche Berichte suchen
☐ Arbeitsblätter vorbereiten
☐ Holzschnitt von Habdank als Karte gestalten oder auf Folie kopieren
☐ Stifte, Papier und Bibeln bereithalten

Versöhnung und ihre Auswirkungen

Else Diehl

1 Ziele für diese Einheit

Erkennen, wie Versöhnung geschieht und welche Auswirkungen sie für das eigene Leben und für das Miteinander hat.

2 Information zum Thema

2.1 Versöhnung ist eine Notwendigkeit in den Beziehungen von Menschen, Familien, Gemeinden und Völkern.

Das Thema ist aktuell, nicht nur unter Geschwistern in der Familie und bei Ehepartnern, sondern auch in Gemeinden und in der Politik.

- Versöhnung ist der Wunsch vieler von Streit betroffenen Menschen. Viel Kraft wird oft aufgewendet, um Streit zu schlichten, Standpunkte zu klären und Menschen anzuhören, die miteinander im Streit liegen. Manchmal gelingt es sogar, eine Situation zu schaffen, die vom Kompromiß geprägt ist. Von echtem Frieden in unserer Welt kann kaum die Rede sein, und oft genug flammt der Streit wieder neu auf. Und doch ist der Wunsch nach Frieden vorhanden.
- Versöhnung wird durch Schwierigkeiten blockiert und verzögert. In vielen Fällen wird nicht gesprochen, sondern geschmollt. Man redet übereinander und geht sich aus dem Weg. Ein Satz, der dies deutlich machen würde: *»Wenn Frau X in den Kreis geht, dann werde ich dort nicht mehr erscheinen.«*
- Versöhnung ist möglich und hat konkrete Auswirkungen. Bei Versöhnung geht es um mehr als um Kompromisse. Versöhnung

heißt nicht, eine Sache ruhen lassen. Im allgemeinen Sprachgebrauch sind Versöhnung und Aussöhnung zwar Begriffe, die überall, auch in der Politik verwendet werden. Im wesentlichen ist Versöhnung ein biblischer Begriff, der klar beschreibt, daß Versöhnung ihre Basis im Angebot Gottes hat.

2.2 Versöhnung mit Gott ist die geheime Sehnsucht aller Menschen.

Das Bemühen der Religionen zielt darauf, Gott oder eine Vielzahl von Gottheiten durch Opfer, Geld, Gebet oder andere Leistungen günstig zu stimmen. In der Bibel geht das Bemühen um Versöhnung von Gott selbst aus im Gegensatz zu allen anderen Religionen. Gott läßt sich mit dem durch Schuld von ihm getrennten Menschen ein und gewährt ihm Vergebung, die kein Mensch für den anderen bewirken kann (Ps 49, 8).

2.3 Das Zeichen der Versöhnung im Alten Testament hat Gott selbst eingesetzt.

In 3. Mose 16, 2-17 wird beschrieben, was der Hohepriester zur Versöhnung für sich, für seine Familie und für das Volk tun sollte. Ein Tier wurde getötet, und das Blut dieses Tieres wurde vom Hohepriester in das Heiligtum gebracht, um in dieser symbolischen Handlung durch Besprengen des Heiligtums das Volk von allen Versündigungen zu reinigen. Im Neuen Testament wird Jesus in Hebräer 7, 26-27 als der wahre Hohepriester genannt, der mit seinem Tod am Kreuz durch das Vergießen seines Blutes die einmalige Versöhnung für die Menschen bewirkt hat.

In den Versen 20-22 (3. Mose 16) wird der »Sündenbock« beschrieben, der die Missetaten der Kinder Israels davonträgt.

Dieses Bild ist in den Worten von Johannes dem Täufer wiederzufinden, der von Jesus gesagt hat: »Siehe, das ist Gottes Lamm, welches der Welt Sünde trägt« (Joh 1, 29 b).

Am Tag der Versöhnung wurde für alle Beteiligten deutlich: An diesem Tag geschieht Entsühnung (3. Mose 16, 30). Alle Sünden sind vergeben (3. Mose 16, 34).

2.4 Versöhnung mit Gott ist mit der Person Jesus Christus verbunden.
Paulus sagt in 2. Korinther 5,19, daß wir durch Jesus Christus mit Gott versöhnt sind. Vers 21 unterstreicht, daß diese Versöhnung vollgültig ist.
Seit dem Tod Jesu ist die Versöhnung durch ihn das zentrale Thema der Verkündigung. Paulus hebt diese Tatsache in 2. Korinther 5, 19-20 besonders hervor und bezeichnet sich als Botschafter an Christi Statt.
Die Annahme der Versöhnung durch Jesus Christus befreit uns von allen anstrengenden und oft verzweifelten Bemühungen, uns selbst erlösen zu wollen oder der Versöhnung durch Jesus Christus noch etwas hinzufügen zu müssen.

2.5 Versöhnung ist immer konkret und hat Auswirkungen.
Am Versöhnungstag wurde dem ganzen Volk die Versöhnung zugesprochen. Er war kein Tag wie jeder andere.
Wenn ein Mensch Vergebung seiner Schuld erfährt und sich mit Gott versöhnt weiß, betrifft es konkret seine Situation, seine Vergangenheit und Gegenwart und weist auch in sein zukünftiges Leben.
Die Reaktion mag unterschiedlich ausfallen:
– für mich: dankbares Schweigen oder vernehmbare Freude
– für andere: vielleicht Staunen und Mitfreude
– oder auch: »Kettenreaktion« für viele andere.

2.6 Versöhnung mit sich selbst

2.6.1 Unversöhnlichkeit mit sich selbst wird nach außen erkennbar.
Das zeigt sich in Unzufriedenheit, Nörgelei oder in der Neigung, Qualitäten anderer herunterzuspielen oder sich selbst zu verkleinern. Sie kann zu Selbstbestrafung und Krankheiten führen.
Die Ursachen können verschieden sein:
– Enttäuschung an anderen
– Benachteiligung durch Geschwister

– Zurücksetzung in der Familie
– Blamage und vieles andere mehr.

2.6.2 Wer mit Gott versöhnt ist, kann sich besser annehmen.
Er weiß: Gott liebt mich – ich darf mich auch selbst lieben.
Gott vergibt mir – ich darf mir auch vergeben.
Theoretisch ist das vielen klar, aber sie haben Mühe, das praktisch zu erleben. Sie möchten es annehmen, erleben aber Theorie und Praxis nicht in Übereinstimmung.
Uneins mit sich selbst, das ist ein Kennzeichen dafür, daß ich Gottes Liebe und sein Versöhnungsangebot noch nicht angenommen habe. Darum ist es wichtig, daß wir uns Gottes Angebot immer wieder bewußt machen und auch einander zusagen.

2.6.3 Entscheidend für dieses Wissen sind Gottes Versprechen, nicht meine Gefühle.
Weil Gefühle sehr nachhaltig wirken, werden wir oft von ihnen beeinflußt. Enttäuschungen über uns selbst können wir nur schlecht verwinden. *»Ich verzeihe mir den Rückfall nicht«*, sagt eine Alkoholikerin und ist damit für einen weiteren Rückfall gefährdet. Oft liegt auch Selbstüberforderung und übersteigerter Ehrgeiz zugrunde. Eine große Not dabei ist das ständige Vergleichen mit anderen oder unsere Selbstverurteilung.

2.6.4 Es gibt Hilfen zur Versöhnung mit sich selbst:
– Sich annehmen lernen mit Gaben und Grenzen (Ps 139,14).
– Das Ja finden zum Stand, ledig oder verheiratet, alt oder jung.
– Krisenzeiten bewußt durchleben.
– Sich selbst Freund werden, d. h. sich etwas gönnen, ohne egoistisch zu werden.

»Selbstbejahung ist die Voraussetzung zu jeder echten, freien menschlichen Beziehung. Erst wer an der Gestaltung der eigenen Person gearbeitet hat, kann auch tragfähig für andere Menschen und damit für höhere Formen des Liebens werden.«
Erwachsenen-Katechismus

Zusammenfassend könnte man sagen: Wenn ich Gottes Versöhnung angenommen habe, dann kann ich zu den nachfolgenden Aussagen stehen:

Ich sehe mich von Gott her.
Ich darf mich lieben, weil er mich liebt.
Ich darf mir vergeben, weil er mir vergibt.
Ich darf immer wieder neu anfangen.

Zitat von Dr. H. von Bezzel:
»Wo Gott zu mir ja gesagt hat, darf ich nicht nein sagen, auch nicht in der Begegnung mit mir selbst.«

2.7 Versöhnung mit anderen

2.7.1 Versöhnung mit anderen ist von Gott geboten und nicht in unser Belieben gestellt.

Biblische Beispiele: Der Schalksknecht (Mt 18,23-35), Anweisungen Jesu (Mt 6,12-15).
In der Theorie ist diese Aussage für uns als Christen klar und bindend, doch wenn wir selbst betroffen sind, merken wir, daß wir keine »Heiligen« sind.

2.7.2 Der Wille zur Vergebung ist die Voraussetzung für echte Vergebung.

Vergeben ist leichter,
wenn der andere mich bittet. Wichtig ist aber, daß wir nicht auf bestimmte Formen bestehen, ein Blumenstrauß kann Worte ersetzen.
wenn der andere sich bessert.
wenn andere erfahren, daß ich vergeben habe.

Vergeben ist schwer,
wenn ich tief verletzt wurde.
wenn dasselbe immer wieder geschieht.
wenn der andere sein Unrecht nicht einsieht.

2.7.3 Es gibt »Irrwege« auf dem Weg zur Versöhnung

– Den Umständen oder anderen Personen die Schuld geben.
– Kompensieren mit Geschenken anstelle klärender Gespräche.
– Alles verdrängen – sich keinen Ärger erlauben.

Wir dürfen Gefühle, auch Wut, erkennen und benennen: »Ich fühle mich verletzt«, »Ich war richtig wütend«.

2.7.4 Hilfen zum Vergeben sehen wir in der Bibel

In der Stille Worte Gottes als Vorbereitung lesen, etwa Psalm 103, 8; Römer 5,10; Psalm 62,13; Matthäus 6,12.
Sich festlegen, vielleicht sogar schriftlich: Ich *will* vergeben.
In Gegenwart eines Zeugen den Entschluß aussprechen oder sogar einen Zeugen bitten, beim Gespräch dabei zu sein.

2.7.5 Versöhnung hat Auswirkungen

– Erfahrung des Friedens Gottes, »der höher ist als alle Vernunft« (Phil 4,7).
– Entspannung (Ps 4,9).
– Körperliches Wohlbefinden. Ein Arzt: »Vergebt euch eurer Galle und Leber wegen!«
– Neue Gemeinschaft miteinander (1. Joh 1,7).

Die Aussage einer Frau, die in der Ehe eine schwere Enttäuschung erlebte: *»Ich lebe jetzt wieder froher und zuversichtlich. Die Bitterkeit gegen meinen Mann ist weg. Der Gedanke, ich könnte noch einmal dazu kommen, ihm wieder zärtlich zu begegnen, hat mich damals erstaunt. Aber Sie haben mich ermutigt. Wenn auch alles noch zaghaft in dieser Richtung scheint, so sehe ich doch, wie empfänglich mein Mann dafür ist. Er ist wieder offener und freier und hat ein Gespür, wenn ich ihn so annehme, wie er ist und ihm entgegenkomme.«*

3 Vorschläge zur Durchführung

Allgemeiner Hinweis
Da es sich um ein sehr umfangreiches Thema handelt, muß überlegt werden, ob man es in einer Dreiteilung behandelt, oder ob man die einzelnen Abschnitte zusammenfaßt.
Da die Thematik sehr persönlich anspricht und Betroffenheit bewirken kann, ist für Gespräche eine vertraute Atmosphäre wichtig.

Möglichkeit A (Aufteilung in mehrere Gruppenstunden)

Thema 1: Versöhnung mit Gott
Vorbereitung zum Einstieg in das Gesamtthema Versöhnung:

- Die Leiterin sammelt im Laufe einiger Tage aktuelle Schlagzeilen über Krieg etc. und klebt diese auf ein **Plakat** auf. Die Anwesenden werden dann gebeten, zu den Sachverhalten das (bis dahin noch nicht bekannte) Stichwort *Versöhnung* zu finden, das eine Lösung bewirken könnte. ◆
  Es wird nicht schwer sein, über die Geschehnisse der Kriege und Streitigkeiten ins Gespräch zu kommen und sich zu entrüsten, daß es nicht zum Ende der Kämpfe kommt. Sehr leicht entstehen Feindbilder und Pauschalurteile: »die Politiker«, »die Ausländer«, »die …«. Es ist geraten, das Gespräch zum Alltagsgeschehen in Familie und Gemeinde überzuleiten (siehe 2.1 mit Beispiel der Frau, *»wenn Frau X in den Kreis geht, werde ich dort nicht erscheinen«*) und anzuregen, das Thema von der Bibel her zu beleuchten.
- Bibeln bereithalten oder mitbringen lassen, damit sich viele bei dieser Studie beteiligen können.
- Anhand des biblischen Befundes in 2.2 bis 2.5 informieren und angegebene Stellen lesen.
  Es wird sich zeigen, daß viele die Beschreibung aus 3. Mose 16,2-17 nur ungenau kennen, aber auf diesem Hintergrund Johannes 1,29 ganz neu verstehen lernen.

- Am Schluß dieser ersten Stunde könnten seelsorgerliche Fragen als Denkanstöße ausgesprochen werden:

  - Ist mir klar oder (neu) bewußt, was Versöhnung für mich bedeutet?
  - Ist die Botschaft von der Versöhnung unter uns lebendiges Thema?
  - Was bedeutet für mich Versöhnung konkret?

Ein Gebet oder eine Gebetsgemeinschaft, bei der Dank für Gottes Tun im Mittelpunkt steht, könnte die Stunde beschließen.
Vielleicht könnten Kärtchen vorbereitet und zur Erinnerung mitgegeben werden mit der Aussage:

Es kann nicht Friede werden, wo ER nicht Friede ist.

Thema 2: Versöhnt mit sich selbst
- Folgende Sätze auf einen **Zettel** für jeden oder für **Kleingruppen** vorbereiten:

  Wer Schwierigkeiten macht, hat Schwierigkeiten.
  Der ist sich selbst nicht grün.
  Ich liege im Krieg mit mir.

  Zum Austausch anregen:
  - Was sagen wir zum ersten Satz?
  - Gibt es Erfahrungen damit?
  - Kennen wir weitere Ausdrücke?

- Mit dem Ergebnis dieser ersten Gesprächsrunde dann überleiten zu 2.6.1, um auf die Ursachen zu kommen. Es wird dabei deutlich werden, daß das Erkennen vom Entstehen solcher Unversöhnlichkeit mit sich und seiner Situation wichtig für eine Veränderung ist. Vielen Menschen ist nicht bewußt, warum sie so uneins mit sich selbst sind.

Betroffene werden sich in der Gruppe nur selten laut äußern. Trotzdem wird die Reflektion hilfreich für sie sein.

– In der nächsten Gesprächsrunde könnte man um Erfahrungsbeiträge bitten, wie Selbstannahme erlebt wurde, wie es aussieht, wenn man sich selbst Freund wird (siehe 2.6.4). Als Ermutigung Zitat von Dr. H. von Bezzel einbringen (2.6.4).

Zusammenfassung:

Die vier Schlußgedanken aus 2.6.4 könnte man vielleicht als **Lesezeichen** vorbereitet haben, um es den Frauen mitzugeben.
Als Lied eignet sich zum Vorlesen oder Singen der Text von Jürgen Werth: »Du bist Du«. Vielleicht kann dieses Lied auch mitgegeben werden.

Thema 3: Versöhnung mit anderen

– **Text** »Versöhnung« von Andrea Hohmeier als Kopie für alle Teilnehmerinnen ausgeben. Als Denkanstoß vorlesen und die Frage stellen:
  »Welcher Vergleich spricht mich besonders an und erinnert mich an ein Erlebnis?«
  Oder:
– Ein Anspiel als Gespräch von zwei Frauen über Vergebung, bei dem die eine ständig die Inhalte von 2.7.2 vorbringt, die eine Versöhnung blockieren, z. B.:
  »Sie muß mich erst mal um Verzeihung bitten.«
  »So wie sie sich das denkt, nehme ich die Bitte nicht an.«
  »Sie hat mich zu sehr verletzt« usw.
– Das **Gespräch** könnte offenbleiben. Und die Zuhörenden sollten dann mit einbezogen werden, eine Hilfe zu bedenken.
– Die Gesprächsleiterin sollte versuchen, die Aspekte der vorausgegangenen zwei Themen mit einzubeziehen und die »Irrwege« aufzeigen.

Zum Abschluß kann 2.7.1 herausgestellt werden:
Versöhnung ist von Gott geboten.
Die Auswirkung der Versöhnung sollte ermutigend betont werden. Die Aussagen der Frau 2.7.5 könnte vor dem Schlußgebet den Abschluß bilden.

Möglichkeit B (für eine Stundeneinheit)

Thema: Versöhnung

- Kurze Darbietung der unter Möglichkeit A *»Versöhnung mit Gott«* empfohlenen Auflistung aktueller Schlagzeilen.
  Herausstellen, daß das Thema Versöhnung unter drei miteinander verbundenen Unterthemen beleuchtet werden soll. Dazu könnte der Text »Versöhnung« von A. Hohmeier ausgegeben werden mit Hinblick auf den letzten Teil, der die Grundlage beschreibt.
- In erzählender Form jetzt den Inhalt von 2.2 und 2.3 (3. Mose 16,2-17) darbieten und die Thesen 2.4 und 2.5 herausstellen.
- Das Thema *»Versöhnung mit sich selbst«* mit dem Lied von Jürgen Werth einleiten und die Frage besprechen:
  Warum fällt es oft so schwer, diese Wahrheit auf sich zu beziehen? Gründe nach 2.6.1 nennen, aber vor allem die Hilfe 2.6.4 verdeutlichen, vielleicht mit Buchzeichen zum Mitnehmen. Nach dem zweiten Thema noch einmal die beiden ersten Abschnitte von »Versöhnung« lesen lassen.
- Beim Thema *»Versöhnung mit anderen«* könnte in Form einer Kurzandacht der Inhalt von 2.7.1 bis 2.7.5 in drei Punkten wiedergegeben werden:
  1) Versöhnung mit anderen als Notwendigkeit.
  2) Versöhnung mit anderen ist eine Möglichkeit (siehe Lebensbericht).
  3) Versöhnung mit anderen hat Auswirkungen.
- Im Schlußgebet könnte Dank für Gottes Vergeben und Bitte um Vergebensbereitschaft zum Ausdruck kommen.

4 Weitere Bausteine zum Thema

4.1 Lieder

- So ist Versöhnung, in: Ich will dir danken, Nr. 249, Hänssler
- Wenn der Herr mich befreit, in: Jesu Name 6, Nr. 1595, Hänssler

4.2 Gebete und Meditationen

Versöhnung

Versöhnung ist wie
… ein Sonnenstrahl nach einem Gewitter
… ein warmes Bad nach einer Schneeballschlacht
… die ersten grünen Blätter im Frühling
… ein Regen nach langer Trockenzeit

… ein tröstendes Wort an einem traurigen Tag
… ein Lächeln nach einem Streit
… eine liebe Geste, wenn es mir schlechtgeht
… ein Gespräch nach langer Einsamkeit

Versöhnung ist
… Gottes Trost für mich
… Gottes Gnade mir gegenüber
… Gottes Liebe zu mir
… Gottes Nähe, die mich umgibt

… Gottes Trost
… Gottes Gnade
… Gottes Liebe
… Gottes Nähe in mir,
um alles weitergeben zu können an andere.

Andrea Hohmeier
Born-Verlag, Kassel

Diese Metaphern zum Stichwort *Versöhnung* lassen sich auf eine Folie für einen Tageslichtprojektor übertragen und können eine Hilfe sein zur Behandlung dieses immer aktuellen Themas in der Gemeinde oder in einem Gottesdienst. Ausgeschnitten und ans Schwarze Brett der Gemeinde geheftet (bzw. im Schaukasten angebracht) regen die Metaphern zum Nachdenken an.

4.3 Geschichte

Vergeben

Conny will malen. Sie kramt im Spielzeugbeutel. Häuser sausen an uns vorbei. Plötzlich schiebt sich Davids Blondschopf zwischen uns: »Wo fahren wir hin?« Ich höre die Frage mindestens schon zum sechsten Mal. »Zu Oma und Opa«, sage ich – hoffend, ich hätte die Antwort zum letzten Mal gegeben.

»Wohnt dort der Heiland?« fragt er und richtet seine großen blauen Augen fest auf mich. Ich bin sprachlos. Wie kommt unser Dreijähriger nur auf so eine seltsame Frage? Ich kann mir das nicht erklären.

»Wohnt dort der Heiland?« Also mit einfachem Überhören klappt es nicht, da muß ich wohl doch antworten: »Der Heiland geht immer mit uns mit.« David scheint zufrieden und wendet sich seinem Spiel zu. Ich atme auf, aber es rumort in mir.

Meine Gedanken fliegen zurück. Mein Mann kommt aus einem nichtchristlichen Elternhaus. Ich weiß genau, dort ist der Herr Jesus nicht gefragt. Zwischen uns stand soviel Böses, soviel Haß und Lügen, und meine Schwiegereltern haben keine Ahnung, wie ich mit mir und Jesus gerungen hatte, um ihnen endlich vergeben zu können. Ich erstickte fast daran, wenn ich nur ihren Namen hörte. So viele Gemeinheiten, Verleumdungen und Kränkungen, ja bis zur Ohrfeige – mir fehlte einfach die Kraft zu verzeihen.

Sonntag für Sonntag stand ich vor dem Altar und betete zusammen mit allen anderen: » … vergib uns, wie auch wir vergeben unseren Schuldigern …« Ich wollte doch eine gute Christin werden! Gott hörte mein Flehen erst, als ich völlig mit meinen Anstrengungen am Boden lag und

nur noch beten konnte: »Ich gebe es auf, schenke du es mir bitte, Jesus. Tu es durch mich!«
Trotzdem: Ich konnte es nicht glauben und wußte gar nicht, wie ich dazu kam, weiterzusprechen: »Und wenn die Schwiegermutter Conny zum Geburtstag ein Päckchen schickt, dann rufe ich sie an.« Ich war sicher, das würde sie niemals tun.
Irgendwann, ein paar Monate später, ging ich wie üblich, um nach der Post zu sehen, und als ich den Kasten öffnete, fiel mir ein Paketschein entgegen. Längst hatte ich mein eigenartiges Gebet vergessen, doch in diesem Augenblick hörte ich in Gedanken wieder meine eigenen Worte. Ich wurde ganz nervös, und ich hätte den Absender auf dem Paket nicht einmal lesen müssen, als mir die Postbeamtin den Karton aushändigte. Tatsächlich, es war von ihr! Die Frau, die uns auf der Straße einfach übersah, über Jahre hinweg nicht ein einziges Wort geschrieben hatte, zur Hochzeit ihres einzigen Sohnes nicht erschien, diese Frau hatte sich überwunden! Es war so unfaßlich, so unglaublich, und ich hielt es doch in den Händen – ein Geschenk für Conny!
»Du mußt doch nicht gleich anrufen ... Vielleicht ist sie gar nicht daheim ... Später ist auch noch Zeit ... Morgen ...« meldete sich eine Stimme in meinem Herzen. Ich stand im Nieselregen und ging zwei Schritte.
»Bezahle dem Herrn deine Gelübde!« Das war doch ein Bibelwort. Ich mußte mich jetzt entscheiden. Mit klopfendem Herzen wählte ich die Nummer. Eigenartig, ich hatte sie noch immer im Kopf. Am anderen Ende wurde sofort abgenommen. »Danke für das Päckchen. Es ist sehr nett von euch.« Meine Stimme klang fremd. Ein Kloß steckte mir im Hals. Jetzt lud sie uns auch noch zum Kaffee ein. Wir wechselten nur wenige Worte, aber die Eismauer zwischen uns begann zu schmelzen. Als der Hörer wieder auf der Gabel lag, stand ich noch immer fassungslos da, und endlich konnte ich befreiend lächeln und jubeln: »Danke, Herr Jesus – Du bist wunderbar. Einfach super!!!«
Und heute fahren wir zu ihnen auf Besuch – wer hätte das für möglich gehalten? »Wohnt der Heiland bei Oma und Opa?« David zieht an meinem Pullover. Mein Mann wirft mir einen ratlosen Blick zu. »Nein, noch nicht«, sage ich langsam, aber es klingt nicht hoffnungslos.

Sabine Kathrin Wollmann, Lydia 1/92, Asslar

4.4 Karikatur

Gott ist, Bd. 2, Brunnen, Gießen 1992

5 Weiterführende Literatur

Kurt Scherer, Vergebung, Hänssler, Neuhausen-Stuttgart 1995
Harry Müller, Beziehungen bauen Brücken, Hänssler, Neuhausen-Stuttgart 1995

6 Vorbereitungsliste

- ☐ Fragen für die Kleingruppe vorbereiten
- ☐ Plakat mit aktuellen Schlagzeilen

für jede Frau

- ☐ Lesezeichen mit dem Text von 2.6.4 für jede Teilnehmerin vorbereiten
- ☐ Text »Versöhnung« bereitstellen

Wer wälzt uns den Stein vom Grab? – Ein Thema für die Passions- und Osterzeit

Tabea Frey

1 Ziele für diese Einheit

Die blockierenden Steine unseres Lebens erkennen, Verbindendes mit anderen Frauen in ähnlichen Situationen entdecken, aus der Geschichte der Frauen am Ostermorgen Trost und Rat holen und neue Kraft für unseren Glauben schöpfen.

2 Informationen zum Thema

Zur Einführung

»Wer wälzt uns den Stein vom Grab?« – So fragen die Frauen, die am frühen Morgen aufgebrochen waren, um Jesus zu salben. Um ihre Geschichte, wie sie in Markus 16, 1-8 erzählt ist, geht es in dieser Einheit. Sie führt uns an die Schwelle zwischen Passion und Ostern, zwischen Nacht und Tag, Trauer und Freude. Mehr noch: Sie will uns über diese Schwelle hinweghelfen, indem sie uns zeigt, daß auch über der dunkelsten Nacht ein neuer Morgen anbrechen und verzweifeltes Fragen sich in Staunen verwandeln kann. Aber zuerst liegt da, genau auf der Schwelle, der Stein. Er versperrt den Frauen nicht nur den Zugang zu Jesu Grab, sondern er blockiert sie selbst in ihrem Denken und Fühlen. Er läßt sie erstarren in ihrer Trauer. Wie sollen sie je darüber hinwegkommen, daß Jesus tot ist, eingemauert in seinem Grab? Und wie soll es denn jetzt weitergehen? Kann es überhaupt noch weitergehen?

Vielen Frauen in unseren Gruppen und Kreisen sind solche Gedanken nicht fremd. Oft genug liegen auch auf ihren Wegen Steine, die sich wie Berge vor ihnen türmen und sie glauben lassen: Jetzt geht es nicht mehr weiter! Darüber komme ich nicht hinweg! Aber so seltsam das klingt: Die Steine, die auf der einen Seite den Übergang blockieren, können auf der anderen Seite eine Verbindung schaffen zu denen hin, die ähnliche Sorgen und Nöte haben. So können sich mit dem Stein, um den sich die Gedanken der Frauen am ersten Ostermorgen drehten, auch unsere eigenen Erfahrungen verbinden. Die Geschichte, so wie sie erzählt ist, scheint es gerade darauf anzulegen. Sie öffnet uns einen Raum, wo wir uns auch mit unseren Belastungen und Verhärtungen einfinden können. Aber darüber hinaus zeigt sie uns, daß es dabei nicht bleiben muß, sondern daß es weitergehen kann, und vor allem *wie* es weitergehen kann. Selbst ein so großer und schwerer Stein wie der vor Jesu Grab kann noch ins Rollen kommen. Als die Frauen hinsahen, bemerkten sie, daß er schon weggewälzt war. Uns aus ihrer Geschichte Trost und Rat zu holen und neue Kraft für unseren Glauben zu schöpfen, ist das Ziel dieser Einheit.

Zum Thema

Die Geschichte in Markus 16,1-8 beschreibt einen Weg. Sie beschreibt ihn so, daß wir die einzelnen Schritte nachvollziehen und sie für uns umsetzen können. Wir müssen nur genau hinhören und hinschauen und dem auf der Spur bleiben, wo sie uns anspricht und was sie uns zuspricht. Sie erleichtert es uns, indem sie uns Stichworte anbietet, denen wir entlanggehen können. Das sind: Der Aufbruch am **Morgen**, der **Weg** zum Grab, der **Stein**, um den sich die Frauen sorgen und den sie, am Grab angekommen, schon weggewälzt finden, der **Engel**, der ihnen die Auferstehung Jesu verkündet, und schließlich die Rückkehr nach **Galiläa**.

2.1 Der Aufbruch am Morgen

Die Geschichte führt uns ganz an den Anfang: an den Anfang eines neuen Tages und den Anfang einer neuen Woche. Es war noch sehr früh am Morgen, und es war der erste Tag nach dem Sabbat, dem jüdischen Feiertag, als die Frauen sich auf den Weg machten (V. 2). Der Morgen, zumal am ersten Werktag der Woche, ist eine besondere Zeit. Ein neuer Tag bricht an. Etwas Neues kann beginnen. Wir können die Arbeit wieder aufnehmen und angreifen, was vor uns liegt. Für manche ist es eine große Erleichterung, wenn es nach einer Nacht, in der sie nicht zur Ruhe gekommen sind, endlich Morgen wird. Oder wenn sie nach einer Zeit, in der sie zum Nichts-Tun gezwungen waren, endlich wieder zupacken können.

Aber **der Morgen ist auch die Zeit, in der die Sorgen aufzustehen pflegen.** Wir sind noch gar nicht richtig bei Bewußtsein, unsere Augen sehen noch nicht klar, aber unsere Sorgen sind schon hellwach. Sie beherrschen unsere Gedanken und machen uns das Herz schwer. *»Wie soll ich das alles schaffen, was heute ansteht?«*, so lassen sie uns fragen. Oder auch umgekehrt: *»Wie soll ich den Tag nur herumbekommen, wie sollen die Stunden nur vergehen?«*

Beides schwingt auch bei den Frauen am ersten Ostermorgen mit. Sehr früh sind sie schon aufgestanden. Es ist, als hätten sie nach der verordneten Sabbatruhe und der langen Nacht sehnsüchtig darauf gewartet, bis der Tag anbricht. Jetzt können sie hingehen und Öl kaufen, um Jesus damit zu salben (V. 1). Nichts tun können, nur warten müssen, das ist fast unerträglich, wenn man sich in Trauer befindet. Von daher erklärt sich die große Geschäftigkeit, die die Frauen schon am frühen Morgen an den Tag legen. Die Schweizer Psychotherapeutin Verena Kast spricht davon, daß wir die Ruhelosigkeit als zur Trauer dazugehörig begreifen müssen, »begreifen auch in ihrem Sinn, die ursprüngliche Welt und das ursprüngliche Sinngefüge, das eben durch das Erlebnis des Todes auseinandergebrochen ist, wieder herzustellen, als Widerstand gegen die Veränderung, die vom Leben einfach gefordert ist« (Trauern, 12. Auflage, Stuttgart 1991, S. 15).

Mit den Frauen sind auch ihre Sorgen am frühen Morgen aufgestanden. Noch bevor sie am Grab ankommen, machen sie sich Gedanken darüber, wer ihnen wohl den Stein wegwälzen könnte (V. 3). Allein schaffen sie es nicht. Dazu ist er zu schwer. Und je länger sie darüber grübeln, desto schwerer erscheint er ihnen, desto unmöglicher, ihn ins Rollen zu bringen.

Nun ist nach der biblischen Tradition der Morgen aber auch die Zeit der Hilfe Gottes (Ps 46,6), die Stunde der Freude nach einem Abend des Weinens (Ps 30,6). Jeden Morgen neu wird Gottes Güte erfahrbar (Ps 90,14; 143,8) und das Brot vom Himmel ausgeteilt (2. Mose 16,13-14). Der Morgen ist »eine Zeit voller Wunder«, sagt Dietrich Bonhoeffer einmal in einer Andacht (Der Morgen, in: Gesammelte Schriften, hg. von E. Bethge, Band IV, 3. Auflage, München 1975, S. 290). Auch die Frauen haben das erfahren. Sie erlebten an jenem Morgen am Grab, daß Gott ihnen zu Hilfe kam und den Stein schon weggetan hat. Sehr früh sind sie aufgestanden, die Frauen und die Sorgen. Aber Gott war noch früher dran. Er ist ihnen vorausgegangen und hat ihnen den Weg frei gemacht. Ein neuer, heller Tag konnte nun für sie beginnen, und die Freude zuerst durch die Trauer und dann durch das Entsetzen hindurch sich Bahn brechen. So wurde der Morgen auch für sie zu einer »Zeit voller Wunder«.

2.2 Der Weg zum Grab

Damit sie sehen können, daß der Stein weg ist, müssen die Frauen erst zum Grab gehen (V. 1 und 2). Sie dürfen sich in ihrem Trauern und Sorgen nicht verschließen. Sonst erstarren sie darin. Sie müssen hinausgehen, aus sich herausgehen. Wer die Mühe dieses Weges scheut und lieber bei sich bleiben will, wird nur schwer über seinen Schmerz und seine Not hinwegkommen können. Deshalb brauchen wir, wenn wir in Trauer geraten sind und große Sorgen haben, einen Ort, wohin wir gehen, wo wir klagen und beten, weinen oder einfach eine Blume hinlegen und eine Kerze anzünden können. Die Frauen haben das wohl gespürt. Darum haben sie sich am frühen Morgen auf den Weg zum Grab gemacht.

Sie gingen zu dritt, nicht allein. Auch das ist zu beachten. Es ist wohl eine besondere Gabe und Aufgabe von Frauen, einander beizustehen, wenn eine in Trauer gerät. In manchen Völkern ist es bis heute üblich, daß in einem Trauerhaus sich die Frauen des Dorfes einfinden und mit den Angehörigen klagen, beten und weinen.

Können auch wir einander so beistehen?
Können wir die Scheu überwinden, die uns einredet, wir würden nur stören oder könnten sowieso nicht helfen?

Die Frauen gingen zu dritt. Drei ist eine gute Zahl. Denn drei sind mehr als zwei. Zu zweit kann man sich zwar sehr nahe sein, aber man kann sich auch bald nur noch um sich selbst drehen. Zu dritt sein, das ermöglicht eine wohltuende Nähe. Aber es erlaubt auch eine heilvolle Distanz, und die ist genauso wichtig, wenn wir einander wirklich Trost und Hilfe sein wollen.
Die Frauen gingen, um Jesu Leichnam zu salben. Sie wollten ihn einbalsamieren, wenigstens etwas von ihm noch bewahren. Für so endgültig hielten sie seinen Tod, daß sie glaubten, jetzt könnten sie nur noch an dem festhalten, was einmal gewesen ist. Darüber hinaus könne es nichts mehr geben. Jedenfalls sahen sie nichts, was sie noch hätte hoffen lassen. Wie sollten sie auch? Lag vor seinem Grab doch der Stein, der sie nicht mehr aus- noch einsehen ließ! Damit sie das wieder können, muß der Stein erst weg, auch aus ihrem Kopf und von ihrem Herzen.

2.3 Der Stein vor dem Grab und der Stein im Kopf

Der Stein kann für ihre und unsere harte Logik stehen: Tote sind tot, Trauernde verzweifelt, gescheitertes Leben ist ohne Hoffnung. Diese Logik des Todes bindet die Toten ins Grab und die Hinterbliebenen in ihre Trauer.
Der Stein kann aber auch Sinnbild sein für das, was uns beschwert oder sich wie ein Berg vor uns türmt, woran wir uns stoßen oder was uns selber hart und wie versteinert werden läßt:
– Für unsere *Sorgen,* die uns nicht mehr hinausschauen lassen und die uns daran hindern, unseren Tag fröhlich und unbeschwert zu beginnen. Sei es die Sorge um die Kinder, ob sie auch den richtigen Weg für sich finden werden, sei es die Sorge um den Arbeitsplatz, um das Miteinander unter den Kolleginnen und Kollegen oder um die eigene Gesundheit.
– Für ein *schweres Schicksal,* das über uns gekommen ist und das uns so wie bisher nicht mehr weiterleben läßt: den Verlust eines geliebten Menschen, eine schlimme Krankheit oder eine bittere Enttäuschung, die uns ein anderer bereitet hat.
– Für eine *schwierige Beziehung* zum Ehepartner, zu den Kindern oder zu den Eltern, wenn man nicht mehr aneinander heran-

kommt, sich nichts mehr zu sagen hat und auch nichts mehr voneinander erwartet.

– Für ein *verhärtetes Urteil,* dem wir begegnen oder das sich in uns selber verfestigt hat, wenn es heißt: Ich weiß schon, was ich zu tun oder zu lassen habe und was ich glauben kann und was nicht. Oder noch schlimmer: Ich weiß viel besser als Du, was gut und richtig für Dich ist, was du zu glauben und was Du zu erwarten hast.
– Für einen *Glauben, der aus Enttäuschung und Verbitterung wie erstarrt ist.* Dort heißt es dann: »Habe ich nicht lange genug dafür gebetet und darum gerungen, daß Gott mir doch helfen möge? Aber es hat alles nichts genützt. Jetzt habe ich einfach keine Kraft mehr zu glauben, daß Gott mir helfen kann und das Gute für mich will.«

So unterschiedlich die Steine auch sein mögen, die auf unseren Wegen liegen, so gleichen sie sich doch darin, daß wir nicht einfach über sie hinweggehen können. Wir können nicht so tun, als gäbe es sie nicht. Sie gebieten uns Einhalt und fordern uns auf, unseren bisherigen Weg zu überdenken (siehe dazu unter Punkt 4.1 das Gedicht von Gregorio Mezarina). Aber dazu müssen wir uns ihnen stellen und dürfen nicht vor ihnen ausweichen. Dann können wir auch erfahren, wie sie ins Rollen kommen. Wenn wir gar nichts von ihnen wissen und sie nicht sehen wollen, wie sollten sie uns dann vom Herzen fallen können? Auch die Frauen mußten zuerst zum Grab gehen und genau hinschauen, damit sie merken, daß der Stein weggewälzt war (V. 4). Daß sie ihn selbst aus dem Weg räumten, wurde nicht von ihnen verlangt. Das hätten sie allein auch kaum geschafft! Nur hinschauen mußten sie, nicht ständig nur daran denken, daß sie wohl nie darüber hinwegkommen würden, sondern einmal aufschauen, auf das schauen, was sich da vor ihnen auftut, und auf den, dem kein Stein zu schwer ist, daß er ihn nicht zur Seite räumen kann. **Da wurde es Ostern in ihrem Leben, als sie hinsahen und »gewahr wurden, daß der Stein weggewälzt war«, daß Gott schon vorher da war und ihn aus dem Weg geschafft hat.** Wenn der Stein vor Jesu Grab auch für unsere Steine stehen kann, dann gilt auch das für uns: daß Gott uns vorausgeht und sie uns beiseite räumt.

- Wie früh unsere Sorgen auch aufstehen mögen am Morgen, er ist noch früher dran. Sollte er, der helfend für uns da ist, noch bevor der Tag anbricht (Ps 46,6), und der schon für uns da war, noch bevor unser Leben begann (Ps 139,16), nicht auch heute und morgen unsere Sorgensteine wegwälzen können?
- Wie sehr wir uns an unserm Schicksal wund reiben mögen, er hat bereits den Tod zur Seite geräumt. Sollte er nicht auch dort, wo wir am Ende sind und keinen Weg mehr für uns sehen, noch einen Weg für uns haben?
- Wie belastet unsere Beziehung und wie hoffnungslos eine wahrhaftige Begegnung auch sein mag, er, der »unser Friede« ist, hat eine Verbindung gestiftet und »den Zaun abgebrochen, der dazwischen war, nämlich die Feindschaft« (Eph 2,14). Sollte er nicht auch den Stein wegnehmen können, der zwischen uns liegt?
- Wie hart wir in unserem Urteil auch sein mögen, wie fertig mit uns selbst und mit anderen, er sagt: »Siehe, ich mache alles neu!« (Offb 21,5). Er schafft Neues, auch wo wir es nicht mehr geglaubt und gehofft hätten. Sollten wir darauf nicht vertrauen können?
- Und schließlich: Wie erstarrt unser Glaube auch sein mag, wie sehr wir an der Gottesfrage grübeln, er wälzt bereits den Stein. Sollte er nicht auch aus dem Weg räumen können, was uns von ihm trennt?

Wenn wir nur hinschauen und aufsehen auf ihn, dann werden auch wir gewahr werden, daß er uns schon vorausgegangen ist und unsere Steine weggetan hat. Dann kann es auch bei uns Ostern werden, mitten in einem Leben, über das der Tod seine Schatten geworfen hat, und mitten im Alltag, wie viel Erstarrtes und Verhärtetes uns darin auch begegnen mag. Der an diesem Ostermorgen sein grundsätzliches Ja zum Leben gesprochen hat, ermöglicht auch uns zu sagen: *»Was morgen ist, auch wenn es Sorge ist, ich sage: Ja.«*
(Wolfgang Borchert)

2.4 Der Engel des Herrn

Damit wir aber Gewißheit haben können, daß der Stein auch wirklich weg ist, braucht es noch etwas anderes. Es könnte sonst schnell eingewendet werden: »Das bildest du dir doch bloß ein!«

Oder: »Das läßt sich alles auch psychologisch erklären. Dazu brauchst du keinen Gott!« Oder auch: »Das ist doch Selbstbetrug, nur Flucht vor der harten Wirklichkeit!«
Auch bei den Frauen am Ostermorgen genügte es nicht, daß sie den Stein weggewälzt sahen. Es brauchte noch den Engel, der ihnen sagte, daß Jesus wirklich auferstanden ist (V. 6). Das kann man sich nicht selber sagen. Zu sehr sind wir eingebunden in die Logik unserer Welt, nach der Tote tot sind und gescheitertes Leben keine Hoffnung mehr hat. Daß Jesus auferstanden ist, daß er nicht eingebunden ist in unsere Vorstellungen von dem, was möglich ist und was nicht, was noch einen Sinn hat und was keinen mehr, das können wir uns nur immer wieder sagen lassen. Er ist auferstanden. Was für ein Wort! Wenn das gewiß ist, dann ist keine Situation ausweglos, nicht im Tod und nicht im Leben. Dann gibt es auch dort noch einen Weg, wo wir meinen, wir seien am Ende. Dann gibt es eine Kraft, die uns trägt, auch wenn wir sagen: Ich kann nicht mehr. Wo jemand seinen Tag im Vertrauen auf diese Kraft beginnen kann, wo jemand wieder Hoffnung faßt und aus seiner Verbitterung heraustritt – ist da nicht jedes Mal der Engel des Herrn ganz nah, »stark genug ..., auch dir den Stein wegzuwälzen ..., den Todesschatten von deinem Antlitz zu nehmen, zu lösen die Fessel untröstbarer Trauer«?
(Sabine Naegeli, Sieh den Engel. Das ganze Gebet ist unter 4.1 abgedruckt.)
Wir werden, wenn wir den Engel des Herrn in unserer Nähe spüren, wie die Frauen vielleicht zuerst erschrecken und erzittern vor dem Unglaublichen und Schon-nicht-mehr-Geglaubten, das da geschehen ist (V. 8). Manchmal braucht es das. Manchmal braucht es ein solches Erschrecken und Ergriffensein, ein Wundern und Staunen, damit wir nicht erstarren in unserem Denken und Fühlen.
Trauer zum Beispiel schlägt um in Depressionen, wenn der Strom der Gefühle verstockt. Schuld macht den Menschen hart, wenn sie den Schmerz des Entdeckens und des Entsetzens meiden. Lächeln gerinnt zur Maske, wenn wir uns das Weinen nicht zugestehen. Glaube verkommt zur bloßen Meinung, wenn wir uns nicht von der Nähe Gottes ergreifen lassen.

2.5 Die Rückkehr nach Galiläa

Der Weg führt zurück in ihren Alltag. Aber wie kann es weitergehen, wenn man so ergriffen ist? Wer aus der Dunkelheit ins helle Licht tritt, ist zuerst einmal geblendet und kann den Weg noch nicht erkennen, der weiterführt. Damit die Frauen ihren Weg finden und mit ihrer Erfahrung dort am Ostermorgen umzugehen lernen, braucht es noch einmal das Wort von außen, den Zuspruch des Engels: »Geht hin und sagt den Jüngern, daß der Auferstandene vor euch hingehen wird nach Galiläa« (V. 7). Der Weg, den sie gewiesen werden, der Auftrag von Ostern, führt sie also zurück nach Galiläa. Dort will der Auferstandene ihnen begegnen, wo alles einmal begonnen hatte, mitten in der Alltäglichkeit einer Welt der kleinen Leute, zwischen Fischernetzen und Dorfgerede. Zwischen Frühstücksbrot und Abendessen, zwischen Firma und Familie, Hausarbeit und Kindergeschrei, Arztpraxis und Krankenbett – dort ist unser Galiläa. Dorthin sind wir verwiesen, nicht auf einen Berg der Verklärung, wo nur noch alles klar und alles Licht wäre, sondern zurück in unser alltägliches Leben, wie abgelebt es uns auch erscheinen mag. Dort will Christus, der auferstandene Herr, uns begegnen. Dort will Ostern sich bei uns auswirken.

Allen, die in ihr Galiläa zurückkehren, ist gesagt: »Ihr geht nicht allein dorthin. Ihr geht nicht allein an euren Arbeitsplatz. Ihr geht nicht allein nach Hause zurück. Ihr geht nicht allein ins Krankenhaus. Der Auferstandene geht vor euch her. Er ist mit euch in eurem Tun und in eurem Lassen, in eurem Sorgen und Trauern. Und wenn er euch vorausgeht, dann dürft ihr gewiß sein, daß er euch auch auf diesem Weg die Steine beiseiteräumt!«

3 Vorschläge zur Durchführung

Vorbemerkung

Das Ziel dieser Einheit über den Stein vor Jesu Grab und über die Steine auf unseren Wegen kann es nicht sein, die Frauen in der Gruppe noch mehr zu belasten und zu beschweren. Sie soll vielmehr dazu helfen, Steine ins Rollen zu bringen, Erleichterung zu schaffen. Sie soll aufhelfen, nicht niederdrücken, zusprechen, nicht drohen. Wir werden deshalb auf die Gewichtung achten müssen, damit die Steine nicht noch schwerer, sondern leichter werden. Das wird davon abhängen, wieviel Raum wir ihnen geben. Daß wir ihnen Raum geben und nicht über das hinweggehen, was die Frauen selbst beschwert und bedrückt, ist wichtig und nötig. Aber genauso wichtig ist es, dem genügend Raum zu geben, was ihnen helfen kann, darüber hinwegzukommen. Es wird also darum gehen, nicht nur den eigenen Sorgen und Gedanken Gewicht zu verschaffen, sondern auch dem Wort von außen. Allein von ihm können wir uns sagen lassen, daß für Gott kein Stein zu schwer ist, daß er ihn nicht aus dem Weg räumen könnte.

Einstieg A

Jede Teilnehmerin bekommt einen **nicht zu kleinen Stein** in die Hand oder vor sich auf den Tisch gelegt, oder die Teilnehmerinnen werden, sofern das möglich ist, aufgefordert, sich selbst einen Stein zu suchen. Nach ein paar kurzen Bemerkungen zu den Steinen (z. B. daß sie hart und schwer sind, daß wir sie nicht verformen können, daß sie auf unseren Wegen liegen, wir über sie stolpern können, daß sie, wenn wir nicht über sie hinwegkommen, uns Einhalt gebieten, daß wir sie aber auch auf dem Herzen haben können usw.) werden die Frauen gebeten, in der Stille darüber nachzudenken, welche Steine auf ihren Wegen liegen und welche sie auf dem Herzen haben. Dann, in einem zweiten Schritt, darüber, wo sie es erfahren haben, daß ihnen ein Stein aus dem Weg geräumt wurde oder ihnen ein Stein vom Herzen fiel.

Einstieg B

Wiederum nach einer kurzen Einführung zum Stichwort »Steine« (vgl. unter A) türmen wir (evtl. auf einem Tisch) nacheinander **fünf sehr große Backsteine zu einer Mauer,** so daß wir am Schluß nicht mehr darüber hinaussehen können. Bei jedem Stein, den wir auflegen, fragen wir uns, wofür er stehen kann, und lassen entweder die Frauen antworten oder – wenn das zu schwierig erscheint – geben selber Deutungsmöglichkeiten vor (vgl. die fünf Punkte unter 2.3). Die so entstandene Mauer bleibt vorerst so stehen.

Einstieg C

Ein Einstieg ganz anderer Art bietet sich unter dem Stichwort »Morgen« an. Anhand des Liedes »Die güldne Sonne« von Paul Gerhardt (siehe unter 4.1) kann an die morgendlichen Erfahrungen erinnert werden: wie sehnsüchtig der Morgen erwartet werden kann, aber auch wie viele Sorgen sich mit ihm verbinden können und wie sehr sie uns oft daran hindern, fröhlich und unbeschwert an unser Tagwerk heranzugehen (siehe auch unter 2.3). Sorgfältig hat Paul Gerhardt in seinem Lied den Moment beschrieben, in dem der Tag anbricht. Zuerst war es noch dunkel, die Grenzen waren eng, die Glieder schwer wie Stein: »Mein Haupt und Glieder, die lagen darnieder.« Aber wenn die Sonne uns ihr Licht bringt, weitet sich auf einmal unser Horizont, und wir können »munter und fröhlich« aufstehen und wieder aufsehen (»schaue den Himmel mit meinem Gesicht«). Es bietet sich an, die **Melodie des Liedes auf dem Klavier, der Flöte oder Gitarre einzuüben und dann im Verlauf der Gruppenstunde mehrmals zu wiederholen** und dadurch Zeit zur eigenen **Besinnung** zu geben.

Vertiefung des Themas

Nachdem an die eigenen Erfahrungen (entweder mit dem Stein vgl. Einstieg A und B, oder mit dem Morgen vgl. Einstieg C) erinnert wurde, ist ein Raum geschaffen, in dem wir die Erfahrungen der Frauen am Grab nachvollziehen und ihrer Geschichte nachspüren können. Die unter 2 genannten Stichwörter können dabei eine Hilfe sein und auch für uns Schritte markieren auf dem Weg von der Trauer zur Freude und aus der Nacht in den hellen Tag. Dabei wird es nötig sein, daß wir Schwerpunkte setzen und bei dem einhalten und verweilen, was uns selbst wichtig ist.
An der Stelle, an der die Frauen erkennen, daß der Stein weg ist, sollte es für die Teilnehmerinnen erkennbar werden, daß auch ihr Stein ihnen abgenommen werden kann. Entweder (bei Einstieg A) **wir sammeln die einzelnen Steine wieder ein, oder wir bauen** (bei Einstieg B) **die Mauer Stein für Stein wieder ab.** Dabei kann bei jedem Stein den Teilnehmerinnen zugesprochen werden, daß Gott auch diesen, ihren Sorgenstein, mit jenem Stein vor Jesu Grab schon weggewälzt hat.
Wurde Einstieg C gewählt, so kann an dieser Stelle die 4. Strophe des **Morgenliedes** von Paul Gerhardt »Abend und Morgen sind seine Sorgen« gesungen und bedacht oder auch das Gebet von A. Schmitt »Jeden Morgen gießt du von neuem Sonne deiner Welt ins Angesicht« eingebracht werden (beides unter Punkt 4.1).

Abschluß

Zum Abschluß kann entweder vertiefend (durch ein Gedicht, ein Gebet oder eine Meditation) oder veranschaulichend (anhand des Bildes von Andreas Felger) aufgenommen werden, was bedacht wurde.

4 Weitere Bausteine zum Thema

4.1 Texte, Gebete und Meditationen zur Vertiefung

Sieh den Engel

Stark genug
der Engel
des Herrn,
auch dir
den Stein
hinwegzuwälzen
vom Ort,
da er begraben ist
unter den Scherben
deiner Hoffnungen.

Stark genug
der Engel des Herrn,
den Todesschatten
von deinem Antlitz
zu nehmen,
zu lösen
die Fessel
untröstbarer Trauer.

Nur einen Atemzug weit weg
das Grab.
Nur einen Atemzug weit weg
der Engel
des Herrn.

Sabine Naegeli, Die Nacht ist voller Sterne:
Gebete in dunklen Stunden, Herder, Freiburg 1987.

Überall sind Steine,
auch im Acker
und im Fluß, auch auf dem Weg.
Überall leistet die Erde Widerstand,
damit wir sie bemerken,
damit wir einhalten
und unser Leben
in die Waagschale werfen,
die sich der Zukunft zuneigt.
Hebt Steine auf
für das Morgen.

Gregorio Mezarina, Peruanische Passion:
Die Liebe zwischen den Dornen, Wuppertal 1989.

Die güldne Sonne, voll Freud und Wonne
bringt unsern Grenzen mit ihrem Glänzen
ein herzerquickendes, liebliches Licht.
Mein Haupt und Glieder, die lagen darnieder;
aber nun steh ich, bin munter und fröhlich,
schaue den Himmel mit meinem Gesicht.

Abend und Morgen sind seine Sorgen;
segnen und mehren, Unglück verwehren
sind seine Werke und Taten allein.
Wenn wir uns legen, so ist er zugegen;
wenn wir aufstehen, so läßt er aufgehen
über uns seiner Barmherzigkeit Schein.

Paul Gerhardt, in: EKG, Nr. 346, 1. und 4. Strophe.

Jeden Morgen
gießt du von neuem
Sonne
deiner Welt
ins Angesicht.
Sagst: Du bist meine Schöpfung!

Jeden Morgen
weckst du von neuem
Leben
deinen Städten
in die Straßen.
Sagst: Ihr seid meine Wohnung!

Jeden Morgen
gibst du von neuem
Stimme
deinen Spatzen
in die Kehle.
Sagst: Ihr seid meine Lieder!

Jeden Morgen
streust du von neuem
Hoffnung
allen Wesen
auf die Wege.
Sagst: Ich bin euer Gott!

A. Schmitt, Rosen und Ruinen, Styria Verlag, Graz.

4.2 Bildkarte zur Veranschaulichung

Andreas Felger

Einige Gedanken zum Bild:
Der untere Teil des Bildes zeigt dunkle und massive Felsen. Im oberen Teil sieht man eine riesige Sonne, deren Strahlen durch die schweren Felsen hindurchscheinen und diese sogar spalten. Diese Auferstehungskraft kann auch uns in unserem Leben ermutigen – wie die Frauen damals: »Und sie wurden gewahr, daß der Stein weggewälzt war.«

5 Weiterführende Literatur

K.-H. Ronecker, W. Brinkel (Hg.), Wer wälzt uns den Stein? Erzählungen, Gedichte und Meditationen zu Ostern, München 1992.
V. Kast, Trauern. Phasen und Chancen des psychischen Prozesses, Kreuz-Verlag, Stuttgart 12. Auflage 1991

6 Vorbereitungsliste

- ☐ Steine besorgen, entweder (Einstieg A) für jede Teilnehmerin einen, oder (Einstieg B) mindestens fünf große Backsteine.
- ☐ Eventuell den Text von Markus 16,1-8 vervielfältigen.
- ☐ Bildkarte von Andreas Felger bestellen, ein Blatt mit dem Text des Morgenliedes von Paul Gerhardt oder eines der Gedichte einlegen.
- ☐ Einige Frauen bitten, mit Instrumenten das Lied »Die güldne Sonne« von Paul Gerhardt einzuüben.

Der Weihnachtsdieb

Cornelia Mack

1 Ziele für diese Einheit

Bewußtmachen, worin die eigentliche Weihnachtsfreude besteht.

2 Informationen zum Thema

2.1 An der eigentlichen Weihnachtsfreude leben die meisten Menschen heute vorbei und lassen sich durch Ersatzfreuden abspeisen: teure Geschenke, schöne Kleider, festliches Essen oder auch die Flucht in den Urlaub, um dem Fest und seinen Herausforderungen auszuweichen.

Das alles sind Dinge, die uns die Weihnachtsfreude rauben, – es sind echte »Weihnachtsdiebe«.

Viele Menschen erleben gerade in diesen Tagen besonders viel Frustration und Ärger, Streit und Verletzungen in der Familie. In der Frustration liegt aber auch eine Chance zur Neubesinnung und zum Hinterfragen des eigenen Lebens- und Kommunikationsstils. Gerade darum kann Weihnachten auch zu einem Umkehrpunkt werden.

2.2 Wahre Weihnachtsfreude kehrt erst dann bei uns ein, wenn Jesus in unserem Herzen Raum gewinnen kann mit seiner Versöhnung, seinem Frieden. Dadurch, daß er uns neue Gemeinschaft und neues Vertrauen zum Vater im Himmel schenkt – gerade auch an Weihnachten – soll und kann dies geschehen.

Es kann uns geschenkt werden, daß wir an den Festtagen einen neuen Zugang zum Glauben, zum Kind in der Krippe und zum

Herrn am Kreuz geschenkt bekommen, indem wir uns der Herausforderung stellen und unser Leben angesichts von Weihnachten neu überdenken.

2.3 Wer zur Weihnachtsfreude findet, findet zum Zentrum des Weihnachtsfestes zurück, – und umgekehrt gilt auch: Wer den wahren Sinn von Weihnachten wiederentdeckt, der erlebt auch echte Weihnachtsfreude.

3 Vorschläge zur Durchführung

Der Raum kann festlich (adventlich) geschmückt sein. Ein freundlich hergerichteter Raum trägt zu einer offenen gemütlichen und herzlichen Atmosphäre bei.

Einstieg

➡ Zur Hinführung auf das Thema eignet sich gut die **Geschichte** vom Weihnachtsdieb siehe 4.3.1. Diese wird von einer oder mehreren Frauen zuerst vorgelesen. Da die Geschichte sehr provokativ ist,
➡ muß sich an dieser Geschichte unbedingt ein **Austausch** bzw. ein Gespräch in Zweier- oder Dreiergruppen anschließen. Folgende Fragen eignen sich gut zur Anknüpfung an die Geschichte:

- Was ist nun eigentlich echte Weihnachtsfreude?
- Wie kommt sie in unser Leben?
- Was für Erfahrungen haben wir mit echter und falscher Weihnachtsfreude?

Während die Frauen noch im Gespräch sind, kann – etwa nach acht
➡ bis zehn Minuten eine Frau, die sich als **Briefträgerin** verkleidet hat, hereinkommen, eventuell mit einer großen Glocke, um die Aufmerksamkeit auf sich zu ziehen.
Sie verteilt an jede Frau einen Brief mit der Aufschrift:
Für Sie persönlich. Absender: Der Weihnachtsdieb.

Inhalt des Briefs:

Siehe, ich verkündige euch große Freude –
für das ganze Volk.
Denn euch ist heute ein Retter geboren,
der ist Christus,
und Herr.

Diese Freude gilt auch für dich persönlich –
egal, in welcher Situation du dich gerade befindest.

Für dich ist ein Retter geboren,
der dich kennt und liebt,
und der weiß, was du
in deinem Leben brauchst.

Das zu begreifen, ist
echte Weihnachtsfreude.

An Weihnachten
feiern wir den Geburtstag von Christus.
Er will Mittelpunkt unseres Feierns sein.
Er ist der Grund für die echte Freude.

Vertiefung des Themas

Anhand des Inhalts des Briefes, den die Briefträgerin an alle verteilt, kann man nun nochmals in **Kleingruppen** über die echte Freude, und wie sie in unser Leben kommt, reden.
Einzelne Frauen könnten sich für diesen Abend vorbereiten und persönlich über ihre Erfahrungen mit echter Weihnachtsfreude im Stil eines **persönlichen Erlebnisses** oder Zeugnisses berichten. Falls keine Frau dazu bereit ist, kann auch der persönliche Bericht (siehe 4.3.1) vorgelesen und der Abend damit beschlossen werden.

Abschluß

Nach genügend Zeit zum Gespräch kann die Einheit mit einigen Liedern und einem Gebet, persönlichem Bericht oder Meditation abgeschlossen werden.

4 Weitere Bausteine zum Thema

4.1 Lieder

- Ich steh an deiner Krippen hier, in: Ich will dir danken, Nr. 152, Hänssler oder in: EKG 28
- Jesu, meine Freude, in: Ich will dir danken, Nr. 298 oder in: EKG 293.

4.2 Gebete und Meditationen

Herr, du weißt, wie arm wir wandern durch die Gassen dieser Welt,
wenn der Glanz von einer andern nicht auf unsre Schritte fällt.
Leuchte du mit deinem Schein in die dunkle Welt hinein.

Herr, du weißt, wie irr wir hasten durch das Dunkel dieser Zeit
und wie unsere Augen tasten nach dem Glanz der Ewigkeit.
Leuchte drum mit deinem Schein in die dunkle Welt hinein.

Herr, du weißt, wie trüb die Lichter, die an unsern Straßen stehn,
und wie hungrig die Gesichter nur nach deinen Strahlen spähn.
Leuchte drum mit deinem Schein in die dunkle Welt hinein.

Adolf Maurer

Weihnachten
ist das große Wunder
der vergebenden Gnade Gottes:
den verlorenen Leuten
bietet er ewiges Leben.

Das ist das Wunder
der Heiligen Nacht,
daß ein hilfloses Kind
unser aller Helfer wird.

Das ist das Wunder
der Heiligen Nacht,
daß in die Dunkelheit der Erde
die helle Sonne scheint.

Das ist das Wunder
der Heiligen Nacht,
daß traurige Leute
ganz fröhlich werden können.

Das ist das Wunder
der Heiligen Nacht:
Das Kind nimmt unser Leben
in seine Hände,
um es niemals wieder loszulassen.

Friedrich von Bodelschwingh
(Herkunft unbekannt)

Und sie gebar ihren Sohn, den Erstgeborenen.
Sie wickelte ihn in Windeln und legte ihn in eine Krippe,
weil in der Herberge kein Platz für sie war.

Lukas 2,7

Nur eine Futterkrippe
für den neugeborenen König?

In meinem inneren Riesenpalast,
dort, wo ich satt bin, war kein Raum.

Er kam in meine Stallsituation,
dorthin, wo ich am elendsten,
am armseligsten bin.

Er kam dorthin, wo mein innerster Schaden
verdrängt, getarnt, verborgen ist.

Er kam dorthin, wo ich Hunger spüre,
wo die Sehnsucht nach Veränderung,
nach Vergebung, nach Erlösung zu Hause ist.

in: Pamila Römer, Geliebt und geboren

4.3.1 Geschichte

Der Weihnachtsdieb

Zwei Tage vor dem Heiligen Abend war es. Familie Hochberg saß am Frühstückstisch: Vater, Mutter, der zehnjährige Klaus und sein siebenjähriges Schwesterchen Inge. Da klingelte es stürmisch an der Haustür. Wer mag das wohl sein? dachte Herr Hochberg und erhob sich, um zu öffnen. So früh kam doch kein Besuch. Als er öffnete, sah er den Briefträger. »Ein Eilbrief für Sie, Herr Hochberg!« sagte der, tippte an seine Mütze und verschwand. Nun hatte Herr

Hochberg den Brief in der Hand. Er trug seine Anschrift; ein Absender war nicht angegeben. Merkwürdig, dachte Herr Hochberg, schloß die Tür und ging zurück zum Frühstückstisch. Alle schauten fragend auf ihn. Umständlich riß Herr Hochberg den Briefumschlag auf, zog einen Zettel heraus, las ihn und schüttelte den Kopf. »Was ist das?« fragte Frau Hochberg. »Da, lies mal vor«, sagte Herr Hochberg und gab den Zettel seiner Frau. Und sie las: »Sehr geehrter Herr! Übermorgen werde ich bei Ihnen einbrechen. Ich will kein Geld, ich brauche auch nicht den Schmuck Ihrer Frau. Zu essen will ich auch nichts. Ich will Ihnen die Weihnachtsfreude stehlen, sonst gar nichts. Sie brauchen also keine Angst zu haben. Der Weihnachtsdieb.«

»Die Weihnachtsfreude stehlen«, sagte Frau Hochberg, »das ist aber merkwürdig. Ich werde nicht schlau aus diesem Brief.«

»Ein Einbrecher«, schrie Inge. »Mutti, ich habe Angst.«

Klaus aber sagte: »Ich bin der Detektiv Hämmerle, ich werde den Dieb zur Strecke bringen.« Den Namen hatte er irgendwo in einem Buch gelesen.

»Unsinn«, sagte der Vater. »Du brauchst keine Angst zu haben, Inge, und du, Klaus, bist nicht der Detektiv Hämmerle, sondern ein ganz vernünftiger Junge. Dieser Brief ist merkwürdig, das gebe ich zu. Wahrscheinlich will uns jemand einen Streich spielen. Vielleicht ist das auch ein kranker Mann, der das geschrieben hat.«

Herr Hochberg nahm den Brief wieder zu sich, erhob sich und sagte: »Jedenfalls werde ich mal zur Polizei gehen und mir einen Rat geben lassen, wie wir uns verhalten sollen.«

Damit ging Herr Hochberg aus dem Zimmer, nahm den Mantel und stapfte durch den frisch gefallenen Schnee zur Polizeiwache. Er wurde zu Inspektor Friedrichs geführt. Der las den Brief mehrere Male, betrachtete ihn von allen Seiten und gab ihn dann an Herrn Hochberg zurück. »So etwas ist mir noch nie vorgekommen«, sagte er. »Die Weihnachtsfreude will er Ihnen wegnehmen! Ich weiß gar nicht, wie er das machen will.«

»Ich auch nicht«, sagte Herr Hochberg. Inspektor Friedrichs zuckte mit den Schultern. »Da kann ich fast nichts tun. Ich werde der Streife sagen, daß sie auf Ihr Haus achten soll.«

Herr Hochberg bedankte sich und verließ die Polizeiwache. Er mußte zur Arbeit gehen. Es war schon sehr spät.
Beim Mittagessen war die Familie wieder zusammen am Tisch. Mutter Hochberg brachte gerade die Suppe herein, da klingelte das Telefon. Herr Hochberg nahm den Hörer ab und meldete sich. Eine Stimme, die er nicht kannte, sagte zu ihm: »Hier spricht der Weihnachtsdieb. Sie haben doch meinen Brief bekommen? Die Polizei kann Ihnen nicht helfen. Auch wenn Sie alles abschließen, hilft es Ihnen nicht. Ich werde übermorgen kommen und Ihnen die Weihnachtsfreude wegnehmen.« Klick – hatte er eingehängt. »Wer war es denn?« fragte Frau Hochberg. »Ach, niemand, den du kennst« – wich Herr Hochberg aus. Er wollte es seiner Frau erst nach dem Essen sagen.
Als die Kinder dann auf ihrem Zimmer waren, erzählte Herr Hochberg, wer angerufen hatte. »Else«, sagte er, »was sollen wir denn machen?« »Ich weiß es nicht«, sagte seine Frau. Und dann fügte sie hinzu: »Das kann doch gar kein richtiger Dieb sein. Ein Dieb kündigt sich doch nicht an. Der kommt doch unvermutet, wenn man an so etwas gar nicht denkt!«
»Auf jeden Fall werden wir Türen und Fenster gut verschließen. Und das Geld und den Schmuck schließen wir auch weg.«
»Aber das will er doch gar nicht haben!« sagte Frau Hochberg.
»Sicher ist sicher«, entgegnete Herr Hochberg. »Und zu den Kindern kein Wort.«
Darin war Frau Hochberg mit ihrem Mann einig. Die Kinder sollten auf jeden Fall ihre Weihnachtsfreude haben. Frau Hochberg dachte an die elektrische Eisenbahn, die für Klaus eingekauft war. Und an den Kaufladen für Inge. Wohlgefüllt stand er schon im abgeschlossenen Gästezimmer.
Am Nachmittag und am folgenden Tag meldete sich der Weihnachtsdieb nicht mehr. Erst am Morgen des Heiligen Abends, als Frau Hochberg mit schwerer Tasche vom letzten Einkauf zurückkam, fand sie im Briefkasten einen Zettel. Er war nur zusammengefaltet. Als Frau Hochberg ihn las, bekam sie Herzklopfen. Es stand darauf: »Jetzt haben Sie noch acht Stunden Zeit. Dann werden die Lichter am Christbaum entzündet. Tun Sie es ruhig. Packen Sie auch mit den

Kindern alle Geschenke aus. Freuen Sie sich an den Geschenken! Ich werde kommen, ohne daß Sie es merken, und werde Ihnen die Weihnachtsfreude wegnehmen. Dann verlasse ich Ihr Haus. Sie werden mich weder sehen noch hören. Der Weihnachtsdieb.«
Frau Hochberg verbarg den Brief ängstlich in der Küche. Als ihr Mann nachmittags heimkam, gab sie ihm den Brief. »Hier Eugen, das war heute morgen im Briefkasten.« Wortlos nahm Herr Hochberg den Zettel und überlas ihn. Dann sagte er ärgerlich: »Das ist doch die Höhe! Und die Polizei kann nichts tun, und als ich im Betrieb von diesem Kerl erzählte, haben sie mich ausgelacht.«
»Mir ist die Freude schon vergangen«, sagte Frau Hochberg. Trotzdem beschlossen beide, nun ganz ruhig miteinander den Christbaum zu schmücken und die Weihnachtsbescherung vorzubereiten. Es geschah auch an diesem Nachmittag nichts mehr. Die Kinder dachten ohnehin nicht mehr daran. Als die Nacht hereinbrach, wurden die Kerzen angezündet, und bald strahlte der Christbaum und machte die Stube hell. Ehe die Kinder ins Zimmer gerufen wurden, ging Herr Hochberg noch einmal durchs ganze Haus, vom Keller bis zum Dachboden, und prüfte jedes Fenster und jede Tür: Alles war gut verschlossen. Niemand konnte ins Haus kommen. Dann wurden die Kinder ins Zimmer gerufen. Frau Hochberg legte eine Schallplatte mit Weihnachtsliedern auf. »Stille Nacht, heilige Nacht« – da konnten sie grad ein bißchen mitbrummen. Doch dann wurden die Kinder beschert. Klaus strahlte, als er die Eisenbahn empfing, und Inge war glücklich mit dem Kaufladen. Auch die Kinder hatten selber ein paar kleine Geschenke für die Eltern vorbereitet. Doch nun war es Zeit, das festliche Abendessen einzunehmen. Dann spielte die ganze Familie mit Eisenbahn, Kaufladen und Puppenstube, die vom Vorjahr aufgestellt war. Es wurde ein sehr fröhlicher Abend für alle. Der Weihnachtsdieb war vergessen.
Erst als die Kinder schon im Bett lagen und die Eltern noch bei einem Glas Wein zusammensaßen, fiel er ihnen wieder ein. Und weil doch nichts geschehen war, lachten sie zum Schluß darüber.
Am anderen Morgen aber, so gegen zehn Uhr, als alle noch in den Betten lagen, weil es am Heiligen Abend so spät geworden war, ging wieder die Hausglocke. Herr Hochberg erhob sich, schlüpfte

in seinen Mantel und öffnete die Tür. Wieder war es der Briefträger.
»Frohe Weihnacht, Herr Hochberg!« rief er, »und hier ist ein Brief für Sie.«
Herr Hochberg lief eilig ins Zimmer zurück, öffnete und las: »Ich bin enttäuscht von Ihnen. Als ich gestern abend bei Ihnen war, um die Weihnachtsfreude wegzunehmen, was fand ich da? Gar nichts fand ich, gar nichts.
Gewiß. Sie waren fröhlich. Sie haben Weihnachten gefeiert. Aber – worüber haben Sie sich eigentlich gefreut? Über den Christbaum? Über die Weihnachtsmusik? Über die Geschenke? Ich muß es fast annehmen, denn sonst sah und hörte ich nichts. Diese Freude aber, die kann ich mir selber kaufen. Aber die rechte Weihnachtsfreude, die muß doch von dem Kind in der Krippe kommen! Davon habe ich aber auch gar nichts bei Ihnen entdeckt! Und gerade darauf war ich scharf! Die wollte ich haben. Aber Sie sind genauso arm, wie ich es bin. Und wie viele andre auch. Nur wissen Sie es nicht. Darum sind Sie eigentlich noch ärmer. Ich kann Sie nur bedauern! Ihr Weihnachtsdieb.«
Zum ersten Mal in seinem Leben war Herr Hochberg sprachlos. Im Grunde seines Herzens – er mußte dem Weihnachtsdieb rechtgeben.

Herkunft unbekannt

4.3.2 Persönlicher Bericht

Was ist echte Weihnachtsfreude?

Die Geschichte vom »Weihnachtsdieb« endet mit dem Satz »Die wahre Weihnachtsfreude kann man sich nicht kaufen«. Und wir können sie auch nicht machen – auch mit den besten Planungen und Vorbereitungen können wir Weihnachtsfreude nicht produzieren, nicht selber organisieren. Echte Weihnachtsfreude können wir eigentlich nur empfangen.
Dies wird mir an dem Lied »Ich steh an deiner Krippen hier« jedes Jahr neu deutlich.

Ich steh an deiner Krippen hier,
o Jesu, du mein Leben,
ich komme bring und schenke dir,
was du mir hast gegeben.

Wenn für mich der größte Weihnachtstrubel vorbei ist, Gottesdienst und Abendessen, Geschenke verteilen und in all dem lebhafte Kinder und von den Vorbereitungen erschöpfte Eltern, dann sitze ich am Schluß manchmal noch ganz allein an unserer Krippe. Eine brennende Kerze steht davor, und ich schaue die Krippenfiguren aus Olivenholz an. Sie wurden in Bethlehem hergestellt, und wir freuen uns jedes Jahr daran. Maria und Josef, die Hirten mit ihren Schafen und die Weisen aus dem Morgenland. Und das Wichtigste von allem, das Kind in der Krippe. Jesus, für uns geboren! Die Kerze vor der Krippenszenerie wirft einen warmen Schein auf die Holzfiguren. In solchen Momenten vergesse ich alles um mich her, die Unordnung der Bescherung, Geschenkbänder und Weihnachtspapier, Verpackungsmaterial und vielleicht auch noch dreckiges Geschirr.
Dann sehe ich das Kind in der Krippe und denke leise:

Da ich noch nicht geboren war, da bist du mir geboren
und hast mich dir zu eigen gar, eh ich dich kannt, erkoren.
Eh ich durch deine Hand gemacht, da hast du schon bei dir bedacht,
wie du mein wolltest werden.

Dieses Lied ist ein Gebet, – die Sprache ist nicht unbedingt unsere heutige Sprache, aber wenn ich beginne hineinzuhören in diese Texte, dann vergesse ich, daß wir nicht mehr so sprechen, dann beginnt der Text selbst für mich zu sprechen, tief in mein Herz hinein, in mein Leben. Und dann freue ich mich, daß das stimmt. Lange bevor ich da war, da hat Jesus schon von mir gewußt und an mich gedacht. Lange bevor ich geboren wurde, ist er für mich geboren und später auch gestorben.
Er hat an mich gedacht, er ist für mich geboren und gestorben, um mich zu beschenken und mich zu befreien von all den Dingen, die mir so oft zur Last werden: das zuviel an Arbeit, die Sorge des

Alltags, die Last meines Charakters, unter dem andere leiden müssen. Er ist für mich geboren und gestorben, um mich herauszulösen aus Schuld und Ichhaftigkeit.

Ich lag in tiefster Todesnacht – du warest meine Sonne,
die Sonne, die mir zugebracht – Licht, Leben, Freud und Wonne.
O Sonne, die das werte Licht, des Glaubens in mir zugericht',
wie schön sind deine Strahlen!

Ich finde das super. Bei ihm sind Licht, Leben, Freude und Wonne. Wir würden heute vielleicht sagen, volle »Lebenspower« und Erfüllung aller unserer Sehnsüchte. Das ist für mich echte Weihnachtsfreude, daß diese Zusagen von Licht und Leben, von Freude und Wonne auch dann gelten, wenn ich in Todesgefahr bin oder wenn es mir total dreckig geht und ich nicht weiter weiß. Gerade dann will er uns beschenken mit seiner Gegenwart und Kraft. Daß das stimmt, habe ich hautnah erlebt. Das ist für mich Weihnachten. So etwas kann man nicht machen, so etwas kann man nur empfangen. Dafür können wir unser Herz aufmachen.
Und dann können wir beten:

So laß mich doch dein Kripplein sein, komm, komm und lege bei mir ein dich und all deine Freuden.

Solche Weihnachtsfreude ist vielleicht keine laute Freude, keine vorlaute Freude, sondern eine stille, dafür aber eine um so tiefere und echtere Freude. Es ist eine Freude, die Halt gibt, und es ist eine Freude, die mit uns geht – auch ins neue Jahr. Sogar im Sommer kann es dann in meinem Herzen Weihnachtsfreude geben. Und diese Freude heißt dann so: Jesus ist bei mir, und er lebt in mir, in meinem Herzen mit all seinen Freuden.

5 Weiterführende Literatur

Cornelia Mack, Weihnachten feiern in Familie und Gemeinde, Brunnen, Gießen/Basel 1992
Und dann ist Weihnachten, Hänssler, Neuhausen-Stuttgart 1994

6 Vorbereitungsliste

- ☐ eine Frau suchen, die die Rolle der Briefträgerin übernimmt
- ☐ eine Frau suchen, die die Geschichte oder Meditation o. ä. vorliest
- ☐ Briefträger-Uniform und Glocke besorgen

für jede Frau

- ☐ persönlichen Brief und Briefumschlag vorbereiten

ANHANG
Advents-Spiel: Vier Adventslichter

Hannelore Risch

Spielerinnen: 1. Advent, 2. Advent, 3. Advent, 4. Advent *(alle hell angezogen, z. B. weiße Bluse, – mit brennenden, großen, roten Kerzen und Tannenzweig in den Händen)* – 1. Gegenwind, 2. Gegenwind, 3. Gegenwind *(alle dunkel gekleidet, mit schwarzem Tuch Wind machend)*

1. Advent:
Ich bin das erste Adventslicht. Ich brenne für Frieden und Versöhnung: Frieden unter den Völkern, Versöhnung in den Familien. Menschen sollen sich die Hand reichen und sagen: »Wir wollen keinen Streit mehr miteinander haben!« Der eine spricht zum andern: »Es tut mir leid, daß ich dich verletzt habe!« Der andere antwortet: »Vergib auch mir! Auch ich bin daran schuld!« *(hebt die Kerze hoch über den Kopf)* Nur so entsteht Friede. Adventszeit ist Versöhnungszeit! Verwandte sollen nicht mehr aneinander vorbeileben, sondern endlich ihre Erbstreitigkeiten begraben. Menschen, die sich nicht leiden können, grüßen sich wieder. Sie reden jetzt nicht mehr schlecht übereinander. Sie tragen sich nichts mehr nach und haben ihre Vorwürfe abgelegt. *(Kerze hoch)* Denn Adventszeit ist Versöhnungszeit!

1. Gegenwind:
(stößt den 1. Advent auf die Seite) Alles Bla-Bla! Frieden – ph! Versöhnung? *(tippt sich an die Stirn)* Wenn ich so was höre! Sieh dir die Welt an: Mord und Totschlag in … (Aktuelles aufzählen). Und bei uns hier in … ist es auch nicht viel besser! Sicher, sie schlagen sich nicht tot, aber sie gehen mit bösen Gedanken und scharfen Worten

gegeneinander. Trotz deinem Gerede und deinem Adventslicht! Ich blas' es dir aus! *(bläst aus, geht zurück; 1. Advent bleibt traurig vorne an der Seite stehen)*

2. Advent:
Ich bin das 2. Adventslicht! Ich brenne für Gottvertrauen in dunkler Zeit! Wenn es den Menschen hier zwar äußerlich gut geht, so haben sie doch innerlich manche Ängste, Kummer und Zweifel. Sie besitzen alles, was sie brauchen, aber in ihnen drinnen ist es dunkel und leer. Deswegen will ich Gottvertrauen anzünden. Menschen sollen sagen: »Wenn ich auch Gottes Handeln nicht verstehen kann, will ich ihm doch vertrauen! – Wenn Leid und Kummer mich niederdrükken, will ich Gott trotzdem vertrauen! – Wenn andere mich kränken und verletzen, läßt Gott mich nicht im Stich!« *(hebt die Kerze hoch)* Advent heißt: Gott vertrauen in dunkler Zeit!

2. Gegenwind:
(stößt energisch den 2. Advent zur Seite) So ein frommes Geschwafel über Gott! Wenn er Liebe wäre, würde er so viel Leid nicht zulassen. – Stimmt's? Gell, jetzt bleibt dir die Spucke weg; weißt keine Antwort mehr! Gott vertrauen? *(schüttelt den Kopf)* Wo is'n Gott? Wenn's dir dreckig geht, merkste nichts von ihm! Und wenn du stirbst, dann bist du mau-se-tot! *(schlägt mit Tuch das Adventslicht aus und stürmt weg – Pause)*

3. Advent:
Ich bin das dritte Adventslicht! Ich brenne für Besinnung, – Nachdenken, – In-sich-gehen. Besonders in der Adventszeit sollen die Menschen sich besinnen! Nicht nur herumhasten, schaffen, schuften, wühlen. Besser: eine Kerze anzünden, in die Flamme schauen und nachdenken. Worüber? Ganz klar: nachdenken über sich selbst! Wie ist mein Leben? Warum ärgere ich mich so? Wie bin ich zu anderen? Warum halten manche Abstand zu mir? Sieht Gott mich? Wie stehe ich in seinen Augen da? Oh – oh! Ich sollte wohl einiges ändern. Mh! *(Pause, dann Kerze hoch)* Adventszeit ist Zeit für Besinnung – Zeit für Besserung!

3. Gegenwind:
(wehrt ab) Pfff! Besserung? So eine Lüge! Die Menschen bleiben, wie sie sind! Da ändert sich doch rein gar nichts! Sie machen die Erde weiterhin kaputt; denken nur an ihren Profit: Hauptsache – mir geht's gut! Nach mir die Sintflut! Oder sind hier einige, die Einsicht haben? Ist jemand da, der bereut? *(schaut rundherum ins Publikum)* Keiner! Nicht einer! Siehst du, jetzt weißt du nichts mehr zu sagen. Es ist aus mit dir und deiner Einsicht! *(schlägt Licht mit Tuch aus und geht triumphierend – Pause)*

4. Advent:
Ich bin das 4. Adventslicht! Ich leuchte für Hoffnung. Ich geb' die Hoffnung nicht auf, daß doch noch Friede auf dieser Welt wird. Friede auf Erden! *(die drei Gegenwinde stürmen laut nach vorne)*

3. Gegenwind:
He! He!

4. Advent:
(befiehlt energisch) Zurück! Zurück! Meine Hoffnung gründet sich ja nicht auf die friedlosen Menschen! Nein! Die schaffen's nicht! Auch mit aller Anstrengung nicht! Meine Hoffnung gründet sich auf – Weihnachten! Weil Jesus Christus geboren ist, kann Friede auf Erden werden. Er ist unser Friede! *(Gegenwinde ziehen sich langsam zurück)* – Weil Gott sich mit uns versöhnt hat, kann auch Versöhnung zwischen Menschen geschehen! *(zündet 1. Adventslicht an, legt den Arm um seine Schulter und holt es in die Mitte)* Jesus Christus vergibt uns, was wir bereut haben. Er vergibt hundertprozentig! Und von seiner Vergebung geben wir weiter an die, welche uns gekränkt haben! *(gibt dem 1. Gegenwind die Hand, winkt dem 2. und 3. Gegenwind zu)* Jesus hatte auch Gottvertrauen bis zu seinem Tod gehabt, obwohl er Unsägliches leiden mußte – weit mehr als wir! Darum gibt er uns Gottvertrauen gerade in dunkler Zeit. *(steckt 2. Adventslicht an, holt es bei)* Jesus deckt nicht nur unsere Fehler auf, sondern er kann uns stellenweise ändern. Wunderbar! Dadurch bessern sich manche Situationen um uns herum. Ein Neues beginnt!

(zündet das 3. Adventslicht an und holt es nach vorne) (im Hintergrund mit Kassettenrecorder sehr leise Weihnachtsmusik als Untermalung) So wünschen wir vier Adventslichter euch allen:

Alle vier Advente:
»Einen frohen Advent!«

1. Advent:
»Voller Frieden und Versöhnung!« *(Kerze hoch)*

2. Advent:
»Mit viel Gottvertrauen, auch wenn's euch schlecht geht!« *(Kerze hoch)*

3. Advent:
»Zeit für Besinnung trotz Arbeit und Streß!« *(Kerze hoch)*

4. Advent:
»Und eine Hoffnung, die nie aufgibt!« *(Kerze hoch)*
(Gegenwinde winken im Hintergrund mit den schwarzen Tüchern, Advente vorne mit den Tannenzweigen)

Alle sieben Mitspielerinnen:
»Frohen Advent euch allen!«

Vorbereitungsliste

- ☐ Kerzen
- ☐ schwarze Tücher
- ☐ Sieben Frauen suchen, die bereit sind, das Anspiel miteinander zu gestalten.

Die Autorinnen

Irmgard Mack, wohnt in Winnenden, Theologin, verheiratet, vier Kinder, Württembergische Landeskirche, zusammen mit ihrem Mann in verschiedenen Feldern der Gemeinde tätig.

Ilse Roser, wohnt in Geislingen, bis zur Heirat Jugendreferentin, über dreißig Jahre Pfarrfrau (Frauen- und Mütterarbeit), verwitwet, drei Kinder, heute Mitarbeiterin beim Frauenfrühstückstreffen sowie in der Alleinstehenden- und Witwenarbeit.

Charlotte Hosch, bis zu ihrem Ruhestand 42 Jahre in missionarisch-diakonischen Werken tätig (Suchtkrankenarbeit), ledig, seit 1982 im »aktiven Ruhestand«: Freizeitarbeit, Frühstückstreffen, Mitglied einer Baptistengemeinde und des Blauen Kreuzes.

Renate Stremel, wohnt in Stuttgart, bis zu ihrer Heirat Justizangestellte, drei Kinder, Frau eines Pastors und verschiedene Tätigkeiten in der Freien Evangelischen Gemeinde, seit einiger Zeit Ausbildung bei der BTS.

Ruth Heil, wohnt in Fischbach, verheiratet mit einem Pastor, zehn Kinder, bei family-life-mission und in der Eheseelsorge tätig.

Elisabeth Schunter, wohnt in Pforzheim, ledig, hauptamtlich als Referentin für die Frauenarbeit im Reisedienst des Bibellesebundes tätig.

Edelgard Hartmann, wohnt in Ostfildern-Nellingen, gelernte Krankenschwester, vier Kinder, Koordinatorin beim Frühstückstreffen für Frauen.

Hannelore Risch, wohnt in Katzweiler, verwitwet, sechs Kinder, Pfarrerin im Ruhestand, in vielfältigen Aufgaben tätig.

Brigitte Stabe, wohnt in Annaberg, bis zu ihrer Heirat Verkäuferin, drei Töchter, seit 32 Jahren Pfarrfrau, Mitarbeit in der Kinderarbeit und in der Frauenarbeit.

Dorothea Güssow, wohnt in Bonn, seit 1971 hauptamtliche Mitarbeiterin bei Campus für Christus (erst Studentenarbeit, jetzt Diplomarbeit), Mitarbeiterin beim Frühstückstreffen für Frauen.

Else Diehl, wohnt in Ewersbach mit zweitem Wohnsitz in Thüringen (Gera). Sie war 37 Jahre als Reisereferentin im Bibellesebund tätig (Arbeit mit Kindern, Strandmission, Frauenarbeit). Heute ist sie noch ehrenamtlich im Bibellesebund tätig, Mitarbeiterin beim Frauenfrühstückstreffen und im Missionsrat der Allianzmission.

Tabea Frey, Theologin, wohnt in Filderstadt-Bernhausen, mit einem Pfarrer verheiratet, mehrjährige Mitarbeit beim Kirchenfunk des Süddeutschen Rundfunks, Mitglied der Württembergischen Landeskirche, Referentin beim Frauenfrühstück.